GAAN OF BLIJVEN?

**EEN BOEK VOOR ADVENTISTEN
AAN DE ZIJLIJN**

REINDER BRUINSMA

© Reinder Bruinsma, 2016
Uitgegeven door: Flankó Press (London, UK)

De bijbelcitaten zijn afkomstig uit de *Nieuwe Bijbelvertaling* (2005), behalve enkele citaten uit de *Bijbel in Gewone Taal* (2014). Deze zijn aangegeven met BGT.

ISBN 978-0-9935405-4-7

Omslag ontwerp: Mervyn Hall, Alphen aan den Rijn
Foto achterzijde: Klaas Norg, Medemblik
Vormgeving: Pre-Press Buro Booij, Maarsbergen
Druk: Lightning Source, La Vergne, TN (VS)

Uitgever: Flankó Press, London, UK

Alle rechten voorbehouden. Niets uit deze uitgave mag worden vermenigvuldigd, opgeslagen in een geautomatiseerd gegevensbestand of openbaar gemaakt in enige vorm of op enige wijze, hetzij elektronisch, mechanisch, door fotokopieën, opnamen of op enige andere manier, zonder voorafgaande schriftelijke toestemming van de uitgever.

Inhoud

Woord vooraf 7

Hoofdstuk 1. Gaan of blijven? 9

DEEL 1: VRAGEN, ONZEKERHEDEN, TWIJFELS

Hoofdstuk 2. Crisis in de christelijke kerk 22

Hoofdstuk 3. Waar gaat het met het adventisme naar toe? 36

Hoofdstuk 4. Bestaat God? Echt waar? 66

Hoofdstuk 5. Geloof ik dit nog wel? 87

DEEL 2: WAT DOEN WE MET ONZE TWIJFEL EN HOE VINDEN WE ANTWOORDEN?

Hoofdstuk 6. De geloofssprong 116

Hoofdstuk 7. Geloven doe je samen 144

Hoofdstuk 8. Wat moet ik nu precies geloven? 162

Hoofdstuk 9. Wat te doen met twijfel? 185

Woord vooraf

Dit is een boek van een zevendedags adventist voor andere zevendedags adventisten. Het is geen officiële kerkelijke publicatie, want het is niet uitgegeven door een kerkelijke uitgeverij en goedgekeurd door kerkelijke leiders. Ik heb trouwens niet eens geprobeerd om het via de 'normale' kerkelijke kanalen uitgegeven te krijgen, hoewel ik dat in het verleden vrijwel steeds heb gedaan met de boeken die ik schreef. Bij dit boek ligt het echter anders en ik besef dat het voor de mensen die moeten beslissen of iets al dan niet door de kerk kan worden uitgegeven heel lastig zou zijn om voor dit boek het groene licht te geven – ook al zouden ze dat persoonlijk misschien wel graag willen.

De doelgroep van dit boek is een deel van de Adventkerk waarnaar ik steeds zal verwijzen als 'adventisten aan de zijlijn'. Ik schreef het met al degenen onder ons in gedachten die twijfels hebben over hun geloof en zich daarover zorgen maken. Het is een boek voor al degenen die zich afvragen waar het met de kerk naartoe gaat en die het moeilijk vinden om in alle opzichten te blijven geloven zoals zij dat vroeger deden.

In dit boek stel ik mij heel kwetsbaar op. Ik zal er geen doekjes om winden dat er dingen in mijn kerk zijn die mij niet bevallen en dat ik zelf dikwijls met twijfels rondloop en vragen heb waarop ik geen antwoord weet. Ik zal niet verhullen dat ik kritiek heb op sommige van onze kerkelijke leiders en moeite heb met bepaalde trends die ik in de kerk zie en met de richting waarin een flink deel van de kerk zich beweegt. Door dit boek te schrijven zal het misschien in de toekomst moeilijker voor mij zijn boeken en artikelen gepubliceerd te krijgen via de officiële adventistische kanalen. Ik accepteer dat risico, omdat ik ervan overtuigd ben dat wat ik wil zeggen tenminste sommige 'adventisten aan de zijlijn' zal kunnen helpen.

Het manuscript voor dit boek werd gelezen door een aantal vrienden en collega's die mij veel nuttige adviezen hebben gegeven. Ik stel hun belangstelling voor dit project heel erg op prijs, maar ik zal hen hier niet met name noemen. Ik heb ook aan niemand een korte 'quote' gevraagd ter aanbeveling, die op de achterkant van de omslag had kunnen worden geplaatst. Ik weet hoe gemakkelijk mensen het etiket 'liberaal' of een andere soortgelijke kwalificatie opgeplakt kunnen krijgen. Ik zou het vervelend vinden als mensen die mij bij dit project steunden met eventuele negatieve reacties te maken zouden krijgen. Natuurlijk hoop ik wel dat zij zullen besluiten het boek aan te bevelen bij familie en vrienden en andere kerkleden.

Ik wil echter wel mijn vrouw Aafje noemen en haar heel hartelijk bedanken. Zij heeft het manuscript van dit boek zorgvuldig doorgespit en veel taalkundige verbeteringen aangebracht en mij ook op diverse andere manieren geholpen bij de totstandkoming van dit project.

Misschien lijkt het soms alsof ik in dit boek nogal negatief ben over allerlei dingen in mijn kerk en dat ik pessimistisch ben over de toekomst van het adventisme. Dat zou echter een verkeerde conclusie zijn. Ik heb mijn kerk bepaald niet opgegeven, maar ik moet mezelf er wel steeds aan herinneren dat ik een lange adem moet hebben. Ik geloof dat de donkere wolken van nu ook weer kunnen overdrijven en dat er een nieuwe wind kan gaan waaien. Het laatste wat ik zou willen is de lezers hun moed ontnemen door mijn analyse van het christendom in het algemeen en van het adventisme in het bijzonder. Ik zou het heel erg vinden als mijn boek het geloof van mensen zou ondermijnen of hen uit de kerk zou jagen. Ik hoop juist dat dit boek tenminste een aantal lezers kan helpen een 'geloofssprong' te maken en de weg naar de kerk te (her-)vinden.

Mijn motivatie voor het schrijven van dit boek is mijn grote zorg voor degenen die zich 'aan de zijlijn' bevinden. Ik heb bepaald niet de illusie dat het lezen van dit boek alle twijfel subiet doet verdampen, maar ik hoop dat het hier en daar mensen kan helpen nieuwe prioriteiten te stellen in hun geloofsbeleving en in hun relatie tot de kerk, en om op een creatieve en constructieve manier om te gaan met hun onzekerheden en twijfels.

Zeewolde, zomer 2016

HOOFDSTUK 1

Gaan of blijven?

Ik geniet al een aantal jaren van mijn pensioen. Maar tot op heden leid ik nog een tamelijk actief leven. Ik preek nog regelmatig in Adventgemeenten overal in Nederland en soms ook daarbuiten. Ik heb de laatste jaren ook met regelmaat seminars gegeven voor predikanten in verschillende landen en deelgenomen aan diverse kerkelijke evenementen. En ik schrijf nog steeds, wat mij veel reacties oplevert – van dichtbij en ver weg. Mijn wekelijkse blog[1] wordt door duizenden mensen, verspreid over de hele wereld, gelezen. Het heeft velen doen concluderen dat ik tamelijk openhartig ben in wat ik zeg over mijn kerk en mijn geloof.

Soms zeggen mensen tegen me: 'Nu je met pensioen bent, kun je natuurlijk wat gemakkelijker zeggen wat je denkt dan vóór die tijd, toen je nog in actieve dienst was. Daar schuilt een kern van waarheid in, maar ik heb eigenlijk toch altijd wel gezegd wat ik dacht en heb nooit geprobeerd mijn mening te verbergen of me anders voor te doen dan ik ben. Dat wil natuurlijk niet zeggen dat je altijd maar meteen je mening zegt, overal en tegen iedereen. Eerlijk zijn betekent niet dat je onverstandig moet zijn. Ik heb altijd geprobeerd om op een verantwoorde manier te werk te gaan, maar daarbij mezelf nooit te verloochenen.

Er zijn de laatste tijd veel adventisten – veel meer dan vroeger – die mij vertellen van hun zorgen over bepaalde trends in de kerk en die hun twijfels uiten over hun geloof en vooral over specifieke adventistische geloofspunten. Ik denk dat dit deels verklaard kan worden uit het feit dat men merkt dat ik bereid ben om te luisteren, zonder meteen met een oordeel klaar te staan, en dat veel twijfelaars aanvoelen dat we in veel opzichten verwante geesten zijn. Toch denk ik niet dat dit de enige – of zelfs de belangrijkste – reden is. We moeten onder ogen durven zien dat steeds meer mensen problemen hebben met huidige trends in het adventisme en dat er heel veel medegelovigen zijn die niet alles meer kunnen onderschrijven van wat hen eens als de 'Waarheid' werd gepresenteerd. En voor velen geldt dat ze niet langer de relevantie zien van een aantal dingen die de kerk doet en gelooft.

Ik wil niet in detail treden over wat adventistische gelovigen mij in de afgelopen maanden hebben verteld. Dat vertrouwen wil ik niet beschadigen. Uiteraard hoop ik dat ze dit boek zullen lezen, maar ik wil niet het risico lopen dat zij zichzelf daarin herkennen, of dat anderen dat zouden doen.

Velen van hen die met me hebben gepraat of me e-mails of Facebook-berichten hebben gestuurd, of op andere manieren contact met me hebben gezocht, vertelden mij dat ze een geloofscrisis doormaken en dat ze het moeilijk vinden in God te blijven geloven, of in elk geval te blijven geloven in veel dingen die men hen over God heeft verteld. Velen van hen die goed op de hoogte zijn van wat er in de kerk, in eigen land en in de wereld, gaande is en die bekend zijn met de opstelling van sommige leiders, hebben hun respect voor de hogere regio's van de kerk in belangrijke mate verloren. Anderen vragen zich openlijk af of ze wel lid willen blijven van een kerk die op tal van plaatsen steeds conservatiever en fundamentalistischer dreigt te worden. Concrete kwesties, zoals de status van vrouwen in de kerk en de houding van de kerk ten aanzien van homoseksuelen, vormen voor veel kerkleden in de westerse wereld een enorm probleem – en niet alleen daar!

In dit boek zal ik proberen aan te tonen dat de Adventkerk momenteel door een crisis van aanzienlijke omvang gaat en ik zal niet zwijgen over de dingen die mij in mijn kerk niet aanstaan en ook over de twijfels die ik persoonlijk heb. Ik wil mijn geloof echter niet kwijtraken en wil lid blijven van de Adventkerk. Om duidelijk te maken wat ik wil zeggen is het nodig om eerst een bredere achtergrond te schetsen van wat er in de christelijke wereld in het algemeen gaande is. In tegenstelling tot wat sommigen misschien denken en zouden wensen, leeft de Adventkerk niet in een volkomen isolement, maar is zij een deel van – en wordt zij sterk beïnvloed door – trends in de wijdere christelijke wereld.

IS DE CHRISTELIJKE KERK IN VERVAL?

We zullen onder ogen moeten zien dat het er vandaag de dag met de christelijke kerk op veel plaatsen niet erg goed voorstaat. In tal van landen worden kerkgebouwen gesloopt of verkocht en worden kerkelijke gemeenten ontbonden of samengevoegd. De rooms-katholieke aartsbisschop van Utrecht voorspelde onlangs dat in zijn aartsbisdom in de komende tien tot vijftien jaar ongeveer duizend (ofwel twee derde van de) parochies zullen worden opgeheven in het gebied dat onder zijn verantwoordelijkheid valt.[2] Kardinaal Timothy Dolan, zijn collega in New York, maakte bekend dat ongeveer een derde van de 368 parochies in zijn gebied spoedig zullen worden samengevoegd of worden ontbonden.[3]

Veel van de traditionele, historische kerkgenootschappen hebben het heel moeilijk. Met andere christelijke bewegingen daarentegen gaat het juist heel goed. De Pinksterbeweging groeide in iets meer dan een eeuw van een handjevol aanhangers tot een wereldwijd leger van honderden miljoenen gelovigen. Zij vormen, volgens sommige schattingen, nu bijna een kwart van alle christenen.[4] Een groot deel van deze groei vindt plaats in het Zuiden – in de zogenaamde 'zich ontwikkelende' landen. Het charismatisch christendom heeft echter ook een aanzienlijk deel van de (krimpende) religieuze markt in de westerse wereld weten te veroveren. Er is alle reden om aan te nemen dat het Pinkstergeloof, met zijn nadruk op godsdienstige ervaring in plaats van op leerstellingen, ook nogal wat postmoderne mensen die een geestelijk onderdak zoeken weet aan te trekken. De postmoderne mens die naar religieuze zingeving zoekt is niet allereerst op zoek naar iets intellectueels, maar naar een ervaring waarbij hij in alle opzichten wordt geraakt.

Toch is er tegelijkertijd een paradox die op het eerste gezicht vreemd aandoet. Dat de kerk in het Zuiden de voorkeur geeft aan een conservatieve en fundamentalistische versie van het geloof valt nog wel te begrijpen. Maar ook een aanzienlijk deel van de christelijke kerk in het Westen, dat er nog in slaagt te overleven, is te vinden aan de 'rechterkant' van het theologische spectrum en schuift geleidelijk aan nog verder op naar 'rechts'. Misschien is dat het duidelijkst zichtbaar in de Verenigde Staten, waar 'godsdienstig rechts' altijd al heel sterk is geweest. Maar ook in Europa zijn er, afgezien van de Pinksterkerken, kerkgemeenschappen die groeien, in een tijd dat de meeste meer vrijzinnige kerken achteruit hollen. Misschien valt dit te verklaren als een soort protest tegen het postmoderne gevoel van 'alles moet kunnen' en tegen de vervaging van allerlei normen in het huidige christendom. Er is kennelijk een aanzienlijke groep christenen die graag bij iets wil horen dat in hun ogen nog echt de moeite waard is. Er wordt wel door deskundigen beweerd dat de traditionele kerken niet achteruit gaan omdat zij te veel van hun leden vragen, maar juist omdat ze te weinig verwachten.[5]

Maar terwijl het sommige kerkgenootschappen voor de wind gaat, is dat zeker niet het geval voor de christelijke kerk als geheel. En er zijn tal van redenen te noemen waarom de kerk in de westerse wereld zware tijden doormaakt.[6] Postmoderne mensen kijken al snel naar de geschiedenis van het christendom en vragen zich dan af hoe het komt dat de volgelingen van Jezus zich zo weinig hebben gehouden aan het voorbeeld van hun Meester.[7] Zij zien een geschiedenis van godsdienstoorlogen en bloedvergieten, van desastreuze kruistochten en wrede inquisitie. Zij zien een traditie van overheersing door een geestelijkheid die er vaak heel goed in slaagde de eigen zakken te vullen. Zij zijn niet blind voor alle tumult binnen de kerken, de bitterheid in theologische debatten, de godsdiensthaat en de huichelarij. Zij verwonderen zich over de enorme versplintering in een kerk die volgens haar stichter één moest zijn. En het bleef niet onopgemerkt dat veel kerkelijke leiders een heel onduidelijk signaal afgaven toen in de jaren veertig van de vorige eeuw miljoenen joden werden gearresteerd en naar Auschwitz en andere gruwelijke plaatsen werden afgevoerd. Zij hebben gezien hoe in veel gebieden de kerkelijke leiders de bevoorrechte klasse steunen in het uitbuiten van de armen en hoe veel blanke christenen bijbelse argumenten gebruikten om hun racisme en hun onmenselijke apartheidspolitiek te verdedigen.

Is het een wonder dat de kerk haar geloofwaardigheid in de westerse wereld voor een groot deel heeft verloren? En dat het voor veel mensen moeilijk is te blijven vertrouwen op christelijke gemeenschappen en hun voorgangers, gezien het feit dat christenen zo'n actieve rol speelden in de gruwelijke toestanden in Ierland en in de genocide in Rwanda – om slechts een paar voorbeelden te noemen? Meer recent hebben de talloze schandalen van seksueel misbruik in de Rooms-Katholieke Kerk de geloofwaardigheid van kerk en geestelijkheid verder ondermijnd. Maar voordat protestanten zich, als zij over deze katholieke schandalen horen, tot een gevoel van morele meerderwaardigheid laten verleiden doen zij er goed aan zich de nogal sappige verhalen te herinneren van de seksuele escapades van een reeks van beroemde televisiedominees. Wie een beetje graaft ontdekt dat ook de protestanten heel wat geheimen hebben die zij liever niet willen onthullen.

GAAN OF BLIJVEN?

De vorige alinea's gaven een beknopt maar heel verontrustend beeld van de negatieve reacties die de kerk zich vandaag de dag moet laten welgevallen. Dat neemt echter niet weg dat er, ondanks alles, veel christenen zijn die nog steeds gelukkig zijn met hun kerk. Hun kerk is en blijft een belangrijk aspect van wie zij zijn. Zij zijn nog steeds actief en steken een groot deel van hun vrije tijd in het leven en functioneren van hun gemeente. Zij zijn gul in hun financiële steun voor het werk van hun plaatselijke kerk, voor het zendingswerk en voor humanitaire activiteiten in eigen land en daarbuiten. Zij zijn trouwe kerkbezoekers en lezen regelmatig in hun Bijbel, kopen christelijke boeken en dvd's, kijken naar religieuze programma's via tv en internet en luisteren naar godsdienstige muziek. Zij praten met anderen over hun geloof en nodigen hen uit mee te gaan naar bijzondere kerkdiensten. *Zij kunnen zich eenvoudigweg geen leven zonder geloof en zonder kerk voorstellen.*

Inderdaad, er zijn beslist heel wat christenen die vastbesloten zijn bij hun kerk te blijven. Daartoe hoeven ze niet te worden overgehaald. En zij blijven niet bij de kerk uit gemakzucht of omdat ze er niet toe komen naar andere opties te kijken. *Zij blijven omdat zij willen blijven!*

Aan de andere kant is er echter helaas een steeds grotere groep christenen die de kerk al achter zich heeft gelaten. In allerlei officiële kerkelijke bronnen lezen we over mensen die bewust besloten hebben afscheid te nemen van hun kerk en die niet langer als lidmaat te boek willen staan. Soms vertrekken ze na een bitter conflict dat onopgelost is gebleven. Soms verhuizen mensen naar een ander deel van de stad of van het land en vinden zij geen aansluiting bij een 'nieuwe' gemeente. Of ze blijven weg na een ernstig gezins- of familieconflict. In andere gevallen zijn kerkverlaters tot de conclusie gekomen dat de kerk er feitelijk niet meer toe doet in hun leven van alledag of dat de leefregels van de kerk te streng en niet realistisch zijn. Weer anderen kunnen niet langer met bepaalde geloofspunten instemmen. Soms zie je ook dat mensen het christendom vaarwel zeggen en tot een niet-christelijke godsdienst toetreden. Met andere woorden: er zijn massa's verschillende redenen waarom mensen de kerk de rug toekeren.

Veel jongeren groeiden op in een christelijk gezin. Zij gingen met hun ouders mee naar de kerk, maar besloten als tiener of adolescent hun eigen weg te gaan. Er zijn legio ouders die hun geloof hebben vastgehouden en de kerk trouw zijn gebleven, maar met lede ogen moeten aanzien dat dit niet langer voor hun kinderen geldt. Voor velen is dat een heel traumatische ervaring. In de traditionele kerken in de Verenigde Staten blijft ongeveer zevenendertig procent van de jongeren die in een kerkelijk gezin opgroeiden bij de kerk.[8] Een studie van de *Barna*-organisatie ontdekte echter dat maar een paar procent van alle jonge christenen (tussen achttien en drieëntwintig jaar) er een bijbels wereldbeeld op nahoudt.[9] In Nederland heeft zo'n negentig procent van de jongeren geen contact meer met een kerk.[10] Het feit dat de jongere generatie sterk postmodern is geworden verklaart in belangrijke make die tegenzin in deelname aan een religieuze organisatie.[11]

Maar daaruit moeten we niet opmaken dat kerkverlating een verschijnsel is dat alleen bij jongeren voorkomt. Mensen uit alle leeftijdsgroepen – soms zelfs tot gepensioneerde predikanten aan toe – haken af, nadat zij een jarenlange band met een kerk hebben gehad. Ook recente 'bekeerlingen' laten het vaak al snel na hun toetreding tot de kerk weer afweten.

Kerkverlating is een enorme uitdaging, zowel voor rooms-katholieken als protestanten. Het adventisme is hierbij geen uitzondering, hoewel de Adventkerk pas sinds kort openlijk toegeeft dat zij er in veel landen niet bijzonder goed in slaagt nieuwe leden langdurig vast te houden. Volgens een rapport van de directeur van de afdeling voor research en statistieken van het hoofdkantoor van de kerk in de Verenigde Staten verdwijnen binnen een paar jaar drieënveertig op de honderd nieuw-gedoopten weer uit de kerk. Hij liet ook weten dat de Adventkerk in de afgelopen jaren de ledenlijst moest 'schonen'. Tussen 2000 en 2012 werden bijna zes miljoen namen verwijderd van mensen die niet meer in de kerk te vinden waren (en dat was exclusief de namen van overledenen). Tussen 1965 en het einde van 2014 werden ongeveer drieëndertig miljoen personen gedoopt en als lid van de Adventkerk ingeschreven. In diezelfde periode vertrokken circa dertien miljoen mensen via de kerkelijke achterdeur.[12] En in deze droevige cijfers is nog geen rekening gehouden met de honderdduizenden (of nog veel meer) jongeren die in de kerk opgroeiden, maar zich nooit lieten dopen en geleidelijk aan uit het zicht verdwenen.

'AAN DE ZIJLIJN'

Gaan of blijven? Velen hebben die vraag al voor zichzelf beantwoord. Zij blijven, want zij hebben het in de kerk naar hun zin en vinden daar wat ze zoeken. Of ze zijn weggegaan, omdat de kerk niet langer belangrijk voor ze is of zelfs iets negatiefs voor ze is geworden. Maar voor anderen is de zaak verre van duidelijk. Je zou kunnen zeggen dat zij *'gelovigen aan de zijlijn'* van de kerk zijn. Zij staan aan de zijlijn of ze zijn langzaam maar zeker op weg naar de achterdeur. Ze zijn nog wel steeds binnen, maar vragen zich af hoe lang hen dat nog zal lukken. Of ze zijn al buiten, maar hebben nog wel enig idee van wat zich in de kerk afspeelt en vragen zich soms af of ze in de toekomst misschien toch weer actievere kerkleden zullen worden of wellicht ergens achterin een plaatsje zullen zoeken.

Waarom mensen zich, soms haast onmerkbaar langzaam, naar de achterdeur van de kerk begeven heeft verschillenden redenen. Zij hebben steeds meer moeite met dingen in hun plaatselijke kerkgemeente en hebben schoon genoeg van wat hun kerkgenootschap doet of besluit. Of ze vragen zich steeds meer af of er wel een solide bijbelse basis is voor bepaalde opvattingen van de kerk. Soms voelen zij zich bekneld door de eisen die de kerk aan hen stelt wat hun manier van leven betreft. Of ze liggen overhoop met sommige sleutelfiguren in de gemeente. En dan zijn er degenen die geleidelijk aan de Bijbel anders zijn gaan lezen – dat wil zeggen: anders dan de kerk officieel aangeeft als de juiste manier om met de Bijbel om te gaan. Of ze twijfelen zelfs aan een aantal kernpunten van het christelijk geloof.

Toch kunnen heel veel mensen er niet toe komen alle banden met de kerk door te snijden. Ze vragen zich af wat er met hen aan de hand is. Hoe komt het toch dat ze op de weg van de twijfel zijn terechtgekomen en steeds meer afstand hebben genomen tot de kerk? Vaak hebben zij bijna al hun vrienden en ook veel van hun familieleden binnen de kerk. Zij zijn bang dat weggaan uit de kerk hun sociale leven een flinke knauw zal geven. Zal de verhouding met hun familie er ingewikkelder door worden en zullen ze veel van hun vrienden verliezen? Is het dat allemaal wel waard?

IS DIT EEN BOEK VOOR JOU?

Ik ben lid van de Adventkerk en bovendien ben ik predikant. Laat ik er heel open over zijn: ik wil graag dat dit boek een positieve invloed zal hebben. Het doet me pijn als ik zie dat mensen de kerk verlaten. Als een medegelovige en als iemand die zijn hele leven geprobeerd heeft de kerk zo goed mogelijk te dienen, wil ik graag doen wat ik kan om anderen te helpen bij hun twijfels en onzekerheden.

De problemen waarmee de Adventkerk worstelt en de uitdagingen waar veel adventistische mannen en vrouwen tegenaan lopen zijn niet uniek. In de een of andere vorm kom je ze overal binnen de christelijke kerk tegen, maar in dit boek is het mij vooral te doen om de Adventkerk. Toch behoren ook weer niet alle adventisten tot mijn directe doelgroep. Ik schrijf niet in de eerste plaats voor degenen die vast verankerd zijn in de kerk. Ik hoop weliswaar dat mensen in die categorie van tijd tot tijd andere dingen die ik schrijf willen lezen en het gevoel hebben dat ze er wat aan hebben als ik in hun plaatselijke gemeente kom preken. Dit boek is echter niet specifiek voor hen, ook al hoop ik dat ze het wel zullen aanschaffen, bijvoorbeeld om het aan iemand te geven die er volgens hen mogelijk baat bij zou kunnen hebben.

Dit boek is ook niet in de eerste plaats bedoeld voor mensen die al lang geleden de kerk de rug hebben toegekeerd en helemaal niets meer zien in welke kerk dan ook. Natuurlijk, als er personen in deze categorie zijn die het willen lezen en er iets van waarde in ontdekken, dan is dat zoveel te beter, maar het is niet in eerste instantie voor hen bedoeld.

Dit boek is speciaal geschreven voor degenen die eraan twijfelen of ze zullen gaan of willen blijven; voor de mensen die zich afvragen of de kerk hen nog wel wat te bieden heeft en voor degenen die in het verleden op een bepaald moment de 'waarheid' hebben aangenomen, maar nu serieuze vragen hebben over aspecten van dat geloof. Het is voor de mensen die het moeilijk vinden bepaalde trends in de kerk te accepteren en die de kerk niet langer ervaren als een warm geestelijk thuis.

Ik pretendeer niet dat ik het antwoord weet op alle vragen waar mensen 'aan de zijlijn' mee zitten. Ik heb geen wondermiddel waarmee ik alle twijfel en alle onzekerheden kan wegnemen. Ik kan niet alle besluiten, projecten en plannen van de kerk verdedigen. Soms heb ik zelf ook wel eens de neiging gehad om richting achterdeur te gaan. Sommige theologische standpunten van mijn kerk zijn volgens mij toe aan revisie. En ik weiger de Bijbel te lezen op de letterlijke (en vaak fundamentalistische) manier die tegenwoordig zo populair lijkt te zijn. Verwacht van mij dan ook geen handboek dat je precies zal vertellen hoe je al je twijfels in een oogwenk kunt kwijtraken en hoe je weer vertrouwen kunt krijgen in de kerk als organisatie en in allen die daarin functioneren en leiding geven.

Zoals gezegd: Ik zal proberen volstrekt eerlijk te zijn tegenover mijzelf en tegenover jou, als lezer. Ik hoop dat je er wat aan zult hebben. *Voor mij staat vast: Ik wil bij de kerk blijven.* En, wat nog belangrijker is: *ik wil onder geen beding mijn geloof kwijtraken.*

Toen het plan voor het schrijven van dit boek vaste vorm begon te krijgen, hoorde ik van iemand over een klein boekje dat kort geleden in Australië verscheen. Toen ik kort daarop Australië bezocht kocht ik een exemplaar in de adventistische boekwinkel in Melbourne. Ik vond het fascinerend en het resoneerde met veel van mijn eigen gedachten en gevoelens. De titel is *Why I Try to Believe* (Waarom ik probeer te geloven). Nathan Brown, de directeur van de adventistische uitgeverij in Australië, is de schrijver.[13] Ik had het genoegen om ongeveer een week nadat ik zijn boek had gelezen, met Nathan te lunchen en ervaringen uit te wisselen over onze godsdienstige pelgrimages.

Het 'Woord Vooraf' voor Nathans boek werd geschreven door een zekere Ryan Bell, ex-predikant van de Adventgemeente in Hollywood (VS), die besloot om een jaar als atheïst te gaan leven. Hij wist van te voren niet waar dat experiment hem zou brengen en of het hem ingrijpend zou veranderen. Het was uiteraard niet iets waartoe hij de ene dag besloot om het meteen de dag daarna tot uitvoering te brengen. Mijn enige informatie die ik over hem heb, heb ik uit de tweede hand en door hem op Facebook te volgen. Ik vermoed dat hij aan zijn experiment begon na een lang, en mogelijk pijnlijk, proces. Inmiddels zijn een paar jaar verstreken. Bell schrijft dikwijls over zijn ervaringen en houdt ook lezingen. Het is inmiddels wel duidelijk dat hij na dat ene jaar niet met zijn atheïsme-experiment is gestopt.

Nathan Brown en Ryan Bell zijn al heel wat jaren goede vrienden. Nathan geeft toe dat ook hij veel twijfels heeft, maar hij heeft besloten een totaal andere weg te gaan dan zijn vriend Ryan. Hij wil zijn geloof niet vaarwel zeggen, maar wil blijven geloven, ondanks twijfels en onzekerheden en hij hoopt dat zijn openheid en eerlijkheid zijn lezers zal stimuleren om het geloof ook in hun leven een nieuwe kans te geven. Ik heb persoonlijk veel aan zijn boek gehad. Hoewel mijn project van het zijne verschilt, hebben we beiden wel dezelfde hoop dat we iets kunnen betekenen voor mensen die het moeilijk hebben met hun twijfel.

Ik weet uiteraard niet welk effect mijn boek op de lezers zal hebben. Zal het tenminste enkelen helpen om de weg van het geloof te blijven volgen? Zullen we samen manieren ontdekken om creatief en met hoop om te gaan met onze twijfels en vragen? Zal het sommigen kunnen helpen om op een nieuwe en betekenisvolle manier deel uit te maken van de kerk, ook al lijkt het soms dat veel dingen die de kerk zegt en doet volstrekt irrelevant of zelfs verkeerd zijn? Kan ik tenminste hier en daar iemand ervan overtuigen dat God nog steeds belangrijk voor hem of haar is en dat bijbellezen inspirerend kan zijn; en dat geloof – hoe zwak en aarzelend het soms ook is – innerlijke vrede kan brengen? Ik hoop het. En als dat zo is, zal dat me heel dankbaar maken. Maar naast dit alles is dit project ook goed voor mijn eigen ziel! Want ik behoor evengoed tot de doelgroep van dit boek als de categorie 'aan de zijlijn' die ik hierboven beschreef.

1 www.reinderbruinsma.com.
2 http://www.thetablet.co.uk/news/170/0/1-000-catholic-churches-in-holland-to-close-by-2025-pope-warned.
3 http://www.huffingtonpost.com/2014/11/05/catholic-church-new-york-closing_n_6097300.html.
4 Mark A. Knoll, *Turning Points: Decisive Moments in the History of Christianity* (Grand Rapids, MI: Baker Academic, 1997), blz. 299.
5 Dean Kelly, *Why Conservative Churches Are Still Growing* (New York: Harper and Row, 1972), blz. 95, 96.
6 Vgl. het hoofdstuk 'Why "Mainline" Denominations Decline' in: Roger Finke and Rodney Stark: *The Churching of America 1776-1990: Winners and Losers in our Religious Economy* (New Brunswick, NJ: Rutgers University Press, 1992), blz. 237-275.
7 Voor een diepgaande behandeling van het 'imagoprobleem' van de kerk bij de nieuwe generaties, zie David Kinnaman en Gabe Lyons, *Un-Christian: What a New Generation Really Thinks about Christianity* (Grand Rapids, MI: Baker Books, 2007), en Dan Kimball, *They Like Jesus but not the Church: Insights from Emerging Generations* (Grand Rapids, MI: Zondervan, 2007).
8 http://edition.cnn.com/2015/05/12/living/pew-religion-study/.
9 De Barna-groep is een vooraanstaande organisatie in de VS die onderzoek doet over allerlei zaken die te maken hebben met de relatie tussen geloof en cultuur.
10 www.dewittenberg.nl/l/library/download/2730.
11 http://www.gotquestions.org/falling-away.html.
12 https://news.adventist.org/en/all-news/news/go/2015-10-13/church-accounts-for-lost-members/.
13 Nathan Brown, *Why I Try to Believe: An Experiment in Faith, Life and Stubborn Hope* (Warburton, Australië: Signs Publishing, 2015).

DEEL 1

Vragen, onzekerheden, twijfels

HOOFDSTUK 2

Crisis in de christelijke kerk

DE CONTOUREN

Een deel van mijn kinderjaren woonden wij als gezin in een dorpje ruim dertig kilometer boven Amsterdam. De dorpsbevolking telde bijna duizend 'zielen' en was voor de volle honderd procent blank. Voor zover ik weet hadden alle dorpelingen de Nederlandse nationaliteit. De meesten van hen beschouwden zichzelf ongetwijfeld als 'christelijk'. Mensen die niet bij een kerk hoorden vormden een uitzondering. Het dorp was voor ongeveer veertig procent rooms-katholiek en voor zestig procent protestants. De meeste katholieken woonden aan één kant van het dorp. Vrijwel alle protestanten waren Nederlands Hervormd of Gereformeerd. De enige uitzonderingen waren een wat oudere vrouw die Jehovah's Getuige was geworden en ons gezin. Wij waren zevendedags adventisten. De mensen wisten dat wij een soort protestanten waren, die een beetje op de gereformeerden leken, maar om de een of andere vreemde reden niet op zondag maar op zaterdag naar een kerk gingen, ergens in de nabijgelegen stad Alkmaar. Net als in de meeste kleinere plaatsen in Nederland was er in ons dorp sprake van een strakke scheiding. Protestantse kinderen speelden niet met katholieke jongens en meisjes. De katholieke inwoners deden hun boodschappen zoveel mogelijk bij katholieke winkeliers. Enzovoort.

Ik besef dat grotere plaatsen in Nederland een wat ander patroon te zien gaven, maar over het algemeen was in die tijd het sociale leven een stuk simpeler en transparanter dan het nu is. Om te beginnen was de maatschappij veel homogener. Er waren nog maar betrekkelijk weinig mensen die van buiten Europa waren gekomen. Het land was overwegend christelijk, afgezien van een kleine groep joden die de Tweede Wereldoorlog had overleefd en een contingent 'buitenkerkelijken'. Moskeeën en donkergekleurde mensen waren een uitzondering in het straatbeeld. Ongeveer een derde van alle Nederlanders was rooms-katholiek en de meeste anderen behoorden tot een stuk of tien verschillende protestantse kerken.

Dat was nog maar zo'n vijftig-zestig jaar geleden. Intussen is het platje drastisch veranderd. Door de instroom van verschillende groepen immigranten begon Nederland steeds meer culturele en etnische diversiteit te vertonen. Momenteel, in het eerste kwart van de eenentwintigste eeuw, is ruim negentien procent van de Nederlandse bevolking van buitenlandse afkomst; velen van de 'Europeanen' in ons land zijn afkomstig uit landen als België (ten tijde van de Eerste Wereldoorlog), Portugal, Spanje, Griekenland, Hongarije en, meer recentelijk, Polen. Ongeveer eenendertig procent van de Nederlandse bevolking noemt zich nog katholiek, maar slechts eenentwintig procent beschouwt zichzelf als protestants – ook al gaat een groot deel daarvan zelden of nooit naar de kerk. Eén op de vijfentwintig mensen in ons land is moslim en een vergelijkbaar percentage belijdt een van de andere niet-christelijke godsdiensten. Veertig procent geeft aan niet langer godsdienstig te zijn.

Dat zijn cijfers voor het gehele land.[1] Maar in de grote steden ziet het beeld er nog weer heel anders uit. Neem bijvoorbeeld Rotterdam, dat mensen van 175 verschillende nationaliteiten herbergt. Slechts achtenveertig procent van de Rotterdamse bevolking werd in Nederland geboren. De statistieken voor Amsterdam verschillen hiervan maar weinig.

Naast de etnische en culturele mix is ook de godsdienstige diversiteit een onomkeerbaar kenmerk geworden van het leven in de eenentwintigste eeuw. Niet meer dan zeventien procent van de Amsterdammers ziet zichzelf als christen. Veertien procent van alle Amsterdammers is nu moslim en de islam is daarmee de op één na grootste religieuze groepering in de hoofdstad. Het zal niet lang meer duren of het is de grootste geworden. Naast moskeeën en een paar synagogen heeft de stad nu ook boeddhistische tempels en gebedshuizen voor een reeks andere niet-christelijke religies. Tegelijkertijd zegt een meerderheid van de oorspronkelijke bevolking dat zij niet langer bij een kerk horen.[2] Toch heeft de secularisatie niet overal het pleit gewonnen. Toen in de jaren zestig en zeventig van de vorige eeuw de Bijlmer, ten zuidoosten van Amsterdam, werd gebouwd, besloot men geen plekken te reserveren voor religieuze gebouwen. De Amsterdamse overheid dacht dat die niet meer nodig zouden zijn. Inmiddels is gebleken dat dit een ernstige misrekening was. Na de komst van grote groepen immigranten, uit met name het Caribisch gebied en Afrika, die een enorme diversiteit aan religieuze stromingen met zich hebben meegebracht, is dit deel van de stad inmiddels de meest godsdienstige plek van Nederland.

DE WESTERSE WERELD IS ANDERS GEWORDEN

Wat in Nederland is gebeurd heeft zich ook in veel andere delen van de westerse wereld voltrokken. De grote steden in West-Europa, de Verenigde Staten, Canada en Australië zijn kosmopolitisch geworden. In 1970 was 18,2 procent van de bevolking van New York in het buitenland geboren, maar in 2014 was dat gestegen tot zevenendertig procent.[3] Iets dergelijks zien we bijvoorbeeld ook in Toronto, in Canada. Volgens een *National Household Survey* in 2011 (een enquête die door een overheidsinstantie werd uitgevoerd) is 48,6 procent van de inwoners van Toronto buiten Canada geboren. Dat maakt het tot een van de meest diverse steden in de wereld.[4] Van de 4,3 miljoen mensen die in het Australische Melbourne wonen werd 38 procent in het buitenland geboren. Een beetje *googlen* geeft soortgelijke cijfers te zien voor veel grote Amerikaanse steden en voor Europese centra als bijvoorbeeld Parijs, Londen en Brussel. In 2014 was veertien procent van alle mensen in het Verenigd Koninkrijk in het buitenland geboren – de helft van hen, of ongeveer drie miljoen, woont in Londen. Eén op de vier Australiërs werd buiten Australië geboren; voor de Verenigde Staten geldt een percentage van bijna veertien procent.[5]

In de laatste paar eeuwen zijn christenen heel actief geweest in het verspreiden van hun boodschap 'tot aan het einde van de aarde', en als gevolg daarvan hebben honderden miljoenen mensen het christelijk geloof omarmd – zowel in het Westen als elders. Toch is het percentage christenen ten opzichte van de wereldbevolking in de twintigste eeuw nauwelijks toegenomen. Betrouwbare statistieken tonen aan dat in 1900 ongeveer een derde van de wereldbevolking christen was. Aan het begin van deze eeuw is dat nog steeds het geval.[6]

Het christendom heeft veel van haar kracht in de westerse wereld verloren. Naar de westerse wereld wordt tegenwoordig vaak verwezen als het Noorden, terwijl men over de zich ontwikkelende landen vaak spreekt als het Zuiden. Een van de meest opmerkelijke veranderingen in de recente geschiedenis van het christendom is de verschuiving van de christelijke invloed van het Noorden naar het Zuiden. Volgens Philip Jenkins, een expert op het gebied van trends in de godsdienstige wereld, is deze verschuiving van het christelijk zwaartepunt van Noord naar Zuid een wereldwijd verschijnsel.[7] Ondanks de sterke groei van de bevolking veranderde het aantal christenen in het Noorden tussen 1910 en 2010 maar bar weinig – van 502 miljoen naar 509 miljoen. Dit staat in fel contrast met wat in het Zuiden gebeurde. Volgens de beschikbare gegevens waren er in het Zuiden in 1910 ongeveer 856 miljoen christenen, terwijl hun aantal een eeuw later was gestegen naar 1,3 miljard.

Rooms-katholieke insiders schatten dat in 2025 het aantal katholieken in Noord-Amerika en Europa ongeveer op hetzelfde niveau zal zijn als in 2000. Daarentegen verwacht men dat in diezelfde periode het aantal katholieken in Afrika zal stijgen van 120 naar 228 miljoen, in Latijns-Amerika van 461 naar 606 miljoen en in Azië van 110 miljoen naar 160 miljoen.

Een soortgelijk patroon zien we in het zevendedags adventisme. Sinds 1980 verdubbelde het aantal adventisten in Noord-Amerika, terwijl het ledental in Europa met circa dertig procent steeg. Veel van die groei was het gevolg van migratie. In diezelfde periode groeide het ledental in Midden-Amerika echter van 646.000 naar meer dan 3,4 miljoen. Ook in Zuid-Amerika en Afrika valt een onstuimige groei waar te nemen. Daar was het aantal leden in 2015 respectievelijk meer dan vijf en meer dan tien keer wat het in 1980 was.[8]

Misschien nog veelzeggender dan de statistieken over de aantallen christenen in het Noorden zijn de cijfers over kerkbezoek. Het is bijzonder moeilijk betrouwbare cijfers te krijgen. Veel kerkgenootschappen geven die informatie niet graag prijs en bij enquêtes ronden veel kerkleden het aantal keren dat zij naar de kerk gaan sterk naar boven af. Wat er aan gegevens is, is echter ronduit alarmerend te noemen. Een paar voorbeelden moeten volstaan, maar die illustreren voldoende wat er gaande is. Denemarken heeft het laagste percentage kerkgangers in Europa. Daar gaat ongeveer 2,5 procent van de bevolking nog regelmatig naar een kerkdienst. In de andere Scandinavische landen ligt dat percentage niet veel hoger.[9] In Polen – een van de meest godsdienstige landen in Europa – is het percentage trouwe misbezoekers gedaald van drieënvijftig procent in 1987 naar een huidig percentage van minder dan veertig.[10] In het Verenigd Koninkrijk hebben de immigratiegolven van de laatste halve eeuw het aantal kerkgangers enigszins gunstig beïnvloed, maar toch blijft het gemiddelde percentage over het gehele land steken in de enkele cijfers. Sommige onderzoekers melden dat in de Verenigde Staten nog ongeveer veertig procent van de bevolking regelmatig naar de kerk gaat, maar anderen geven aan dat het percentage op minder dan de heft daarvan ligt.[11] Australië kent een veel lager percentage kerkbezoekers dan Amerika. Tegelijkertijd stijgt het aantal mensen dat zegt dat ze atheïst of agnost zijn in de westerse wereld pijlsnel. *Gallup International* onderzocht dit in 2012 en stelde vast dat in zevenenvijftig landen gemiddeld dertien procent van de mensen zichzelf als 'overtuigd atheïst' bestempelden. Een onderzoek in 2015 in vijfenzestig landen had een vergelijkbare uitkomst.[12]

DE MEEST INGRIJPENDE VERANDERING

Onze wereld is nog op een andere, en zelfs ingrijpender, manier veranderd. Zonder te overdrijven kunnen we stellen dat vooral de westerse wereld een nieuw tijdperk is binnengegaan. Of om het met hedendaagse woorden te zeggen: de moderne tijd heeft plaats gemaakt voor de *postmoderne* tijd. Er is geen gebrek aan boeken die de belangrijkste kenmerken van de postmoderne mens bespreken.[13] Wie dit onderwerp voor zichzelf verder wil uitdiepen moet maar eens iets over dit onderwerp lezen. [Tegenwoordig wordt nogal eens gesuggereerd dat het postmoderne tijdvak eigenlijk al weer ten einde is en dat het nu bezig is plaats te maken voor iets anders, een soort post-postmodernisme. Ik blijf hier nog bij de tegenstelling tussen 'modern' en 'postmodern', want ik geloof dat die nog steeds in veel opzichten de huidige werkelijkheid weergeeft.]

Ik geef een summiere samenvatting van de belangrijkste aspecten van de postmoderne benadering van het leven:

1. Lange tijd geloofden mensen dat er van een *constante vooruitgang* sprake was. De wetenschap zou ons in staat stellen het leven steeds aangenamer te maken. Maar dit vooruitgangsidee heeft zijn tijd gehad. De wereld heeft met teveel problemen te maken gekregen om nog langer van enkel vooruitgang te kunnen spreken. En inmiddels is wel gebleken dat de wetenschap niet alleen maar zegeningen brengt.
2. Wetenschappers hebben geleerd zich wat bescheidener op te stellen dan in het verleden. Zij geven toe dat zij vaak vooral zien wat ze willen zien en dat veel 'onomstotelijke' wetenschappelijke feiten helemaal niet zo zeker zijn.
3. De vorige generaties geloofden in *absolute waarheden*. Iets was óf goed óf verkeerd. Men was op zoek naar de Waarheid. Voor veel mensen in onze tijd bestaan zulke absolute waarheden niet meer. Zij hebben hun eigen waarheden. Gemeenschappen en culturen hebben hun eigen 'taalspel' en hun eigen manier van opereren. Alles is subjectief, relatief, onzeker, voorlopig en meerduidig geworden.
4. Hoe kunnen christenen *hun* bewering staven dat hun geloof uniek is en beter is dan bijvoorbeeld de islam of het rastafarianisme, als er geen absolute waarheid is? En waarom is het beter de Bijbel te lezen dan bijvoorbeeld het Boek van Mormon of de Koran?
5. De *grote verhalen* (de zogenaamde *metanarratives*) en de grote idealen van het verleden – zoals socialisme, communisme, kapitalisme, maar ook het christendom – hebben hun aantrekkingskracht verloren. Dit soort 'grote verhalen' kunnen niet langer gelden als het raamwerk voor alles wat we doen en zeggen. We moeten tevreden zijn met veel beperktere, gedeeltelijke verklaringen, die we trouwens ook steeds weer moeten bijstellen.

6. Postmoderne kunstenaars *combineren* graag heel ongelijksoortige elementen. In de architectuur en in de beeldende kunst zien we dat vertaald in het samenbrengen van uiteenlopende artistieke stijlen en het laten vervagen van de grenzen tussen werkelijkheid en fictie, de realiteit en het virtuele.
7. Steeds meer groeit het besef dat we in een *werelddorp* wonen. De computer – het postmoderne symbool bij uitstek – geeft ons op elk gewenst moment toegang tot de gehele wereld. Toch zijn veel mensen tegelijkertijd steeds achterdochtiger ten aanzien van wereldwijde allianties en strategieën en richten velen zich vooral op regionale en lokale belangen.
8. In het kader van dit boek is het van speciaal belang te benadrukken dat de postmoderne mens een sterke antipathie heeft ontwikkeld ten opzichte van godsdienstige instituten, met hun hiërarchische structuren, starre geloofsbelijdenissen en leerstellingen die in beton zijn gegoten en waarin iedereen dient te geloven.
9. Postmoderne mensen aarzelen niet alleen om lid te worden van een – al dan niet godsdienstige – organisatie, maar ze zijn ook terughoudend in het aangaan van *langdurige verplichtingen*. Dat heeft een enorm gevolg voor clubs en verenigingen, maar ook voor kerkelijke activiteiten.
10. Postmoderne gelovigen willen hun *eigen keuzes* maken. Zij accepteren de dingen waarmee zij het eens zijn, maar leggen de geloofspunten en tradities die hen niets zeggen naast zich neer.
11. De postmodern mens staat daarentegen wel open voor spiritualiteit en voor het mysterie. Een niet-rationale *new-age*-achtige benadering van de levensvragen is populair. De nadruk is verschoven van godsdienstige *waarheid*, die in leerpunten is verwoord, naar persoonlijke *ervaring*.

Zodra je iets weet van de belangrijkste kenmerken van de postmoderne manier van denken, zie je overal om je heen de neerslag ervan. Kijk maar eens goed naar veel nieuwe gebouwen in onze westerse steden. Niet langer bouwt men voornamelijk 'moderne', saaie kolossen van beton, staal en glas. Stijlen uit het verleden zijn terug en worden gecombineerd, zodat een postmodern gebouw 'zijn eigen verhaal' kan vertellen in plaats van het 'moderne' verhaal van macht, orde en efficiëntie. Je ontdekt al snel allerlei postmoderne elementen in recente romans, waarin verhalen uit verschillende perioden door elkaar lopen en de realiteit wordt vermengd met fantasie. Je merkt het soms ook in films die je in het ongewisse laten waar geschiedenis eindigt en fictie begint. Je vindt dit 'dubbele' ook op politiek gebied, bijvoorbeeld in landen waar men wel voorstander is van Europese samenwerking, maar toch ook de nationale soevereiniteit, de lokale cultuur en vaak ook de lokale taal of het streekdialect wil beschermen.

Overal zie je hoe veel mensen in het Westen tegenwoordig een postmoderne benadering hebben van geloof en kerk. Absolute standpunten zijn grotendeels vervangen door 'wat voor mij werkt', en veel bijbelgeleerden vertellen ons dat er evenveel legitieme manieren zijn om de Bijbel uit te leggen als er lezers zijn. In de westerse wereld is christen-zijn geworden tot slechts één van de vele opties. Alle wereldgodsdiensten zijn waardevolle – maar historisch en cultureel bepaalde – antwoorden van het menselijk hart op het Mysterie dat boven ons uitgaat.

EEN STUKJE GESCHIEDENIS

Het is belangrijk dat we begrijpen in wat voor soort wereld we nu leven en van wat voor soort maatschappij we deel uitmaken. Daarvoor is kennis van de geschiedenis essentieel. John Michael Crichton (1942-2008), een Amerikaanse schrijver van science fiction boeken en producent van films en tv-programma's, citeerde ene professor Johnston (een personage in zijn boek *Timeline*): 'Wie niets van het verleden afweet, weet niets. Zo iemand is als een blad dat niet weet dat het ooit deel uitmaakte van een boom.'[14] Die rake uitspraak geldt voor alle aspecten van het leven, maar zeker ook voor het gebied van geloof en kerk. Je kunt alleen zinnig praten over godsdienstige onderwerpen en huidige trends op godsdienstig terrein en in de kerk, als je het tenminste enigszins in een historisch raamwerk kunt plaatsen. Je kunt niet goed begrijpen wat er momenteel in de kerk speelt als je helemaal niets van kerkgeschiedenis afweet – van alle ups en downs van de kerk in het verleden. Dit geldt ook voor zevendedags adventisten. Een goed begrip van de huidige trends in de kerk en van de manier waarop veel kerkleden daarop reageren, vraagt inzicht in hoe de Adventkerk in het geheel van de christelijke wereld, en met name in het protestantisme, past. En voor een goed verstaan van de zaken die in dit boek aan de orde komen, is het van groot belang iets te weten van het verleden van het christendom en van de oorsprong en ontwikkeling van het adventisme. Een redelijke mate van bekendheid met het algemene godsdienstige klimaat in de huidige postmoderne wereld is daarbij een ook pluspunt.

EEN MENGELING

De geschiedenis van het christendom is een bonte mengeling van verschijnselen en gebeurtenissen. Het Nieuwe Testament schildert een beeld van de jonge kerk als een vitale gemeenschap die zich in enkele tientallen jaren wist te verspreiden naar grote delen van het Midden-Oosten en Europa en zelfs verder, naar Azië en Afrika. Zoals viel te verwachten ging die ongekende groei gepaard met de nodige problemen en uitdagingen. En hoewel we Paulus' woorden waarschijnlijk moeten interpreteren als een literaire overdrijving, geven zij toch wel aan dat er iets heel buitengewoons plaatsvond. Hij schrijft aan de gemeente in Kolosse dat het evangelie gebracht was 'aan alle schepselen onder de hemel' (Kolossenzen 1:23).

In de volgende eeuwen bleef de kerk snel groeien. De christelijke theologie ontwikkelde zich – deels als reactie op de vele vreemde ideeën die in sommige streken binnen de kerk de ronde deden en ook omdat er allerlei vragen moesten worden beantwoord. De auteurs van de christelijke documenten uit de tweede en derde eeuw en de zogenaamde 'kerkvaders' die daarna kwamen brachten verdere structuur in de christelijke theologie en de kerkelijke organisatie. Er kwam overeenstemming over welke geschriften als 'geïnspireerd' moesten worden beschouwd en deel moesten uitmaken van de bijbelse canon. De belangrijkste christelijke dogma's werden geformuleerd: over de natuur van God en het mysterie van de Drie-eenheid; over het samengaan van het goddelijke en het menselijke van Christus in één Persoon; over de persoonlijkheid van de heilige Geest; en over de verzoening. Op een aantal plaatsen zag men sterke leiders en enkele christelijke centra – met Rome op de eerste plaats – wonnen gestaag aan prestige en gezag.

De kerk begon aan een nieuwe fase van haar geschiedenis toen in de vierde eeuw de Romeinse keizer besloot het christelijk geloof een bevoorrechte status in zijn rijk te geven. De toekomst zou laten zien dat dit uiteindelijk geen onverdeelde zegen was. Het maakte het weliswaar mogelijk dat de kerk zich verder kon uitbreiden, zonder angst voor vervolgingen die daarvóór zoveel levens hadden gekost en zoveel ellende hadden veroorzaakt, maar het versterkte ook de band tussen kerk en politiek, met alle negatieve gevolgen van dien.

In de loop van de eeuwen ontwikkelde de kerk zich verder, met de bisschop van Rome in een vooraanstaande positie. Dit leidde tot het ontstaan van het pausdom als het belangrijkste kerkelijke centrum van gezag. In veel opzichten raakte het evangelie van Christus verwaterd tot een betreurenswaardige mix van oprecht geloof en heidens bijgeloof. Naarmate steeds meer 'heidenen' werden 'bekeerd', vaak meer met geweld dan als gevolg van een innerlijke overtuiging, slopen tal van onchristelijke ideeën en praktijken de kerk binnen. In heel wat gevallen raakten de theologen sterk beïnvloed door de niet-christelijke filosofie van de klassieke oudheid – een invloed die zelfs in de theologie van onze tijd vaak nog duidelijk traceerbaar is. Dikwijls hadden de kerkelijke leiders meer belangstelling voor rijkdom en macht en voor grotere politieke invloed, dan dat zij zich bekommerden om de pastorale begeleiding en de godsdienstige vorming van de mensen die aan hun zorg waren toevertrouwd. Immoreel gedrag en politieke kuiperijen verduisterden of vervingen op grote schaal de wens om een ware volgeling van Christus te zijn.

Na verloop van tijd leidde deze trieste toestand tot de opkomst van een reeks hervormingsbewegingen, geleid door moedige mannen als John Wycliffe and Jan Hus, en uiteindelijk tot de 'hervorming' van de kerk in de zestiende eeuw. Deze hervorming bracht niet alleen een herontdekking van het geweldige feit dat we gered worden door genade en niet door onze eigen prestaties of door tussenkomst van de geestelijkheid of zelfs met behulp van een financiële transactie. De hervorming gaf ook de Bijbel terug aan de gewone mensen en protesteerde (vandaar de naam *protestanten*) tegen allerlei misbruiken en verkeerde leerstellingen die de kerk waren binnengedrongen. Niet alle hervormers waren even radicaal en achteraf moeten we erkennen dat heel wat dingen die ook 'hervormd' hadden moeten worden buiten schot bleven. Ook in de eeuwen daarna besefte men lang niet altijd dat de kerk zich steeds moet blijven hervormen en nauwkeuriger de leer van Christus moet volgen. Maarten Luther zei terecht dat de kerk *semper reformanda* is – dat wil zeggen dat zij altijd weer 'hervormd' moet worden.

De 'kerk van Rome' besefte ook wel dat er dingen waren die moesten veranderen en dat gebeurde ook tijdens de zogenaamde contrareformatie. Maar de diepe kloof tussen het katholicisme en het protestantisme bleef een beslissende realiteit. Eerder (in 1054) was al een permanente scheiding ontstaan tussen de 'orthodoxe' kerken van het Oosten en de kerk van het Westen.

De rooms-katholieken slaagden er opmerkelijk goed in de diversiteit aan stromingen en instituten, zoals de vele verschillende kloosterorden, onder hun kerkelijke paraplu te houden. De kerk van Rome beleefde perioden van voorspoed, maar ook tijden van verval en betrekkelijke zwakte. Helaas was het protestantisme al vanaf het begin niet in staat een gezamenlijk front te vormen. Het lutheranisme en het calvinisme ontwikkelden zich elk op een eigen manier en de versnippering van het protestantse christendom in talloze kerkgenootschappen is sindsdien almaar verder gegaan, ondanks een paar geslaagde pogingen tot hereniging als gevolg van oecumenische inspanningen. De Protestantse Kerk in Nederland (PKN), waarin drie kerkgenootschappen samengingen, is een goed voorbeeld van oecumenisch succes. Maar ondanks al hun theologische verschillen en hun uiteenlopende praktijken en vormen van kerkbestuur kun je de vele protestantse kerken toch wel in een paar hoofdgroepen indelen: de traditionele 'conservatieve' kerken, de meer 'liberale' kerken, de evangelikalen en een snel groeiend net van Pinksterkerken.

Tijden van verval en geestelijke dorheid werden in het verleden meestal gevolgd door perioden van opwekking en explosies van zendingsijver. Dit kenmerkte een groot deel van het protestantisme van de negentiende eeuw. Het adventisme was een uitvloeisel van een opwekkingsbeweging in Amerika gedurende de negentiende eeuw. De activiteiten van William Miller (1782-1849) waren een belangrijk onderdeel van de laatste fase van de 'Second Great Revival' (tweede grote opwekking) in christelijk Amerika. De Adventkerk ontgroeide na verloop van tijd haar wortels in de Millerbeweging, maar verloor nooit haar Amerikaanse karakter. Nog steeds zijn allerlei dingen zichtbaar die ons herinneren aan de tijd en de omgeving waarin de kerk ontstond en zich ontwikkelde.

Tijdens de twintigste eeuw en ook aan het begin van de eenentwintigste eeuw inspireert het christendom nog steeds overal ter wereld honderden miljoenen mensen. De christelijke kerken bieden nog altijd een fascinerend palet aan ideeën, activiteiten en diensten. De zending heeft nog steeds een indrukwekkende omvang, zoals blijkt uit de statistieken van grote en kleine zendingsorganisaties, die ons informeren over hun budgets en het aantal zendelingen die zij uitsturen. Het christendom moet echter steeds meer concurreren met andere godsdiensten en niet-religieuze wereldbeelden – ook in de gebieden die lange tijd als christelijke bolwerken golden. Een snel en diepgaand proces van secularisering, en de opkomst van een subtiele en soms ook minder subtiele postmoderne cultuur, vormen een ongeëvenaarde uitdaging voor het christelijk geloof en de kerkelijke organisaties en instituten. Dit alles heeft ook zijn impact op het adventisme, op meer manieren dan veel kerkelijke leiders, zowel als 'gewone' leden, beseffen.

Deze korte schets van twintig eeuwen geschiedenis is natuurlijk niet alleen erg oppervlakkig en onvolledig, maar doet ook geen recht aan de veelheid aan verschijnselen, ideeën en persoonlijkheden die deel uitmaakten van deze geschiedenis. De verhalen over de donkerste perioden in het christelijk verleden, de schandalen van de Borgia's, de annalen van de inquisitie, de omkoperijen en aflaten – dat alles geeft ons geen accuraat beeld. Want zelfs in tijden van ernstig verval waren er mannen en vrouwen in de kerk die God met hart en ziel dienden en grote persoonlijke offers brachten. Er werd prachtige kunst gemaakt en men schreef inspirerende geestelijke boeken. We zijn veel dank verschuldigd aan het werk van briljante theologen uit alle eeuwen. We ontdekken inspirerende voorbeelden in het leven van mystici, geestelijke vernieuwers en sociale activisten uit het verre en meer recente verleden. Mensen als Augustinus, Anselmus, Abelardus, Franciscus van Assisi, Hildegard von Bingen, John Wesley, Jonathan Edwards en vele anderen toonden zich waarachtige volgelingen van Christus, ook al bleven hun theologische inzichten en methodes vaak onder de maat. Aan de andere kant hadden protestantse helden als Maarten Luther en Johannes Calvijn soms afschuwelijk denkbeelden. Luthers rol in de politieke troebelen van zijn dagen en zijn antisemitische uitlatingen verdienen onze hartgrondige afkeuring. Calvijn is niet alleen 'beroemd' geworden vanwege zijn geweldige bijdrage aan de theologie, bijvoorbeeld in zijn *Christelijke Institutie*, maar ook vanwege zijn rol in de terechtstelling van Michael Servet, met wie hij een theologisch meningsverschil had. Dit patroon van grote moed en diep geestelijk inzicht, afgewisseld door betreurenswaardige beoordelingsfouten en theologische blunders, heeft de meeste leiders uit het verleden gekenmerkt – met inbegrip van degenen die een belangrijke positieve bijdrage leverden aan de christelijke zaak.

In het volgend hoofdstuk laten we de christelijke kerk in het algemeen achter ons en richten we onze blik op de staat van het adventisme van nu. Daarin verloopt ook niet alles zoals het zou moeten gaan en we kunnen naar mijn mening zelfs spreken van een regelrechte crisis. Er zijn veel goede dingen en veel elementen waarop we zuinig moeten zijn, zodat we die kunnen doorgeven aan de volgende generatie, maar er zijn ook heel wat zaken waarvan veel adventisten, met goede reden, afstand willen nemen. Ik ben één van hen. En voor een groot deel van hen die zich 'aan de zijlijn' van de kerk bevinden is het de vraag of het goede nog steeds voldoende opweegt tegen de dingen die zij als problematisch, of erger, ervaren.

---

1   http://www.amsterdam.info/netherlands/population/.
2   http://www.iamsterdam.com/en/local/about-amsterdam/people-culture/religion-spirituality.
3   http://www.nyc.gov/html/dcp/pdf/census/nny2013/chapter2.pdf.
4   https://en.wikipedia.org/wiki/Demographics_of_Toronto.

5 http://www.usatoday.com/story/news/2015/09/28/us-foreign-born-population-nears-high/72814674/.
6 Een aantal betrouwbare instanties verzamelen deze statistische gegevens. Een goede, jaarlijks bijgewerkte bron is het *International Bulletin of Missionary Research*.
7 Philip Jenkins, *The Next Christendom: The Coming of Global Christianity* (New York: Oxford University Press, 2011).
8 Bureau van de afdeling Archieven en Statistiek van de Adventkerk: https://www.adventistarchives.org. Deze organisatie geeft jaarlijks een statistisch rapport uit waaraan deze gegevens zijn ontleend.
9 https://viaintegra.wordpress.com/european-church-attendance/.
10 http://worldnews.nbcnews.com/_news/2013/03/05/17184588.
11 http://www.churchleaders.com/pastors/pastor-articles/139575-7-startling-facts-an-up-close-look-at-church-attendance-in-america.html.
12 https://en.wikipedia.org/wiki/Demographics_of_atheism.
13 Zie bijvoorbeeld mijn e-boek dat verkrijgbaar is via Amazon.com: *Present Truth Revisited: An Adventist Perspective on Postmodernism*, 2014.
14 http://www.brainyquote.com/quotes/topics/topic_history.html#GxsDIcsLvCT-D3HqI.99.

HOOFDSTUK 3

Waar gaat het met het adventisme naar toe?

De meeste adventisten die enigszins op de hoogte zijn van de geschiedenis van hun kerk zullen dankbaar zijn voor de vele mooie en inspirerende dingen van het verleden. Er is inderdaad alle reden om ons te verbazen over de ontwikkeling van de Adventkerk, van een handjevol diep teleurgestelde mannen vrouwen ergens in het nog tamelijk lege Noordoosten van Amerika – die dachten dat Jezus in 1844 naar de aarde zou terugkeren – tot een kerk van meer dan negentien miljoen gedoopte leden in ruim tweehonderd landen. Maar het adventistische geschiedenisboek heeft ook zijn donkere bladzijden en is niet een onenderbroken relaas van wijze beslissingen, theologische scherpte, offers en toewijding. Het adventisme heeft onverkwikkelijke leerstellige twisten meegemaakt en soms was er sprake van een onverbloemde machtsstrijd. De kerk heeft veel successen beleefd, maar moest ook bepaalde grootse plannen tussentijds afblazen en niet alle instituten die ooit met fanfare hun deuren openden hebben de tijd overleefd.

Hieronder zullen we een en ander wat meer in detail bekijken. Maar laat ik eerst heel duidelijk zeggen dat, als ik een aantal negatieve dingen zeg over de christelijke kerk in het algemeen, dat niet is omdat ik het christelijk geloof niet langer zie zitten en de christelijke waarden niet langer onderschrijf. En als ik mijn eigen kerk bekritiseer is dat niet omdat ik mijn gram wil halen, of omdat ik het gevoel heb dat de kerkelijke organisaties waarbij ik in dienst ben geweest mij slecht hebben behandeld en dat ik daarom nu op wraak zin. Ik houd van mijn kerk en ik heb veel respect voor veel van haar leiders – uit verleden en heden. Het grootste deel van mijn sociale netwerk bevindt zich binnen de kerk. Ik heb mijn gehele actieve leven voor de kerk gewerkt en ik kan niet anders zeggen dan dat ik doorgaans aan de kerk een goede werkgever heb gehad. Ik heb diverse interessante functies gehad, die mij veel bevrediging hebben gegeven en ik kreeg de kans om meer dan tachtig landen te bezoeken. Nu, als gepensioneerde, is het nog steeds fijn regelmatig te worden uitgenodigd om lessen te komen geven en seminars te houden. En ik geniet nog steeds van mijn bijna wekelijkse preekbeurten.

Maar dat betekent niet dat ik altijd blij ben met wat er in mijn kerk gebeurt en dat ik het altijd volledig eens ben met al haar officiële uitspraken. Integendeel, ik maak me grote zorgen over een aantal ontwikkelingen en heb ernstige vragen ten aanzien van sommige dingen waarin ik word geacht te geloven. En ik ben evenmin blind voor de strijd die veel kerkleden ervaren en waarvan ik hoor bij mijn bezoeken aan allerlei gemeenten, verspreid over het land en elders. Ik lees erover in de e-mails en de reacties op wat ik heb geschreven in boeken en artikelen en in mijn wekelijkse blog – van mensen van overal in de wereld, maar vooral van adventisten in Nederland, andere landen in West-Europa en de Verenigde Staten. Daarom is het nodig de verschillende dingen die zoveel mensen zo veel zorgen baren in wat volgt wat gedetailleerder te benoemen. Ik doe dat omdat mijn kerk mij aan het hart gaat en ik meeleef met al die mensen die worstelen met hun twijfels en die in veel gevallen 'gelovigen aan de zijlijn' zijn geworden – aan de rand van de kerk – onzeker of ze willen blijven of zullen weggaan.

Volgens mij kun je de huidige crisis in het adventisme niet goed begrijpen als je die losmaakt van de crisis die zich in veel christelijke kerken in de westerse wereld afspeelt en van de ontwikkelingen in religie en geloof in de afgelopen twintig tot dertig jaar. Een belangrijke reden om naar het verleden van de christelijke kerk in het algemeen en naar dat van de Adventkerk in het bijzonder te kijken is ook dat ik er vast van overtuigd ben dat we veel van de ervaringen van het verleden kunnen leren. Die kunnen, denk ik, ons vertrouwen sterken dat het uiteindelijk allemaal toch goed zal komen. Gebeurtenissen en personen uit het verleden hebben velen geïnspireerd en geholpen weer moed te vatten voor de uitdagingen van nu. Maar er zijn ook fouten, ongelukkige beslissingen en betreurenswaardige uitspraken geweest die een pijnlijke les vormen, zowel voor het heden als voor de toekomst. Door die dingen in gedachten te houden zullen we ons hopelijk nog meer inzetten voor verdieping van ons geloof en veranderingen in de kerk. George Santayana (1863-1952), een Amerikaanse filosoof, zei eens: 'Wie zich het verleden niet herinnert is gedoemd het te herhalen.'

DE KRACHT VAN HET ADVENTISME

Zoals gezegd: de christelijke kerk in de westerse wereld beleeft een diepe crisis. In de vorige twee hoofdstukken ging het al over de immense uitdagingen waarvoor de kerk staat. Op dit moment gaat de kerk in veel landen niet alleen door een periode van achteruitgang – zoals in het verleden wel vaker het geval was – maar staat haar overleving in de postmoderne samenleving van Europa, de Verenigde Staten en andere delen van de westerse wereld op het spel. Het bijbelse scenario van de teruggang van de kerk tot een klein 'overblijfsel' is nu een pertinente mogelijkheid, of zelfs waarschijnlijkheid, geworden. Of we dat nu willen of niet, en al dan niet beseffen, de adventisten in het 'Noorden' leven in dezelfde geseculariseerde context als alle andere christenen. Het publiek binnen en buiten de kerk is overwegend postmodern en reageert op het adventisme op dezelfde manier als waarop de meeste mensen tegenwoordig reageren op elke vorm van geïnstitutionaliseerd christendom.

In mijn tienertijd (en ook nog geruime tijd daarna) werden alle leden van de Nederlandse Adventkerk aangespoord om deel te nemen aan een jaarlijkse geldinzamelingsactie voor de Adventzending. De overheid stond destijds niet toe dat we met een collectebus langs de deuren gingen en daarom moesten we een tijdschrift verkopen tegen een vastgestelde prijs. Als iemand meer wilde geven dan de officiële prijs, weerhielden we die persoon daar uiteraard niet van, maar het verkopen van bladen was de basis voor de zogenaamde 'Oogstdankactie' (later herdoopt in 'Sympatia-actie'). De meeste jaren deed ik ook mijn deel, zij het met uiterst beperkt enthousiasme. Later, toen ik eind dertig, begin veertig was, was ik de redacteur van deze jaarlijks publicatie. Ik moet bekennen dat ik tegen die tijd op anderen vertrouwde om met mijn redactionele product langs de deuren te gaan.

Ik noem dit omdat op een van de pagina's in dit blad altijd een statistisch overzicht te vinden was van de activiteiten van de Adventzending. Daarin werd vermeld dat adventisten nu werkzaam zijn in zoveel landen, boeken uitgeven in zoveel talen en het evangelie brengen over zoveel radiozenders. Onder een apart kopje werd de aandacht gevestigd op het netwerk van de duizenden adventistische scholen en de honderden ziekenhuizen en klinieken, verspreid over de hele wereld. Bij het verkopen van het blad zorgde je ervoor dat het altijd op deze bladzij openviel, zodat je kon onderstrepen dat de persoon aan de deur door een exemplaar te kopen deze enorme inspanning ten dienste van de mensheid steunde.

Tijdens mijn tienerjaren was de kerk juist de grens van één miljoen leden gepasseerd. Hoewel de kerk in de jaren rond 1960, 1970 veel kleiner was dan nu, was ik destijds toch trots op het feit dat ik bij een grote, wereldwijde organisatie behoorde. Ook nu nog geeft het me, als ik op reis ben, een gevoel van trots als ik ergens op de gevel van een gebouw de naam *Zevendedags Adventisten* zie. In sommige landen is de kans daarop vrij klein, maar elders zie je het veelvuldig. Het geeft me nog steeds een goed gevoel tot iets groots te behoren en ik weet dat dit ook geldt voor veel van mijn adventistische collega's en vrienden.

Maar er was niet alleen een gevoel van trots. In het nog niet zo verre verleden werd in veel westerse landen het adventisme vaak gezien als een buitenlandse (lees: Amerikaanse) sekte. Leiders van andere kerken vroegen zich soms publiekelijk af of adventisten eigenlijk wel echte christenen waren. Als mensen al iets over het adventisme wisten, betrof het helaas meestal alleen een aantal dingen die adventisten vanwege hun geloof niet 'mogen' doen. Ons imago was nogal povertjes en we stonden vooral bekend om wat we niet deden en niet om de idealen die we probeerden uit te dragen. Er waren positieve uitzonderingen. Soms hadden mensen een goede ervaring gehad als ze in het buitenland medische zorg nodig hadden en in een adventistisch ziekenhuis waren beland, of hadden zij een adventistische collega die zijn geloof op een plezierige wijze uitleefde. Toen wij jaren geleden naar een andere stad verhuisden vertelde mijn vrouw aan een buurvrouw dat wij zevendedags adventist waren. 'O, niet nog een keer,' riep zij. Zij had in Canada naast adventisten gewoond die haar continu probeerden te 'bekeren'. Gelukkig werd het later wel een plezierige burenrelatie. Toen we naar ons huidige adres verhuisden reageerden onze buren heel anders. Zij hadden in Zwitserland adventistische buren gehad met wie ze heel goed overweg konden en voor wie zij niets dan positieve woorden hadden.

De reputatie van onze kerk wordt in de microkosmos waarin wij leven grotendeels bepaald door de manier waarop wij ons geloof in de praktijk vorm geven en door onze sociale vaardigheden in onze omgang met mensen met een andere godsdienst of helemaal geen godsdienst. Maar in groter verband liggen de zaken anders.

In veel landen is de kerk door een moeizaam proces gegaan om een positievere reputatie te krijgen. Gelukkig is ons imago als kerk geleidelijk aan verbeterd. Veel kerkelijke leiders en theologen hebben ontdekt dat adventisten, ondanks enkele in hun ogen merkwaardige standpunten, *bona fide* protestantse christenen zijn en dat het betrouwbare partners zijn om in allerlei projecten mee samen te werken. Naarmate steeds meer adventisten ook als professionals in de maatschappij hun bijdrage leveren en anderen op een positieve manier hebben verteld over hun visie op geloof en Bijbel en over hun kerk, is het adventisme in de ogen van velen minder vreemd geworden. Zelf heb ik dat ook gemerkt in mijn contacten met vertegenwoordigers van andere kerkgenootschappen en theologen met verschillende achtergronden. Naarmate de jaren verstreken vormde mijn geloofsovertuiging steeds minder een barrière tussen mij en anderen. En het feit dat de kerk in veel landen – ondanks felle tegenstand van een groep conservatieve leden – een relatie onderhoudt met een nationale raad van kerken of een soortgelijke organisatie, heeft veel misverstanden en vooroordelen ten aanzien van onze kerk weggenomen.

Tegenwoordig zijn veel adventistische predikanten aanzienlijk beter opgeleid dat hun meeste collega's van vorige generaties. Vaak hebben zij ook aan niet-adventistische universiteiten gestudeerd. Dat was niet alleen belangrijk voor hun professionele vorming, maar het heeft hen ook meer zelfvertrouwen gegeven ten opzichte van hun gemeente(n), en in hun contacten met collega's en met de overheid. Ik heb zelf ervaren hoe mijn geloofwaardigheid als predikant, als schrijver en kerkelijk leider, positief werd beïnvloed door het feit dat ik een doctorsgraad heb van een vooraanstaande Britse universiteit. In belangrijke situaties heeft me dat geholpen om te worden behandeld als gelijkwaardig met leiders van andere geloofsgemeenschappen en andere professionals. Sommige Adventistische instellingen voor hoger onderwijs hebben zich ontwikkeld tot instituten met een universitaire status die volledig erkend zijn door de daartoe bevoegde instanties. Ook dat is een factor geweest bij de verbetering van de reputatie van de Adventkerk in de wereld om ons heen.

IETS WAAR ANDEREN JALOERS OP ZIJN

Zonder te overdrijven kunnen we zeggen dat de Adventkerk een verbazingwekkend sterke organisatie heeft ontwikkeld. Die organisatorische kracht wordt niet alleen zichtbaar in de vier bestuurslagen van (1) Generale Conferentie/divisies; (2) unies; (3) conferenties; en (4) plaatselijke gemeenten. Gedetailleerde regelgeving is ontwikkeld voor het soepel laten functioneren van de kerkelijke machinerie, met duidelijke regels voor het kiezen van leiders en voor de gang van zaken bij de verschillende bestuurslagen, en met zorgvuldig afgepaalde plichten en rechten van de leden van de kerk. Leiders van andere kerkgenootschappen hebben vaak hun bewondering – of soms zelfs enige afgunst – laten blijken voor de manier waarop de Adventkerk georganiseerd is.

Natuurlijk kan elk kerkgenootschap altijd meer geld gebruiken en er is dan ook gewoonlijk steeds weer een oproep om meer aan de kerk te geven. Dat geldt ook voor de Adventkerk, maar gelukkig heeft de kerk een sterke financiële basis. Het kerkelijk inkomen is wereldwijd nu meer dan 3.3 miljard dollar per jaar. Dat zijn de 'tienden' en de collecten, maar het nog veel grotere bedrag dat in kerkelijke instellingen omgaat is daarin niet meegerekend.[1]

Het adventisme is ook opmerkelijk één gebleven, terwijl het protestantisme in het algemeen sterk versnipperd is geraakt. Niemand weet precies hoeveel christelijke kerkgenootschappen er in de wereld zijn. Een groot aantal is heel klein, maar sommige kerken, bijvoorbeeld in Afrika, waarvan de meesten van ons nog nooit hebben gehoord, hebben miljoenen leden. Naar verluid zijn er in de Verenigde Staten meer dan 1.500 godsdienstige organisaties en ontstaan wereldwijd elke dag drie nieuwe kerkgenootschappen.[2] In Amerika is de kerkelijke versplintering misschien het grootst,[3] maar ook in Nederland is de diversiteit aan richtingen enorm.[4]

In de loop der jaren zijn er groepen geweest die de Adventkerk hebben verlaten en hun eigen beweging hebben gevormd. Er waren daarnaast dissidenten die volgelingen hadden en die boeken schreven, maar geen aparte beweging organiseerden. Prominente voorbeelden waren J.H. Kellogg, Dudley M. Canright, Louis R. Conradi, A.T. Jones, E.J. Waggoner en A.F. Ballenger. Sommige kleinere groepen uit het verleden, die wel een zekere vorm van organisatie kenden waren de 'Holy Flesh' beweging, de Shepherd's Rod beweging, de beruchte Branch Davidians onder leiding van David Koresh, en groepen rond Robert Brinsmead.[5] De verreweg belangrijkste afsplitsing vond plaats toen de ZDA Reform Beweging de kerk verliet (of daartoe gedwongen werd) in het kader van een ernstig verschil van mening over militaire dienst ten tijde van de Eerste Wereldoorlog. Deze groep organiseerde zich in een onafhankelijk kerkgenootschap dat nu circa 40.000 leden heeft in zo'n 130 landen. En ook sindsdien hebben soms kleinere groepen de kerk de rug toegekeerd.

Maar als we terugkijken is het niet minder dan verbazingwekkend hoe het adventisme één is gebleven. Vergelijk dat bijvoorbeeld maar eens met het baptisme. De Baptist World Alliance bestaat uit 228 verschillende baptistenkerken.[6] En dan te bedenken dat lang niet alle baptistenkerken bij de Alliance zijn aangesloten, maar vaak hun eigen onafhankelijke nationale of regionale organisatie hebben gevormd. Al deze kerken hebben natuurlijk gemeenschappelijke componenten maar vertegenwoordigen toch ook een breed scala aan theologische opinies.

THEOLOGISCHE ONTWIKKELINGEN

In de loop van de tijd heeft de adventistische theologie aanzienlijke veranderingen ondergaan. George Knight, een vooraanstaand adventistisch historicus, zei eens dat James White – een van de grondleggers van de Adventkerk en de echtgenoot van Ellen White – waarschijnlijk de huidige adventistische geloofsleer niet zou hebben herkend als de opvattingen van zijn kerk en dat hij, als hij nu leefde, misschien niet eens lid zou willen worden.[7] De ontwikkeling van het adventistische geloofsgoed is heel fascinerend, maar hier zullen we volstaan met een paar korte opmerkingen. Het is van belang te benadrukken dat het document met de 28 *Fundamentele Geloofspunten* niet kant-en-klaar in de beginperiode van de Adventkerk uit de hemel is komen vallen. De huidige theologische opvattingen van de Adventkerk zijn het resultaat van een lange en geleidelijke ontwikkeling. De basis werd gelegd door mensen met verschillende protestantse achtergronden, die een enorme teleurstelling ervoeren toen Christus niet op het door hen verwachte moment terugkwam. Binnen korte tijd bereikten zij een flinke mate van overeenstemming over een aantal punten – zoals bijvoorbeeld de sabbat en een verklaring voor het 1844-debacle. Zij ontwikkelden de 'heiligdomsleer' en hadden ontdekt dat de 'gave van de profetie' in hun midden aanwezig was. Al vrij snel aanvaardden zij ook de gedachte van de dood als een 'slaap', en ontkenden zij dat direct na de dood een onsterfelijke ziel zijn eeuwige bestemming bereikt. Ook kwamen zij tot het inzicht dat zij een wereldwijde zendingsopdracht hadden: alle mensen moesten gewaarschuwd worden dat het einde spoedig zou komen en moesten geconfronteerd worden met de laatste boodschap van het komende oordeel. Maar het duurde nog tientallen jaren voordat diverse andere leerstellingen waren uitgekristalliseerd.

Het adventisme van de beginperiode was sterk 'wettisch' georiënteerd. Tijdens een belangrijke vergadering in 1888 was dit het belangrijkste agendapunt. Een aantal leiders ijverde voor veel meer nadruk op genade, maar het wetticisme bleef een grote uitdaging. De officiële kerkelijke theologie zou echter vanaf dat moment steeds sterker de klemtoon leggen op het feit dat onze eeuwige redding niet afhangt van menselijke inspanning, maar uitsluitend te danken is aan geloof in Christus' offer voor de mens. In de vorige eeuw, vooral vanaf de jaren zestig en daarna, kregen de fundamentele christelijke leerstellingen, zoals die van de Drie-eenheid, de naturen van Christus, de persoon van de heilige Geest en de verzoening, veel meer aandacht dan daarvoor, toen de aandacht bijna uitsluitend gericht was op de specifieke adventistische inzichten. Wie een goed idee wil hebben van de groei en kracht van het adventisme moet daarbij steeds rekening houden met deze geleidelijke rijping van het adventistisch theologische denken.

IS HET ADVENTISME IN EEN CRISIS BELAND?

Maar niet alles in de Adventkerk gaat goed. Integendeel. Volgens velen zijn er heel wat recente ontwikkelingen die doen vrezen dat de eenheid van de kerk op het spel staat. Is dat inderdaad zo? Zou het kunnen zijn dat het adventisme – in het bijzonder in de westerse wereld – gedoemd is te krimpen en uiteindelijk te verdwijnen? En als dat zo mocht zijn, is dat dan hoofdzakelijk te wijten aan de algemene malaise in het christendom of zijn er specifieke redenen waarom het adventisme (ten minste in delen van de westerse wereld) niet zal overleven? We moeten niet te gemakkelijk zeggen dat de Heer wel zal verhinderen dat de Adventkerk ineenstort. Het is eerder gebeurd dat christelijke kerken wegkwijnen en ten slotte helemaal verdwenen.

Er is vaak beweerd dat christelijke kerken maatschappelijke organisaties zijn die door een voorspelbare cyclus heengaan. Een bekend model is dat van de godsdienstsocioloog David O. Moberg (1922-)[8] Hij concludeerde na grondige studie dat godsdienstige bewegingen gewoonlijk door vijf achtereenvolgende stadia gaan. In de *eerste* fase begint de beweging als gevolg van ontevredenheid over bestaande situaties. Enkele mensen slaan de handen ineen. Zij komen tot een aantal nieuwe inzichten en trekken anderen aan die soortgelijke gedachten hebben. Het leiderschap is in deze periode vooral charismatisch en informeel. In het *tweede* stadium krijgt een organisatie een beter omlijnde organisatorische vorm. De doelstellingen en ideeën worden verder uitgewerkt en men bereikt overeenstemming over een reeks waarden en normen. In dit stadium vindt een sterke werving van deelnemers plaats. Vervolgens bereikt de groeiende organisatie in de *derde* fase een niveau van maximale efficiëntie, met tal van innovatieve activiteiten. Het leiderschap wordt rationeler van karakter. De organisatie gaat door een proces van centralisatie en krijgt maatschappelijke erkenning. Het *vierde* stadium wordt vaak gekenmerkt door een toenemende institutionalisering en een groeiende bureaucratie. De normen en waarden vervlakken en de leden worden vaak veel passiever. Het *laatste* stadium is dat van disintegratie. De organisatie lijdt aan formalisme, bureaucratie of erger. De organisatorische structuren sluiten niet langer aan bij de echte vragen en behoeften van de groep. De mensen verliezen het vertrouwen in hun leiders en aan de rand verschijnen kleine groepen van ontevredenen. Dat is meestal het begin van het einde van een beweging.

Als dit model enige geldigheid heeft – en volgens mij is dat het geval – dan rijst de belangrijke vraag *in welk stadium de Adventkerk in de westerse wereld zich op dit moment bevindt*. Sommigen zeggen waarschijnlijk: In het derde stadium. Dat gaat mogelijk op voor de kerken in delen van het Zuiden. Maar ik vermoed dat de meerderheid van de kerkleden in de westerse wereld die over dit probleem hebben nagedacht zullen zeggen dat we ons eerder in de vierde, of zelfs in de laatste fase bevinden. Maar zelfs als dat zo mocht zijn, hoeven we dit niet als een onvoorwaardelijk profetie of als een onontkoombaar lot op te vatten. Het is echter wel een ernstige waarschuwing dat we in een serieuze crisis zijn beland en dat er drastische dingen moeten gebeuren om het tij te keren. Ik geloof dat de woorden van de Anglicaanse bisschop John Shelby Spong met betrekking tot de christelijke kerk in het algemeen – namelijk *dat de kerk moet veranderen als zij wil blijven leven* – ook van toepassing zijn op het adventisme in de westerse wereld.[9]

TWIJFEL AAN DE INSTITUTIONELE KERK

Misschien zullen adventistische historici over enige tijd, als zij terugblikken op de geschiedenis van hun kerk, naar het wereldcongres van de kerk in San Antonio (Texas, USA) in 2015 wijzen als het moment waarop een aantal onwenselijke trends veel zichtbaarder werden dan ze ooit tevoren waren.[10] Op de vraag hoe hij dit congres, waar ruim 2.500 afgevaardigden bijeenkwamen om nieuwe kerkleiders te kiezen en beslissingen te nemen over de toekomst van de kerk, had ervaren, zei een adventistische theologieprofessor dat hij een paar duidelijke tendensen had waargenomen. Het was, zei hij, overduidelijk dat de afgevaardigden uit het Zuiden zich bewust waren geworden van hun potentiële invloed en, meer dan in het verleden, klaarstonden om hun numerieke overwicht te gebruiken om de wensen van het Noorden weg te stemmen. Hij noemde ook enkele andere ontwikkelingen. Hij zag een verandering van een geestelijke naar een veel politiekere atmosfeer, en een theologische verschuiving van het 'midden' naar 'rechts'. Hij had de indruk gekregen dat de discussie over de veranderingen in het *Kerkelijk Handboek* lieten zien hoe dit document geleidelijk geworden was tot een verzameling van *dwingende voorschriften* in plaats van een *handleiding* met principes die ons hulp kunnen bieden bij plaatselijke organisatorische aangelegenheden. Hij had ook tijdens het lange en verhitte debat over de aanpassingen in de *Fundamentele Geloofspunten* gemerkt dat dit document steeds meer gaat lijken op een credo (geloofsbelijdenis). En hij had het nare gevoel dat de voorzitter van de wereldkerk zich steeds meer opstelde als de leider aan wie gehoorzaamheid verschuldigd is.[11] We zullen nog terugkomen op deze 'verschuivingen', maar ik wil eerst iets zeggen over de zorgen die velen zich maken over de manier waarop de kerkelijke machinerie steeds meer lijkt te gaan opereren.

Het organisatorisch model van de Adventkerk is een mengeling van elementen die we uit diverse tradities hebben 'geërfd'. De overtuiging dat kerk en staat absoluut gescheiden moeten blijven komt uit de traditie van de 'vrije' kerken die hun wortels hebben in de zogenaamde Radicale Reformatie (stromingen in de hervormingstijd die vonden dat de 'magistrale' kerkhervormers, zoals Luther en Calvijn, niet ver genoeg gingen). Dit principe van scheiding tussen kerk en staat werd geëxporteerd naar de Verenigde Staten en werd daar eerder regel dan uitzondering. Het adventisme ontleende sommige organisatorische elementen aan zowel het calvinisme als aan het lutheranisme, terwijl ook allerlei aspecten te bespeuren zijn die werden overgenomen uit het methodisme en uit de Christian Connexion-beweging, waaruit een aantal leiders van het eerste uur afkomstig waren. Termen als 'conferentie' en 'generale conferentie' ademen de geest van het methodisme. De vier-lagen structuur van de kerk – (1) Generale Conferentie/divisies; (2) unies; (3) conferenties; en (4) plaatselijke gemeenten – lijkt in sommige opzichten veel op de hiërarchische structuur van de Rooms-Katholieke Kerk. En, of we dat nu prettig vinden of niet, ook het Amerikaanse politieke systeem heeft zijn sporen in de Adventkerk nagelaten. Het heeft ons een presidentiële vorm van kerkbestuur gegeven (maar helaas niet altijd met een redelijke balans van gescheiden machten die wel in het Amerikaanse politieke systeem is ingebouwd).

De meeste Europeanen vinden een dergelijk presidentieel systeem in de kerk onwenselijk. Geen enkel West-Europees staatshoofd of eerste minister (bijvoorbeeld in Duitsland, het Verenigd Koninkrijk of zelfs Frankrijk) heeft zoveel uitvoerende macht, en kan zozeer de koers van zijn land bepalen als een Amerikaanse president. Zo zijn ook de unie- en conferentievoorzitters van de kerk in Europa allereerst leiders van een team. Zij zitten gewoonlijk belangrijke vergaderingen voor en komen met voorstellen, maar ze moeten zich voor hun eigen voorstellen altijd verzekeren van de steun van een bestuursmeerderheid. Ik was enige tijd voorzitter van de Adventkerk in Nederland en was me er altijd van bewust dat mijn macht beperkt was en dat ik heel terughoudend moest zijn in het promoten van mijn eigen ideeën, hoe briljant die in mijn eigen ogen ook mochten zijn.

Ik heb er daarom moeite mee – en dat geldt voor veel kerkleden in de westerse wereld, inclusief de Verenigde Staten – als voorzitters van kerkelijke organisaties bijzonder grote macht hebben en tot op grote hoogte de agenda van de kerk tijdens hun ambtsperiode kunnen bepalen. Dat betreft met name de manier waarop de voorzitter van de wereldkerk de gehele kerk in een bepaalde richting kan sturen. Op dit punt aangekomen kan een stukje geschiedenis waarschijnlijk geen kwaad. Het illustreert hoe achtereenvolgende voorzitters van de Generale Conferentie hun eigen stempel hebben gedrukt op de jaren dat zij het voorzitterschap bekleedden.

VIJF VOORZITTERS

Reuben Figuhr (1893-1986) leidde de wereldwijde Adventkerk van 1954 tot 1966. Kenners van de geschiedenis van het adventisme kenmerken de periode van zijn voorzitterschap als een tijd van stabiliteit en openheid. Figuhr maakte zich veel minder zorgen over de invloed van 'moderne' of 'liberale' trends dan zijn opvolger zou doen. Twee belangrijke projecten zijn het bewijs van zijn bereidheid om nieuwe theologische paden te betreden (of dat in elk geval toe te staan): het altijd nog controversiële boek *Seventh-day Adventists Answer Questions on Doctrine*[12] en het zevendelige *Seventh-day Adventist Bible Commentary*, met F.D. Nichol als verantwoordelijk redacteur.[13]

Robert Pierson (1911-1989) daarentegen toonde grote bezorgdheid over de theologische koers van kerk en deed al het mogelijke om het tij te keren. Wie goed kijkt naar zijn ambtsperiode (1966-1979) ziet opmerkelijke parallellen met het huidige kerkelijke beleid, vooral ten aanzien van het thema van 'opwekking en hervorming' *(revival and reformation)* dat Pierson lanceerde en dat opnieuw sterke nadruk kreeg onder T.N.C. Wilson.[14]

De volgende adventistische leider op wereldniveau was *Neal C. Wilson* (1920-2010), de vader van de huidige Generale Conferentievoorzitter. Tijdens zijn bestuursperiode (1979-1990) beleefde de kerk een sterke groei. In 1979 was het aantal adventisten wereldwijd ongeveer 3,4 miljoen. In 1990 was de stand ruim 5,5 miljoen. Het *Global Mission* initiatief was een van Wilsons ambitieuze programma's voor de verdere groei van de kerk. In 1980 werden tijdens de Generale Conferentie in Dallas (Texas, VS) de zevenentwintig *Fundamentele Geloofspunten* aangenomen. Dit document vormde de basis van de herziene versie die in San Antonio werd goedgekeurd. Neal C. Wilson is door velen vooral gekarakteriseerd als een politicus. Een van de bekendste slachtoffers van de kerkelijke politiek in de periode van Neal Wilson was de Australische theoloog Desmond Ford (geb. 1929).[15]

Tot grote verrassing van de meeste afgevaardigden naar de Generale Conferentie van 1990 in Indianapolis (Indiana, USA), werd de betrekkelijk onbekende *Robert Folkenberg* (1941-2015) tot voorzitter gekozen. Folkenberg is de geschiedenis ingegaan als een voorvechter van toepassing van de nieuwste technologie, maar ook als iemand die de voorwaarden schiep voor een sterke verdere groei van de kerk. Theologisch gezien was hij nogal conservatief en, evenals Pierson, bezorgd over liberale invloeden. Een uitgebreid document, onder de titel van *Total Commitment* (volledige toewijding) werd door de kerk aanvaard, kort voordat Folkenberg gedwongen was zijn functie neer te leggen. Het was zijn opzet dat iedereen die een leidinggevende taak in de kerk heeft of lesgeeft aan een van de theologische scholen met dit document moest instemmen. Het document werd in de *SDA Working Policy* opgenomen, maar tijdens de Paulsen-jaren (1999-2010) werd er weinig aandacht aan besteed.[16]

Jan Paulsen (geb. 1936), de eerste beroepstheoloog die de leiding kreeg van de kerk, zou je wellicht, wat de nadruk van zijn leiderschap betreft, kunnen vergelijken met Reuben Figuhr. Hij legde niet zozeer de klemtoon op leerstellige en culturele *gelijkvormigheid*, maar op het ideaal van *eenheid in diversiteit*. Maar, evenals Figuhr, werd ook hij door velen verdacht van liberale neigingen. En, als Figuhr, werd hij opgevolgd door iemand die een gerichte campagne zou voeren tegen de gevaren van de kant van degenen die het pad van de 'Waarheid' verlaten hebben doordat zij de Bijbel en de geschriften van Ellen White niet langer letterlijk nemen.

Sinds 2010 wordt de kerk geleid door *Ted N.C. Wilson* (geb. 1950). Zijn herverkiezing in 2015 in San Antonio was het begin van zijn tweede ambtstermijn. Een deel van de kerk was daar erg blij mee, maar anderen erkennen dat zij erg opzagen tegen nog eens vijf Wilson-jaren. Meer dan enige andere voorzitter heeft Ted Wilson een stempel van fundamentalistisch traditionalisme op de kerk gedrukt. We kunnen veilig aannemen dat Wilsons herverkiezing veel te maken had met de steeds duidelijker tegenstelling tussen het Noorden en het Zuiden in de kerk. Hij kreeg, en krijgt, vanuit het Zuiden veel meer steun dan vanuit het Noorden.

Enkele dagen nadat Ted N.C. Wilson voor de eerste keer tot voorzitter van de Generale Conferentie was gekozen, zette hij in zijn opmerkelijke preek in Atlanta, op 3 juli, 2010, uiteen wat hem het meest bezighield.[17] Wellicht werd de titel van zijn preek (*Go Forward*; Ga voorwaarts) geïnspireerd door een boodschap met diezelfde titel in het laatste deel van Ellen Whites *Testimonies* (Getuigenissen).[18] Dit 'voorwaarts' zou zijn nadere uitwerking krijgen op een aantal terreinen. Sinds Atlanta heeft Wilson in zijn preken zijn gehoor daar bij belangrijke bijeenkomsten steeds weer bij bepaald. De Atlanta-preek kreeg zeer verdeelde reacties en dat herhaalde zich bij andere belangrijke preken in de jaren die volgden. Een deel van de kerk was blij met dit duidelijke geluid, maar anderen raakten meer en meer gefrustreerd. Niet zonder reden is Wilson volgens sommigen de adventistische leider die, tot op heden, de meeste verdeeldheid in de kerk heeft gebracht.

'OPWEKKING EN HERVORMING'

Het thema van 'opwekking en hervorming' werd Wilsons belangrijkste project tijdens de jaren van zijn eerste mandaat. Het is natuurlijk heel moeilijk de resultaten ervan op een objectieve manier te meten. Het is, zoals ik al zei, frappant te ontdekken dat deze oproep tot opwekking en hervorming als twee druppels water lijkt op die van Robert Pierson. Pierson wilde herstellen wat tijdens de bijna twintig jaar van Figuhrs leiderschap fout was gegaan, als gevolg van de 'liberale' trends die vat hadden gekregen op de kerk. Hij was vastbesloten de kerk in een andere richting te sturen. Raymond Cottrell (1911-2003), lange tijd de hoofdredacteur van de *Review and Herald* en ook de motor achter het *SDA Bible Commentary* project, beschreef Pierson met de volgende woorden: 'Robert Pierson was een plezierig mens, en een toegewijd adventist, een gentleman in alle betekenissen van het woord, maar ook een man met duidelijke doelstellingen en de vastberadenheid die te bereiken.' Cottrell zag Robert Pierson, Gordon M. Hyde en Gerhard Hasel als 'de drie architecten achter de tien jaar van obscurantisme (1969-1979)'. Volgens Cottrell probeerde dit 'triumviraat' de volledige controle te krijgen over de adventistische uitleg van de Bijbel.[19]

Tijdens de jaarlijkse herfstzitting van het Generale Conferentiebestuur in 1973 lanceerde Pierson het 'opwekking en hervorming' project. Hij noemde negen aspecten die bijzondere aandacht verdienden nu de kerk zich ging concentreren op 'opwekking en hervorming':

- Een kerk die niet gereed is voor de eindtijd.
- Het feit dat de boodschap op subtiele wijze wordt ondergraven door de twijfel die wordt gezaaid ten aanzien van de inspiratie van de Bijbel en van de 'Geest der Profetie'.
- Kerkelijke instellingen die een andere koers moeten gaan varen, daartoe aangevoerd door hun voorzitters en besturen.
- Kerkelijke leidinggevenden die zelf een opwekking en nieuwe toewijding nodig hebben.
- Een kerk die zich niet langer voldoende bezighoudt met bijbelstudie.
- Gezinnen die hulp nodig hebben bij de confrontatie met de moderne uitdagingen – de noodzaak om momenten van dagelijkse bijbelstudie en gebed hoge prioriteit te geven.
- Terugkeer naar een vorm van getuigen die herinnert aan onze 'eerste liefde'.
- Het belang van geven volgens onze 'eerste liefde'.
- De noodzaak om terug te keren naar een prediking die op de Bijbel is gebaseerd en het thema van 'Christus onze Gerechtigheid' benadrukt.[20]

In zijn boek *Revival and Reformation*[21] en in zijn emotionele afscheidstoespraak in 1973 (nadat hij om gezondheidsreden was afgetreden), liet Pierson dezelfde geluiden horen die sindsdien steeds weer door Ted Wilson zijn herhaald. Dit citaat uit Piersons afscheidstoespraak is daarvan een treffende illustratie:

> *Helaas zijn er mensen in de kerk die weinig waarde hechten aan de inspiratie van de gehele Bijbel; die hun schouders ophalen bij het lezen van de eerste elf hoofdstukken van Genesis; die twijfel uiten ten aanzien van wat de Geest der Profetie zegt over de korte chronologie van de aarde en die op subtiele, en minder subtiele, manier de Geest der Profetie onderuit halen. Dan zijn er mensen die naar de hervormers of tegenwoordige theologen verwijzen als de bron en norm voor de leerstellingen van de zevendedags adventisten. Er zijn ook kerkleden die hun neus ophalen voor de traditionele adventistische theologie. Anderen willen de normen verlaten die onze kerk dierbaar zijn. Weer anderen willen bij de evangelikalen*

in een goed blaadje komen en niet langer een 'bijzondere' groepering zijn. En dan zijn er nog weer anderen die het voorbeeld van onze geseculariseerde, materialistische wereld willen volgen.

Collega-leiders, geliefde broeders en zusters – laat het niet gebeuren! Ik doe vanmorgen deze oproep – zo duidelijk als ik kan: laat het niet gebeuren! Ik richt mijn oproep aan Andrews University, de theologische hogeschool, de Loma Linda universiteit – laat het niet gebeuren! We zijn geen zevendedags anglicanen, of zevendedags lutheranen – we zijn zevendedags adventisten! Dit is Gods laatste gemeente met Gods laatste boodschap![22]

De grote mate van overeenstemming tussen de nadruk op 'opwekking en hervorming' door Robert Pierson en die van Ted N.C. Wilson, een generatie later, is opmerkelijk. Maar ondanks de herhaalde verwijzingen naar de rol van de heilige Geest, en de zogenaamde 'late regen', wordt het karakter van het *revival and reformation* project van Wilson vooral ook gekenmerkt door de programma's die dit moeten helpen realiseren. De organisatorische en administratieve maatregelen om dit project te promoten doen onwillekeurig de vraag rijzen of alles misschien toch teveel wordt georkestreerd en te weinig wordt overgelaten aan de werkzaamheid van de Geest zelf. Naar goed adventistisch gebruik werd een commissie benoemd op het niveau van de Generale Conferentie en kreeg een van de vicevoorzitters van de kerk de taak om alles in goede banen te leiden. Ook werden een aantal andere initiatieven gelanceerd, zoals een speciale website[23] en acties om de kerkleden tot intensiever bijbellezen en een intensiever gebedsleven aan te sporen, zoals het *Revived by His Word* plan[24] en de *777 Prayer Chain*.[25] Tijdens Wilsons tweede ambtstermijn heeft dit project veel van zijn eerste impact verloren.

HET INZEGENEN VAN VROUWELIJKE PREDIKANTEN

Gedurende de eerste vijf Wilson-jaren kreeg de inzegening van vrouwelijke predikanten minstens zoveel aandacht als het thema van 'opwekking en hervorming'. Het zou niet fair zijn te beweren dat Wilsons standpunt in de strijd over dit controversiële punt de enige of beslissende factor was, en is. Duidelijk is wel dat Wilson niet bereid was zijn invloed te gebruiken (of er niet in slaagde) om een sfeer te scheppen waarin deze problematiek met brede instemming van de wereldkerk op een bevredigende manier kon worden opgelost.

Al sinds de jaren zestig van de vorige eeuw is het onderwerp van de inzegening van vrouwen tot het ambt van predikant en het toelaten van vrouwen tot de hoogste leidende functies steeds weer aan de orde geweest. In dit nog steeds voortdurende debat spelen theologische, ethische, culturele en traditionele elementen een rol, niet zelden naast overwegingen van politieke aard en interpretaties van regels. Voor heel veel leden blijft het een groot raadsel waarom een kerk, die er trots op is dat een vrouw een van haar stichters was – die *nota bene* in haar tijd voortdurend het belang van de inzet van vrouwen in de kerk benadrukte – er zoveel moeite mee heeft om vrouwen in het kerkelijk bedrijf te aanvaarden als volledig gelijkwaardig aan mannen. Het valt te begrijpen dat er gebieden in de wereld zijn waar volledige gelijkstelling van mannen en vrouwen in kerkelijk werk nog stuit op sterke culturele barrières, maar veel leden in de westerse wereld kunnen eenvoudigweg niet begrijpen waarom hun kerk zover achterblijft bij ethische normen die in de maatschappij om hen heen gemeengoed zijn geworden.

De tientallen jaren van discussie hebben intussen tot een situatie geleid die steeds moeilijker valt uit te leggen. In 1984 besloot de kerk na veel dralen uiteindelijk dat vrouwelijke ouderlingen ingezegend mogen worden, mits daartegen in de betreffende gebieden in de wereld geen culturele bezwaren bestaan. In 2000 werd die mogelijkheid ook geopend voor diakonessen. In 1987 werd een nieuw type geloofsbrief geïntroduceerd. Mannen en vrouwen die verantwoordelijke functies bekleden in de kerk konden nu de status krijgen van een 'commissioned minister'.[26] Al snel werd dit type geloofsbrief dikwijls ook aan vrouwelijke predikanten gegeven. Deze status gaf vrouwelijke predikanten de meeste bevoegdheden van een ingezegend predikant, met slechts een paar uitzonderingen. Deze nieuwe geloofsbrief is bijvoorbeeld alleen geldig in het geografisch gebied waarbinnen deze is uitgereikt (de plaatselijke conferentie of unie). Ook kan iemand met een dergelijke status geen voorzitter worden van een conferentie, unie of divisie – laat staan van de Generale Conferentie! Wie alles op een rijtje zet moet tot de conclusie komen dat voor dit alles geen enkele theologische onderbouwing bestaat. Het is enkel maar een zaak van kerkelijke regelgeving. En het blijft moeilijk te begrijpen waarom vrouwen in bepaalde functies (ouderling, diaken) wel mogen worden ingezegend, maar vrouwelijke predikanten daarvan zijn uitgesloten. Zijn er dan verschillende gradaties van inzegening? Welke theologische argumenten kunnen een dergelijke situatie rechtvaardigen?

In de loop der tijd hebben allerlei commissies het onderwerp van de inzegening van vrouwen bestudeerd. De meest recente is de internationale TOSC (*Theology of Ordination Study Committee*). De meer dan honderd commissieleden hebben dikke stapels documenten gelezen en naar tientallen presentaties geluisterd, toen ze enkele malen vanuit alle werelddelen een paar dagen samenkwamen. Zij konden geen overeenstemming bereiken, maar in meerderheid concludeerden zij dat de inzegening van vrouwen niet in de eerste plaats een theologisch probleem is, maar eerder een kwestie van cultuur en kerkelijke regelgeving. Dat was ook de conclusie van de meeste rapporten van de studiecommissies die de zaak op divisieniveau bespraken. Helaas kwam vrijwel niets van dit materiaal in San Antonio aan de orde.

Tijdens de zitting van de Generale Conferentie in het Amerikaanse San Antonio in juli 2015 kregen de afgevaardigden een vraag voorgelegd die zij met 'ja' of 'nee' moesten beantwoorden. Wilde men de regio's van de wereld (de divisies) de vrijheid wilde geven om zelf te bepalen of men vrouwen in hun gebied wilde inzegenen?[27] Na een gepassioneerd, en soms weinig verheffend, debat stemde 41,3 procent van de afgevaardigden 'ja' en 58,5 procent 'nee', met slechts enkele onthoudingen. Als Wilson zich achter Jan Paulsen, de vorige voorzitter van de kerk, had opgesteld en de afgevaardigden zou hebben aangespoord deze vrijheid aan de regio's van de wereld toe te staan, zou de 'ja'-stem hoogstwaarschijnlijk een meerderheid hebben behaald.

Bij de debatten voorafgaande aan en tijdens de Generale Conferentiezittingen speelde een betrekkelijk 'nieuwe' theologische theorie een steeds belangrijkere rol. En ik ben er zeker van dat we daarvan het laatste nog niet hebben gehoord. Dit betreft de niet-bijbelse gedachte van het 'hoofd-zijn' van de man, waarbij men suggereert dat er diverse niveaus van gezag zijn: God – Christus – man – vrouw. Deze theorie ontstond in behoudende calvinistische kringen in de Verenigde Staten en werd in het adventisme geïntroduceerd door Samuele Bacchiocchi (1938-2008), een conservatieve theoloog en populaire schrijver die vaak controversiële onderwerpen koos voor zijn boeken. Het is gebaseerd op een bepaalde manier van het lezen van de Bijbel en daarop willen we nu iets nader ingaan

'LEZEN WAT ER STAAT'

De meeste strijdpunten in de Adventkerk van onze tijd hebben te maken met een bepaalde manier waarop velen de Bijbel lezen en interpreteren. Vanaf het allereerste begin van zijn ambtsperiode heeft Ted N.C. Wilson benadrukt dat je bij het lezen van de Bijbel gewoon moet 'lezen wat er staat'. Dat wil zeggen dat je de letterlijk betekenis van de tekst moet accepteren. In zijn preken en andere toespraken heeft Wilson voortdurend gehamerd op de gevaren van de zogenaamde historisch-kritische benadering van de Bijbel. Daarbij heeft hij steeds een paar boeken aangeprezen die in de afgelopen jaren werden verzorgd door het *Biblical Research Institute*.[28] Het lijdt geen twijfel dat Wilsons opvattingen over de Bijbel de al aanwezige fundamentalistische neigingen in het adventisme aanzienlijk hebben versterkt.

Wilsons voortdurend beklemtonen van het belang van een zo letterlijk mogelijke interpretatie van de Bijbel gaat gepaard aan zijn constant verwijzen naar de geschriften van Ellen G. White, die volgens hem ons belangrijkste ijkpunt zijn voor alles wat we over wat dan ook willen zeggen. Dit onkritische gebruik van wat zij heeft geschreven, zonder veel aandacht voor de oorspronkelijke context, kan bij veel kerkleden rekenen op een warm onthaal, maar wordt tegelijkertijd door een ander deel van de kerk sterk bekritiseerd. De preken van Wilson zijn meestal gelardeerd met citaten uit de boeken van Ellen White en, hoewel dat heftig wordt ontkend, lijken deze dikwijls zelfs belangrijker dan de Bijbel.

Het enthousiasme voor de 'Geest der Profetie' (zoals de gezamenlijke boeken en tijdschriftartikelen van Ellen White vaak worden genoemd) werd op dramatische wijze duidelijk in de wereldwijde actie om tijdens de eerste Wilson-jaren miljoenen exemplaren te verspreiden van het boek *De Grote Strijd*. Ook dit project werd met gemengde gevoelens ontvangen. In sommige landen waren de meeste leden enthousiast over het plan en werden er speciale edities in enorme oplagen gedrukt. Maar in een aantal landen koos men ervoor een sterk verkorte editie te publiceren, waaruit de heftigste antikatholieke hoofdstukken waren weggelaten. In nog weer andere landen – vooral in de westerse wereld – was op een klein deel van de kerk na deelname aan het project heel beperkt of zelfs nihil. De deelname kwam in hoofdzaak van leden die als immigranten van elders waren gekomen. Vele anderen betreurden deze actie en hadden kritiek op het feit dat de kerkleiding een dergelijk plan op de kerk losliet zonder rekening te houden met de ernstige bezwaren die tevoren waren ingebracht. Men zag het als het zoveelste voorbeeld van de 'top-down' manier waarop de kerkelijke leiding nu kennelijk te werk wil gaan.

Ik noemde al eerder het *Biblical Research Institute* (BRI) dat gekoppeld is aan het hoofdkantoor van de kerk in de Verenigde Staten. Het werd opgericht in 1975 met als doel de kerkelijke leiding bij leerstellige conflicten te dienen met theologisch advies en onderzoek te doen ten aanzien van theologische vraagstukken. Het instituut raakte zijn semi-onafhankelijke status kwijt toen het in 2010 onderdeel werd van de presidentiële afdeling van de Generale Conferentie, waarbij de directeur van het instituut een van de vicevoorzitters van de kerk werd. Het was een duidelijk signaal dat er voortaan een grotere controle op de BRI-activiteiten zou zijn van de kant van de voorzitter. De theologen die aan het BRI verbonden zijn waren altijd al van nogal behoudende snit. Deze tendens heeft zich in de laatste jaren sterk doorgezet, met als gevolg dat men steeds meer het pad van fundamentalisme en leerstellige starheid opgaat.

DE *FUNDAMENTELE GELOOFSPUNTEN* EN DE SCHEPPING

Een van de belangrijkste punten op de agenda van het wereldcongres in 2015 was een herziening van de 28 *Fundamentele Geloofspunten*, waarbij de nieuwe versie van het artikel over de schepping (artikel 6) en de verwijzing naar een 'wereldomvattende' zondvloed (artikel 8) het meeste stof deed opwaaien. Deze herziening van de *Fundamentele Geloofspunten* van de kerk veroorzaakte vóór en tijdens de Generale Conferentiezitting een felle discussie, en deze zal ongetwijfeld verder doorgaan. Twee aspecten verdienen daarbij onze bijzondere belangstelling.

In de eerste plaats zien we een duidelijke trend naar een steeds gedetailleerder omschrijving van wat adventisten (moeten) geloven. Die trend begon niet in San Antonio. Maar velen hopen dat die daar wel eindigde en dat dit proces op de een of andere manier weer teruggedraaid zal worden.

Een vluchtige blik op de geschiedenis van de *Fundamentele Geloofspunten* zal voor veel kerkleden toch wel wat verrassingen opleveren. In hun ontstaansperiode weigerden de Adventgelovigen resoluut een samenvatting te maken van wat zij geloofden. 'We hebben geen credo, maar alleen de Bijbel!' was hun motto. Door een lijst te maken van hun leerstellingen zouden zij, naar zij dachten, een eerste stap zetten in de richting van 'Babylon'. Daardoor zou open en onbevangen bijbelstudie onmogelijk worden. De geschiedenis had immers overduidelijk laten zien dat het vrijwel onmogelijk werd iets te veranderen, als je eenmaal een soort 'credo' had aangenomen. De adventisten van het eerste uur hadden hun lesje geleerd en hadden gezien hoe een geloofsbelijdenis een kerkgemeenschap in een wurggreep kon houden. Zij wilden niet terug naar een dergelijke situatie. Maar na enige tijd bleek dit starre standpunt toch niet houdbaar. Het publiek vroeg wat adventisten precies geloofden en op dat soort vragen moest wel een antwoord komen. In 1853 stelde James White, een van de eerste adventistische leiders en de redacteur van de tijdschriften in die beginfase, de eerste informele opsomming samen van de adventistische geloofspunten. In 1872 publiceerde de kerk een brochure met daarin een lijst van vijfentwintig 'fundamentele beginselen'. Deze publicatie was niet bedoeld om ervoor te zorgen dat iedereen op één lijn kwam, maar was 'een korte samenvatting van wat nu (zowel als in het verleden) door de adventistische gelovigen in grote meerderheid wordt onderschreven.'[29] Het doel was om 'informatie te bieden' en 'onjuiste meningen te corrigeren.' Pas in 1951 zag een nieuwe versie het licht. Deze 'Verklaring van de Geloofspunten van de Zevendedags Adventisten,' met een lijst van tweeëntwintig punten functioneerde tot 1980. Dit document werd toen, tijdens de Generale Conferentie in Dallas (Texas, VS), vervangen door een nieuwe verklaring, nu bestaande uit zevenentwintig punten. Een extra punt (artikel elf) werd in 2005 toegevoegd. Dat resulteerde in de huidige achtentwintig *Fundamentele Geloofspunten*.

Het informele lijstje van enkele geloofspunten – bedoeld om mensen *buiten de kerk* te informeren over wat adventisten geloven – heeft zich ontwikkeld tot een zeer gedetailleerde opsomming van een lange reeks adventistische geloofsbeginselen die *elk kerklid* wordt geacht te onderschrijven. De kerk houdt echter nog steeds vol dat zij geen credo kent, behalve de Bijbel. Het heeft er alle schijn van dat dit een woordenspel is geworden, want de *Fundamentele Geloofspunten* zijn steeds duidelijker gaan functioneren als een credo waarmee alle kerkleden – en dat geldt nog veel meer voor alle kerkelijke employés – moeten instemmen. Veel adventisten zien dit als een uiterst bedenkelijke trend en vragen zich af waar die zal eindigen.

Dan is er een tweede punt. In de laatste jaren is steeds duidelijker geworden dat de hoogste leiding van de kerk – in het bijzonder de voorzitter van de Generale Conferentie, samen met een groep conservatieve theologen – al het mogelijke wil doen om een aantal van de *Fundamentele Geloofspunten* verder aan te scherpen. Daarbij gaat het vooral om artikel zes over de schepping. De tekst die in 1980 werd aanvaard vormde al een behoorlijk struikelblok voor veel wetenschappers en andere kerkleden die vonden dat er meer ruimte moest worden geboden voor een minder letterlijke uitleg van de scheppings- en zondvloedverhalen. Maar degenen die de tekst verder wilden aanscherpen waren van mening dat er een ernstig gevaar was dat het hoofd moest worden geboden. Daarom moest dit artikel zó worden gewijzigd dat er geen enkele sluiproute zou blijven in de richting van een vorm van theïstische evolutie en van enige vorm van interpretatie die zou afwijken van een letterlijk lezen van de tekst.[30]

De ijveraars voor deze aanscherping waren tevreden toen de stemming (niet onverwacht) in hun voordeel uitviel. Maar veel aanwezigen in San Antonio, en mensen overal ter wereld (vooral in het Westen), waren diep teleurgesteld – of erger.

Velen zagen het introduceren van niet-bijbelse terminologie in de nieuwe tekst, om te benadrukken dat de zeven scheppingsdagen *letterlijke* dagen waren van vierentwintig uur en samen een periode vormen die we nu aanduiden als een 'week' – met de klemtoon op de gedachte dat zowel de schepping als de zondvloed in het 'recente' verleden plaatsvonden – het zoveelste voorbeeld van een gestaag afglijden naar een volstrekt fundamentalistische manier van het lezen van de Bijbel. Een veel gehoorde klacht was dat de Adventkerk dezelfde soort tragische fout maakt als de Katholieke Kerk ooit deed toen ze Galilei voor ketter uitmaakten.

We zullen verderop nog nader ingaan op de rol van leerstellingen voor individuele gelovigen en voor de kerk als zodanig. Postmoderne christenen zijn nog nauwelijks geïnteresseerd in leerstellige details en weigeren in een keurslijf te worden gedwongen in de vorm van een lijst van geloofspunten waar zij 'ja' op moeten zeggen als voorwaarde om als volwaardige kerkleden te worden aangezien. Steeds meer mensen willen zich niet bij de Adventkerk aansluiten als dat van ze wordt geëist. Ze willen als postmoderne mensen de vrijheid hebben hun eigen lijst van geloofspunten samen te stellen. Als dat niet mag, willen ze niet worden gedoopt. En er is ook een steeds grotere groep van mensen die zich in het verleden op een gegeven moment bij de kerk hebben aangesloten, maar nu niet goed meer zien hoe sommige geloofspunten relevant voor hen zijn en zich afvragen hoeveel van de 'achtentwintig' je moet onderschrijven om een *bona fide* adventist te kunnen blijven.

VIJANDDENKEN

Iets anders wat voor veel adventisten – en vooral voor de categorie 'aan de zijlijn' – onverdraaglijk is geworden, is het steeds maar wijzen op een vijand die het op ons heeft voorzien. Vanaf het allereerste begin is het adventisme wantrouwig geweest ten opzichte van andere godsdienstige bewegingen. In ons profetische scenario spraken we over 'Babylon' als de tegenhanger van Gods 'ware' kerk. De Adventkerk was immers Gods 'laatste gemeente', het volk van God dat 'overbleef' in een wereld die tot de ondergang was gedoemd. 'Babylon' zou tenslotte de verzamelnaam zijn voor alle religieuze machten: de rooms-katholieke 'moederkerk' en haar 'dochters' (het 'afvallig' protestantisme), die samen met allerlei occulte krachten in de eindtijd een soort demonische drie-eenheid van het kwaad zullen vormen. In de loop van de tijd leek dit denken in termen van 'wij' en 'zij' geleidelijk aan wat genuanceerder te worden, ook al werd dat officieel niet toegegeven. Vooral de taal die we gebruiken werd minder heftig en minder veroordelend. De Adventkerk was geleidelijk aan steeds meer bereid anderen ook als echte christenen te beschouwen, ook al hadden zij 'minder licht' ten aanzien van de bijbelse waarheden dan degenen die bij de 'kerk van het overblijfsel' behoorden. En hoewel de Adventkerk zich niet wilde aansluiten bij organisaties als de Wereldraad van Kerken en de kerk zich in de meeste landen ook niet formeel als lid meldde bij een nationale raad van kerken, waren er toch steeds meer oecumenische contacten en vormen van samenwerking.

Maar de laatste tijd zien we weer een sterke neiging om terug te keren naar ons vroegere isolement. De voorzitter van de internationale kerk waarschuwt regelmatig tegen het lezen van boeken van niet-adventistische theologen en het uitnodigen van niet-adventistische sprekers voor kerkelijke evenementen, het aanknopen van oecumenische contacten en het deelnemen aan studieprogramma's die door andere christenen worden georganiseerd. De media die door onafhankelijke adventistische organisaties worden gesponsord, zoals Danny Sheltons *3ABN*, Doug Batchelors *Amazing Facts*, en Walter Veiths *Amazing Discoveries* en allerlei particuliere uitgeverijen, zorgen voor een niet aflatende stroom van alarmistische eindtijdboodschappen vol samenzweringstheorieën, waarin de aloude haat tegen alles wat katholiek en oecumenisch is weer stevig wordt aangewakkerd. Voor de meeste adventisten 'aan de zijlijn' – maar ook voor heel velen die zich nog als voluit adventist beschouwen – is dit vernieuwde vijanddenken totaal onverteerbaar. Zij vragen zich af wat dit te maken heeft met een evangelie van genade en met een Heer die alle machten van het kwaad al heeft overwonnen en wiens terugkeer de hoop is die 'in onze harten brandt.'

HOMOSEKSUALITEIT

Het lijstje van dingen waarover mensen 'aan de zijlijn' van de kerk zich zorgen maken blijft in dit hoofdstuk onvolledig, maar één ethische kwestie mogen we toch niet onvermeld laten. We zeiden al dat veel kerkleden in de westerse wereld weinig begrip kunnen opbrengen voor de houding van de kerk betreffende het inzegenen van vrouwelijke predikanten. Zij willen niet horen bij een organisatie die vrouwen blijft discrimineren, te meer daar ze er niet van overtuigd kunnen worden dat er daarvoor deugdelijke theologische argumenten zijn. Daarentegen geloven zij dat het evangelie van Jezus Christus vraagt om erkenning van de volledige gelijkwaardigheid van man en vrouw.

Veel adventisten in de westerse wereld vinden het ook steeds moeilijker om akkoord te gaan met het standpunt van de kerk ten aanzien van homoseksualiteit en 'same-sex' relaties. Het zijn niet alleen jongeren die zich daaraan stoten, maar het geldt voor grote groepen mannen en vrouwen in alle leeftijdsgroepen. Zij ontmoeten homoseksuelen en hebben ook onder hun collega's en vrienden – en ook soms binnen hun familie – gays en lesbiennes. Vaak weet men ook van homoseksuele kerkleden en van hun jarenlange (vaak vergeefse) strijd om volledig te worden geaccepteerd.

In de afgelopen jaren heeft de internationale Adventkerk een paar zeer ongelukkige verklaringen uitgegeven waarin homoseksualiteit wordt beschreven als een seksuele perversie.[31] Meer recentelijk heeft de kerkleiding benadrukt dat het belangrijk is homoseksuele mensen op een liefdevolle en pastorale manier te behandelen. Maar tegelijkertijd laat de kerk er geen enkele twijfel over bestaan dat een homoseksuele *geaardheid* weliswaar geen zonde is, maar dat het *praktiseren* van die geaardheid wel totaal onaanvaardbaar is. Homoseksuele christenen dienen celibatair te leven!

Volgens de officiële mening van de kerk leidt een letterlijke interpretatie van de 'anti-homo-teksten' die we in de Bijbel vinden[32] tot de onomstotelijke conclusie dat een christen zich van alle homoseksuele praktijken moet onthouden en geen intieme relatie mag aangaan met iemand van hetzelfde geslacht. Anderen zeggen echter dat deze teksten ook in een heel ander licht gelezen en geïnterpreteerd kunnen worden en dat de Bijbel het nergens heeft over het soort 'same-sex' relaties dat we vandaag de dag zien (tussen mensen van hetzelfde geslacht die van elkaar houden en hun partner permanent trouw willen blijven). Voor velen, en vooral voor degenen 'aan de zijlijn' van de kerk, is het niet te verteren dat homoseksuelen in de Adventkerk vaak ternauwernood worden getolereerd en (in het gunstigste geval) geen belangrijk kerkelijk ambt kunnen krijgen – ook al zijn ze gedoopte leden.

HET TOTAALPLAATJE

Het voorgaande hoofdstuk beschreef de crisis in het hedendaagse christendom en dit hoofdstuk behandelde een aantal controversiële zaken in het adventisme van nu. Ik aarzel niet om ook in dit laatste geval te spreken van een regelrechte *crisis*. Niet iedereen zal in die conclusie willen meegaan en er zal ongetwijfeld kritiek komen op mijn analyse van wat er in de kerk gaande is. Vaak zie je dat critici dan een of twee details uitpikken van wat is genoemd, daarover twijfel uiten en vervolgens het beeld als zodanig als onbetrouwbaar afdoen. Ik zou er bij de lezers op willen aandringen om vooral naar het totaalplaatje te kijken en dan te besluiten of ik de realiteit op een eerlijke manier heb weergegeven.

De hedendaagse trends die ik heb beschreven veroorzaken in de westerse wereld een langzame, maar gestage uittocht uit de kerk. Verderop in dit boek zal ik proberen de enorme uitdagingen van die crisis in de Adventkerk verder in kaart te brengen, maar in het volgende hoofdstuk zullen we eerst aandacht besteden aan de *geloofs*crisis die veel adventistische gelovigen doormaken. Bij dit alles is het belangrijk om steeds te beseffen dat wat we in de Adventkerk zien zich niet in een vacuüm afspeelt. Wat daar gaande is, is in belangrijke mate een weerspiegeling van wat op veel plaatsen in het westers christendom aan de orde is.

Bij wat volgt moeten we een drietal elementen in gedachten houden:
- De ontwikkelingen die we momenteel in de Adventkerk waarnemen kunnen niet worden losgemaakt van ontwikkelingen in het verleden. Zonder enige kennis van dat verleden is het onmogelijk de dingen in het juiste perspectief te zien.
- De meeste kwesties die op dit moment een belangrijke rol spelen in de discussies hebben te maken met de hermeneutiek (de manier waarop we de Bijbel lezen).
- *Verandering is mogelijk.*

In de loop van de geschiedenis van het adventisme is er veel veranderd, ten goede en soms ten kwade. Er zou nog (vanuit mijn perspectief geredeneerd) veel ten goede kunnen veranderen. De kerk zou voor een minder fundamentalistische benadering van de Bijbel kunnen kiezen. De kerkleiding kan meer vrijheid van denken en meer diversiteit toestaan en bevorderen dat de manier waarop in verschillende delen van de wereld het geloof vorm krijgt beter aansluit bij de culturele omstandigheden. En we hoeven niet zo rigide te zijn ten aanzien van onze leerstellingen om een 'echte' adventist te kunnen worden genoemd.

Er is in de loop van de tijd ongetwijfeld veel in de kerk veranderd, maar veel gelovigen 'aan de zijlijn' maken zich over sommige van die veranderingen grote zorgen. Uit wat volgt zal de lezer kunnen zien dat ik op het soort verandering hoop waardoor er een frisse wind in de kerk kan gaan waaien. Mijn overtuiging dat zo'n soort verandering mogelijk is, is een belangrijke reden waarom ik dit boek geschreven heb. Maar echte verandering kost vaak veel tijd en vereist daarom heel wat geduld. Een vluchtige studie van de geschiedenis van de christelijke kerk laat zien dat de meeste veranderingen een lange tijd van ontkieming nodig hadden. Maar er komen veranderingen, als genoeg mensen zich daarvoor inzetten en de Geest de ruimte geven om die tot stand te brengen.

---

1 http://docs.adventistarchives.org/docs/ASR/ASR2014.pdf#view=fit.
2 David F. Wells, *Above Earthly Powers: Christ in a Postmodern World* (Grand Rapids, MI: Wm. B. Eerdmans Publishing Co, 2005), blz. 108, 109.

3 Voor een beschrijving van ca. 200 verschillende kerken in de VS, zie *Handbook of Denominations in the United States* (door Frank S. Mead, 13e ed.; Nashville, TN: Abingdon Press, 2010).
4 Zie: https://nl.wikipedia.org/wiki/Christelijke_denominaties_in_Nederland.
5 Richard W. Schwartz and Floyd Greenleaf, *Light Bearers: A History of the Seventh-day Adventist Church* (Nampa, ID: Pacific Press, 2000 ed.), blz. 615-625.
6 http://www.bwanet.org.
7 George R. Knight, *Op zoek naar een eigen identiteit: De ontwikkeling van het adventistisch geloofsgoed* (Huis ter Heide: Kerkgenootschap der Zevende-dags Adventisten, 2006), blz. 13-17.
8 David O. Moberg, *Church as Social Institution* (Upper Saddle River, NJ.: Prentice Hall, 1962; herzien 1984).
9 Zie de titel van zijn boek: *Why Christianity Must Change or Die* (San Francisco, CA: HarperCollins, 1998).
10 De volgende alinea's zijn voor een deel afkomstig uit de presentatie die ik hield voor de Duitse AWA (Adventistischer Wissenschaftlicher Arbeitskreis – 2-4 Oktober, 2015, in Eisenach, Duitsland.
11 Audio-opname van de presentatie van Dr. Gilbert Valentine op 25 juli, 2015 in Glendale, CA, tijdens een SDA Forum bijeenkomst: http://spectrummagazine.org/sites/default/files/LApercent20Forumpercent20-percent20Gilpercent20Valentine.mp3
12 George R. Knight, ed., *Questions on Doctrine*, geannoteerde uitgave (Berrien Springs, MI: Andrews University Press, 2003).
13 *Seventh-day Adventist Bible Commentary*, 7 dl. (Washington, DC: Review and Herald Publishing Association, 1953-1957. Voor de historische achtergrond van dit project, zie Raymond F. Cottrell, 'The Untold Story of the Bible Commentary', *Spectrum* jaargang 16, no. 3 (augustus 1985), blz. 35–51.
14 Zie mijn presentatie 'Revival and Reformation – a current Adventist initiative in a broader perspective', tijdens de European Theological Teachers' Convention, Newbold College, UK, 25-28 maart, 1915. Gepubliceerd in Jean-Claude Verrecchia, red., *Ecclesia Reformata, Semper Reformanda: Proceedings of the European Theology Teachers' Convention, 25-28 March 2015* (Newbold Academic Press, 2016), blz. 101-121.
15 Voor een biografie, zie: Milton Hook, *Desmond Ford: Reformist Theologian, Gospel Revivalist* (Riverside, CA: Adventist Today Foundation, 2008).
16 Zie *General Conference Working Policy*, A15; ook: https://www.adventist.org/en/information/official-statements/documents/article/go/0/total-commitment-to-god.
17 Voor de tekst van deze preek, zie *Adventist Review, GC Session Bulleting nr. 8*, 9 juli, 2010.
18 Ellen G. White, *Testimonies for the Church*, dl. 9 (Mountain View, CA: Pacific Press Publishing Association, 1948 ed.). blz. 271.
19 http://en.wikipedia.org/wiki/Raymond_Cottrell.
20 *Minutes General Conference Committee*, 15 oktober, 1973. http://documents.adventistarchives.org/Minutes/GCC/GCC1973-10a.pdf.
21 Robert H. Pierson, *Revival and Reformation* (Washington DC: Review and Herald Publishing Association, 1974).
22 Robert H. Pierson, 'Final Appeal to God's People', *Review and Herald*, 26 oktober 1973.
23 http://www.revivalandreformation.org/.
24 http://revivedbyhisword.org/.
25 http://www.revivalandreformation.org/777.

26 Ik zou voor deze term geen passende vertaling weten.
27 De vraag werd als volgt geformuleerd: *'Vindt u het aanvaardbaar, na onder gebed het onderwerp van inzegening in de Bijbel en in de geschriften van Ellen G. White te hebben bestudeerd, samen met de rapporten van de studiecommissies, en na zorgvuldige afweging van wat het beste is voor de kerk en de uitvoering van haar taak, dat de divisiebesturen, indien zij dat passend vinden voor hun gebied, mogelijkheden openen voor de inzegening van vrouwen tot de evangeliedienst? Ja of Nee.'*
28 *Understanding Scripture: An Adventist Approach*, Biblical Research Institute Studies, dl. 1 (2006); *Interpreting Scripture: Bible Questions and Answers*, Biblical Research Institute Studies, dl. 2 (2010).
29 'Seventh-day Adventist Doctrinal Statements', in: Don F. Neufeld, red., *Seventh-day Adventist Encyclopedia* (Hagerstown, MD: Review and Herald Publishing Association, 1996 ed.), dl. 2, blz. 464.
30 Artikel 6 van de *Fundamentele Geloofspunten* luidt nu als volgt: *De eerlijke en historische weergave van zijn scheppende daden laat God in de Bijbel zien. God schiep het heelal, en in een recente schepping van zes dagen maakte de Heer 'de hemel en de aarde ..., en de zee met alles wat er leeft'. Op de zevende dag rustte hij. Zo stelde God de sabbat in als een blijvend gedenkteken van het werk dat hij deed en voltooide in zes letterlijke dagen. Deze dagen, samen met de sabbat, vormen een tijdsperiode die wij een week noemen. De eerste man en vrouw werden gemaakt naar Gods beeld als de bekroning van de schepping. Hun werd heerschappij gegeven over de aarde, en de verantwoordelijkheid haar te onderhouden. Toen de wereld voltooid was, was alles 'zeer goed', en zo verkondigde de wereld Gods eer. (Genesis 1; 2; 5; 11; Exodus 20:8–11; Psalmen 19:1–6; 33:6, 9; 104; Jesaja 45:12; Handelingen 17:24; Kolossenzen 1:16; Hebreeën 11:3; Openbaring 10:6; 14:7.)*
31 Zie bijvoorbeeld de documenten 'Homosexuality', en 'A Statement of Concern on Sexual Behavior' in: *Statements, Guidelines and Other Documents of the Seventh-day Adventist Church* (Silver Spring, MD: Communication Department of the General Conference of Seventh-day Adventists, 2006), blz. 38, 94-95. Een hoofdartikel in *Ministry* magazine in de jaren tachtig verkondigde vol trots dat adventisten een manier hadden gevonden om homoseksualiteit te 'genezen'. Later bleek dat dit een misvatting was en dat men iemand had gesteund die in allerlei schandalen verwikkeld was.
32 De belangrijkste teksten die worden geciteerd door degenen die menen dat de Bijbel geen enkele ruimte biedt voor homoseksuele relaties zijn: Deuteronomium 23:17, 18; Leviticus 18:22; Genesis 19; Rechters19; Romeinen 1:20, 21; 1 Korintiërs 6:9 en 1 Timoteüs 1:8-10.

HOOFDSTUK 4

Bestaat God? Echt waar?

Ik was tien jaar. Mijn twee jaar jongere broertje Henk was al een tijdje niet in orde, maar onze huisarts kon niets ernstigs ontdekken. Plotseling ging zijn toestand echter zo snel achteruit dat de dokter besloot dat hij meteen in het ziekenhuis moest worden opgenomen. Twee weken later was hij dood. De kinderreuma die op zijn hart was geslagen was niet op tijd onderkend – met fatale afloop. Mijn ouders waren, om het voorzichtig te zeggen, niet erg welgesteld en Henk kreeg daarom geen grafsteen op het kerkhof in het dorp waar we woonden. Ik heb nog steeds een helder beeld van de schoolklas die een lied zong rond het open graf en ik herinner mij de preek van dominee Berend Slond, een charismatisch man die uit Amsterdam was gekomen om de dienst te leiden.

Ik geloofde op mijn kinderlijke manier in God. Vanaf het moment dat de kist onze kleine woning werd binnengedragen – waar hij geopend in de gang stond, beneden aan de trap, zodat we er voortdurend langs moesten lopen – tot aan de begrafenis bad ik vurig. Ik kende de bijbelverhalen waarin dode mensen op wonderbaarlijke wijze weer levend werden. Ik wist natuurlijk wel dat zoiets maar heel af en toe was gebeurd en dat de meeste dode mensen gewoon dood bleven, maar het was tenslotte wel eens een enkele keer gebeurd en dus bad ik God om ook voor ons een uitzondering te maken. Het was zo'n vreemd idee dat Henk niet langer bij ons was. Waarom deed God ons dit aan? Maar, hoe ik ook bad, God maakte geen uitzondering. Maar waarom dan niet? Waarom liet hij Henk sterven?

En paar jaar daarna stonden we op hetzelfde kerkhof, dit keer om afscheid te nemen van mijn vader. Hij werd niet ouder van vijftig jaar.

Na een ingewikkeld leven, met veel ziekte, veel pech en tegenslag, had hij leukemie gekregen. De ongelijke strijd tegen de kanker duurde ongeveer zes jaar – een moeilijke periode voor hem en voor ons allemaal. Toen hij stierf was ik veertien jaar en vanaf dat moment moest ik verder zonder vader. In feite had ik in de jaren van zijn ziekte ook al geen vader zoals de meeste jongens van mijn leeftijd hadden. Ik heb sindsdien altijd het gemis gevoeld dat ik geen nauwe band had met een 'echte' vader. Waarom moest ik dit meemaken? En waarom moesten mijn moeder en mijn zusjes dit meemaken? Waarom liet God dit gebeuren? Had hij niet in de gaten dat wij in hem geloofden? Waarom negeerde hij ons dan en hielp hij ons niet?

Een lange tijd daarna – ik was nu rond de veertig, stierf mijn jongste zus. Zij was tweeëndertig en liet haar man en drie kleine kinderen achter. Een agressieve hersentumor had zijn snelle en dodelijke werk gedaan. Het was een schok en opnieuw hield de vraag ons bezig: Waarom liet God dit toe bij een jong gezin? Hoe moesten die kinderen verder zonder hun moeder? Waarom, God, waarom? Deze gebeurtenissen hadden een grote impact op mijn leven. Maar natuurlijk besef ik heel goed dat veel mensen nog veel meer redenen hebben voor die *waarom*-vraag.

Ik zou veel andere voorbeelden kunnen geven van gebeurtenissen in mijn eigen leven, in mijn omgeving en in de wereld die ik niet kan begrijpen. Woorden ontbreken als ik denk aan de ontelbare aantallen slachtoffers van oorlogssituaties, die verder moeten leven met een enorm trauma, vaak zonder ouders, partner, familie of kinderen. Ik kan onmogelijk beschrijven wat zij voelen. Maar wel rijst de vraag waarom een almachtige God al die verschrikkelijke dingen toelaat.

De meesten van ons gaan soms door periodes van grote moeilijkheden of hebben die in ons verleden doorgemaakt. Wij beseffen dat we geen van allen onsterfelijk zijn en dat de dag komt dat wij onze bejaarde ouders en oudere familieleden en vrienden zullen kwijtraken. Maar we zullen nooit wennen aan het verlies van mensen die nog midden in het leven stonden of om te zien hoe kleine kinderen doodgaan aan kanker.

Rabbi Harold Kushner schreef in zijn bestseller *Als 't kwaad goede mensen treft*[1] dat we misschien nog wel kunnen accepteren dat er in elk mensenleven ook een portie lijden voorkomt, maar dat we sprakeloos staan bij de onvoorstelbare hoeveelheid lijden die we zo vaak zien. Dat is niet alleen het geval als we letten op het lijden van individuele mensen, maar vooral ook als we kijken naar het lijden op veel grotere schaal: de doffe ellende van grote groepen en zelfs volkeren. Denk aan de natuurrampen die onze aarde met verontrustende regelmaat treffen, de aardbevingen die duizenden onschuldige mensen bedelven onder het puin van hun huizen en fabrieken, de tsunami's en orkanen die een onbeschrijflijk spoor van verwoesting trekken door een groot gebied en grote aantallen mensen dood of dakloos achterlaten. Waarom gebeuren al dat soort dingen?

Terroristische aanslagen veroorzaken angst en ellende en brengen chaos. Niet langer kunnen we in een vliegtuig stappen als we niet eerst onze halflege waterflesjes in de afvalbak hebben gegooid, onze handbagage is gescreend en we door een bodyscan zijn gepasseerd. We moeten door metaaldetector-poortjes bij de ingang van grote openbare gebouwen en worden tientallen malen per dag door bewakingscamera's gefilmd. Ik las onlangs ergens dat mensen die een dagje in Londen gaan winkelen ten minste 300 keer worden gefilmd. En toch slagen terroristen erin hun boodschap van geweld kracht bij te zetten door lukraak grote aantal mannen, vrouwen en kinderen te doden die toevallig net op het verkeerde moment op de verkeerde plaats zijn. Hoe bestaat het dat IS en Boka Haram, de drugkartels in Zuid-Amerika en andere terreurgroepen, hun verschrikkelijke praktijken kunnen blijven voortzetten?

Waarom hebben er op onze planeet wereldoorlogen gewoed met tientallen miljoenen slachtoffers? Iedereen die iets van geschiedenis afweet heeft niet alleen gehoord van 'de Grote Oorlog' van 1914-1918 en van de Tweede Wereldoorlog, De Koreaanse Oorlog, de Vietnam Oorlog, de 'killing fields van de Khmer Rouge in Cambodja aan het einde van de jaren zeventig en de genocide in Rwanda, maar ook van de verschrikkingen van minder lang geleden in Soedan, Yemen, Irak, enzovoort. En dan is er het lijden in de vele andere, soms grotendeels 'vergeten' oorlogen op verschillende plaatsen in de wereld. Terwijl ik dit boek schrijf hebben de gruwelijke gebeurtenissen in Syrië al honderdduizenden levens gekost.

MAAR WAAROM?

In de twee voorgaande hoofdstukken bespraken we de diepe crisis in het hedendaagse christendom en het wijdverbreide wantrouwen jegens de institutionele kerk. Maar de crisis gaat veel dieper dan een steeds groter wordend *verlies aan vertrouwen in de kerk* als organisatie. Veel van de mensen die het gevoel hebben 'aan de zijlijn' van de kerk te zijn beland, hebben ook te maken met een persoonlijke *geloofs*crisis. Die twee dingen staan meestal niet los van elkaar, maar de geloofscrisis gaat veel verder dan een gereduceerd vertrouwen in de kerk. Het treft ons tot in het diepst van onze ziel.

Grote aantallen christenen, met hun wortels in geloofsgemeenschappen over het gehele religieuze spectrum – van uiterst links tot helemaal rechts en alles daar tussenin – kampen met een geloofscrisis. Dit is natuurlijk geen nieuw verschijnsel. In onze tijd lijkt het echter toch een veel grotere rol te spelen dan daarvoor. Het blijft niet beperkt tot één enkele leeftijdsgroep. En daarbij moet niemand het idee hebben dat adventisten immuun zijn voor deze crisis. Veel jongere adventisten vragen zich niet in de eerste plaats af wat er precies gebeurt aan het begin, halverwege en aan het einde van de duizendjarige periode van Openbaring 20, of hoe we op de basis van Daniël 8 en 9 terechtkomen bij het jaartal 1844. Ze willen weten of er echt een God is, en zo ja, hoe het dan toch mogelijk is dat er zoveel gruwelijke dingen zijn in de maatschappij waarvan zij deel uitmaken. Helaas zijn er in de kerk al gauw een paar mensen te vinden die hen in een degelijke serie bijbelstudies precies de details van de adventistische leer kunnen uitleggen, maar is het veel moeilijker mensen te vinden die willen (en kunnen) praten over de dingen die hen echt bezighouden. Vaak bevinden zij zich, net zoals veel oudere mensen om hen heen, 'aan de zijlijn' van de kerk, omdat ze teleurgesteld zijn door allerlei dingen die mensen in de kerk zeggen en doen en vanwege diverse ontwikkelingen in hun kerk. Maar hun zoektocht gaat veel dieper. *Zij vragen zich af of God echt bestaat.* Want als hij bestaat, hoe rijmen we dan alle ellende en lijden met een almachtige God? Heel veel mensen worstelen met de vraag die de titel is geworden van Philip Yancey's inspirerende boek: *Waar is God als ik pijn heb?*[2]

GOD – ALMACHTIG EN LIEFDEVOL?

Een van de moeilijkste vragen die een mens zich kan stellen is dus: Hoe rijmen wij het feit dat God liefdevol is met zijn almacht? Wanneer christenen Gods karakter proberen te definiëren verwijzen zij vaak naar 1 Johannes 4:6, waar we lezen dat *God liefde is*. Hij is liefde in de zuiverste vorm. Volgens de Bijbel werd dat op de meest verheven manier duidelijk in het feit dat God zijn Zoon, Jezus Christus, gaf, die naar ons toekwam om ons te redden. Maar wie over God spreekt, noemt haast automatisch ook andere karakteristieken: God is *eeuwig* (hij is er altijd geweest en zal er altijd zijn); hij is *alwetend* en *alomtegenwoordig* (hij kan gelijktijdig op elke plaats aanwezig zijn); en hij is *onveranderlijk*. En hij is ook *almachtig*. Dat betekent dat er geen grenzen zijn aan wat hij kan. De Bijbel schildert hem als de Schepper van het universum en alles wat daarin is. En ook als degene die de macht heeft om een 'nieuwe hemel en een nieuwe aarde' te scheppen, als de geschiedenis, zoals we die nu kennen, ten einde is.

Dat is dus het levensgrote dilemma dat miljoenen mensen – met inbegrip van veel adventistische christenen – niet kunnen oplossen: Als God totale liefde is en ook onbegrensde macht heeft, waarom is er dan zoveel lijden? Waarom komt God niet tussenbeide en beschermt hij de schepselen niet die hij beweert lief te hebben? Wij zouden graag tegen God willen zeggen: 'Verdedig je. Leg eens uit hoe dit zit. Help ons te begrijpen waarom je niets doet en zo'n afwachtende houding aanneemt in plaats van al het kwaad een halt toe te roepen, de machten van het kwaad te vernietigen en ons uit de ellende te halen waarin we zo vaak dreigen te verstikken.'

Dit weerspiegelt de ervaring van Steve Jobs, een van de geniale stichters van het *Apple* imperium, die in 2011 aan kanker overleed. In zijn jeugd ging Steve bijna altijd op zondag naar de Lutherse Kerk. Maar toen hij dertien jaar oud was verloor hij zijn geloof. Hij vroeg de dominee tijdens de zondagsschool: 'Als ik een paar vingers omhoog steek, weet God dan al van tevoren hoeveel het er zullen zijn?' De dominee zei dat God dat natuurlijk wist, want hij weet alles. Daarop haalde Steve de omslag van het julinummer van het tijdschrift *Life* uit zijn zak. Daarop stond een foto van een paar uitgemergelde kinderen in Biafra (Nigeria). Hij vroeg daarop aan de dominee of God ook wist wat deze kinderen meemaakten. Steve kreeg als antwoord: 'Ja, je zult dat niet begrijpen, maar God is van alles wat er gebeurt op de hoogte.' Steve was niet tevreden met dat antwoord en verliet de kerk om er nooit meer naar terug te gaan.[3]

Theologen hebben een technisch woord voor dit probleem: *theodicee*. Het woord is afgeleid van twee Griekse woorden *theos* en *dike* – God en *rechtvaardigheid*. De grote vraag is: Welk excuus heeft God als hij niet ingrijpt wanneer wij moeten lijden? Bij het surfen op het internet vond ik de volgende bondige en goede definitie van het begrip *theodicee*: 'Een argumentatie die een rechtvaardiging moet zijn voor (het geloof in het bestaan van) een God die zowel volmaakt goed als almachtig is, terwijl er toch kwaad in de wereld bestaat.'[4]

Voor veel mensen die Gods liefde willen combineren met zijn onbeperkte macht is slechts één antwoord mogelijk: Er bestaat geen liefdevolle God! Maar door de eeuwen heen zijn er ook overal en altijd mensen geweest die weigerden deze fatalistische conclusie te aanvaarden en die bleven zoeken naar een antwoord dat hen kon bevredigen. Ik heb heel wat van hun vaak tamelijk ingewikkelde boeken over het *theodicee*-onderwerp gelezen. Het boek van Richard Rice *Suffering and the Search for Meaning* (Lijden en de zoektocht naar zingeving) is misschien wel het beste dat ik de laatste jaren op dit gebied ben tegengekomen. De ondertitel maakt het doel van Rice duidelijk: *Responses to the Problem of Pain* (Antwoorden op het probleem van de pijn).

Dr. Rice is hoogleraar theologie aan de Loma Linda Universiteit in Californië. Hij veronderstelt bij zijn lezers geen diepgaande theologische kennis. In zijn heel toegankelijke boek geeft hij een overzicht van de verschillende manieren waarop je de *waarom*-vraag kunt beantwoorden. Ik zal die kort noemen.[5] Het eerste gezichtspunt is dat elke poging om God te rechtvaardigen schipbreuk moet lijden. Het is nu eenmaal volstrekt onmogelijk een manier te vinden om de ellende in de wereld te kunnen rijmen met het bestaan van een almachtige en liefdevolle God. Toch zijn er ten minste een vijftal verschillende benaderingen voorgesteld om tot een meer bevredigend antwoord te komen.

- Lijden en ellende zijn op de een of andere manier deel van Gods plan voor de mensheid. Zeker, we begrijpen vaak niet waarom God allerlei vreselijke dingen toestaat. Maar hij weet heel goed wat hij doet en we moeten erop vertrouwen dat alles met ons en met deze wereld uiteindelijk toch goed komt.
- We mogen God nooit de schuld geven voor het lijden in de wereld. Het is het gevolg van het feit dat de mens een vrije wil heeft. God wilde niet door 'robots' worden gediend, maar door wezens die hem uit eigen vrije keuze zouden dienen en liefhebben. God nam het risico dat het verkeerd zou kunnen aflopen, maar dat maakt hem niet verantwoordelijk voor onze verkeerde keuzes en, daarmee, voor alle ellende die we in de wereld tegenkomen.
- We kunnen dan misschien geen afdoende verklaring vinden voor al het lijden en verdriet dat we zien en ervaren, maar we kunnen wel vaststellen dat heel veel dingen die ons overkomen ons op de een of andere manier helpen bij onze geestelijke groei.
- Er is een kosmisch conflict gaande tussen goed en kwaad en mensen hebben ook een rol in deze krachtmeting tussen de machten van licht en duisternis. Zevendedags adventisten hebben vooral dit perspectief benadrukt en verwijzen gewoonlijk naar dit kosmische conflict als 'de grote strijd'.
- Dan is er ten slotte nog een optie die een heel ander uitgangspunt kiest. De verdedigers van deze opvatting zeggen dat God niet alles weet en ook niet almachtig is in de klassieke betekenis van het woord. Zij stellen dat God niet steeds van tevoren weet hoe wij onze vrije wil zullen gaan gebruiken en dat hij niet tussenbeide kan komen als wij verkeerde keuzes maken.[6]

Ik vind het boek van Richard Rice buitengewoon waardevol omdat het ons de verschillende opties zo duidelijk voorhoudt en vervolgens de sterke en zwakke punten van de verschillende benaderingen bespreekt. Het is extra nuttig vanwege de manier waarop de schrijver ingaat op de persoonlijke dimensies van dit vraagstuk. Het lijden dat de mens treft, zegt hij, is niet alleen maar een filosofisch en theologisch *probleem* (hij geeft trouwens de voorkeur aan de term *mysterie*). Want vroeg of laat krijgen we er allemaal persoonlijk mee te maken. Rice adviseert ons aspecten van de verschillende benaderingen te combineren om zo 'fragmenten van betekenis' te ontdekken en troost en steun te vinden wanneer het onheil ons heel rechtsreeks persoonlijk treft.

Net als Rice zie ook ik de waardevolle elementen in de verschillende 'oplossingen'. Ik voel me ook nogal aangetrokken tot de wat onorthodoxe benadering van het laatste punt, maar ik wil me hier niet laten verleiden tot een lange discussie over dit onderwerp. Als predikant en als iemand met beroepsmatige theologische interesse zou ik zo'n discussie heel boeiend vinden. Maar tegelijkertijd besef ik heel goed dat de *waarom*-vraag voor de meeste mensen niet wordt opgelost door een academische verhandeling. Wat voor argumenten we ook naar voren brengen, het 'voelt' doodgewoon niet goed dat een liefdevolle God, die bovendien ook almachtig is, geen halt toeroept aan de narigheid die wij persoonlijk meemaken en de misère die wij elke avond op ons televisiescherm zien. Als er al een antwoord is, dan zal dit voor de meesten van ons niet in de eerste plaats zijn gebaseerd op verstandelijke argumenten.

INTELLECTUELE TWIJFEL

Door de gehele geschiedenis van het christendom heen waren er mensen die twijfelden aan het bestaan van God, terwijl anderen steeds weer pogingen deden te 'bewijzen' dat er wel degelijk een God is.[7] Deze 'bewijzen' volgden meestal eenzelfde patroon: Elk gevolg heeft een oorzaak, en die oorzaak moet ook zelf weer een oorzaak hebben, en zo voort. Uiteindelijk kom je dan bij een Eerste Oorzaak: *God*. Anderen hebben die manier van denken verder uitgediept en zeggen dat het feit dat wij ons een beeld kunnen vormen van een God die eeuwig, almachtig en alwetend is, op zichzelf al een bewijs dat er zo'n God moet zijn. Zo'n idee, zeggen zij, zou niet zomaar in de menselijke geest komen bovendrijven, als er geen Oorzaak (hoofdletter O) was. Daarnaast wordt ook vaak het argument gebruikt dat de gehele mensheid bepaalde morele principes gemeen lijkt te hebben. Het kan niet anders dan dat een moreel opperwezen op de een of andere manier deze morele principes in de mensheid heeft 'ingebouwd'.

Het beroemdste 'godsbewijs' luidt als volgt: Stel, dat we ons een weg door een oerwoud banen en dan plotseling een huis ontdekken met een prachtig aangelegde tuin. Dat doet ons meteen concluderen dat er iemand moet zijn geweest die het huis heeft gebouwd en de tuin heeft aangelegd. Of, als we het fijne raderwerk in een mechanisch horloge zien, denken we niet aan de mogelijkheid dat het horloge zich op de een of ander manier zelfstandig heeft ontwikkeld. We nemen aan dat er een horlogemaker van vlees en bloed aan te pas is gekomen. Zo is het ook als we een studie maken van de wereld en van het heelal. We kunnen er redelijkerwijs van uitgaan dat een Maker alles een duidelijke orde heeft meegegeven. Waar je bewijzen ziet van een *ontwerp*, moet er ook een *Ontwerper* zijn! Hoewel dit type godsbewijs veel van zijn zeggingskracht heeft verloren, sinds Darwin en andere evolutionisten met hun theorieën van een geleidelijke ontwikkeling van de verschillende soorten dieren en planten kwamen, heeft het de laatste tijd bij een aantal christelijke wetenschappers een opmerkelijke *comeback* gemaakt.

Er zijn nu nog maar weinig mensen die de traditionele godsbewijzen erg overtuigend vinden. Veel christenen die er nog steeds zeker van zijn dat God bestaat, geven wel toe dat er geen absoluut bewijs is voor hun geloof. Maar hoewel het dan misschien moeilijk, of zelfs onmogelijk, is om Gods bestaan te bewijzen, toch *is het nog veel moeilijker om te bewijzen dat er geen God is!* Een simpele illustratie kan dit verduidelijken. Het is niet moeilijk te bewijzen dat er in onze wereld neushoorns bestaan. Je vindt meestal wel enkele exemplaren in een grote dierentuin. Als je echter onomstotelijk wilt bewijzen dat er nergens neushoorns zijn met een blauwe huid, dan is dat veel lastiger, zo niet onmogelijk. Dan zou je immers iedere plek op aarde – de meest afgelegen, ondoordringbare plaatsen inbegrepen – moeten onderzoeken. Zolang je niet overal hebt gezocht, heb je geen absoluut bewijs dat er geen blauwe neushoorns bestaan.

Intellectuele twijfel over het bestaan van God verdwijnt niet door pogingen om te bewijzen dat hij er echt is. We zullen zien dat er een andere benadering nodig is. Maar voordat we zover zijn moeten we niet vergeten dat er nog een andere grote hindernis is voor veel mensen die worstelen met hun geloof.

WAAROM KIEZEN VOOR HET *CHRISTELIJK* GELOOF?

Je kunt de westerse wereld niet langer 'christelijk' noemen. Grote aantallen personen met een niet-christelijke godsdienst zijn bij ons komen wonen en veel autochtone burgers hebben verre reizen gemaakt en zijn in contact gekomen met de islam, het hindoeïsme, het boeddhisme en andere niet-christelijke godsdiensten. Dat is een belangrijke reden waarom je steeds vaker de vraag hoort: *Als er een God is, welke God is dat dan?* Is hij de God van de christenen of misschien de Allah van de moslims? Of zijn er misschien heel veel goden, zoals bijvoorbeeld de hindoes geloven?

Kunnen christenen er zomaar van uitgaan dat *hun* geloof beter is dan dat van alle andere godsdiensten? Welke criteria gebruiken zij om aan te tonen dat hun geloof het ware is, of in elk geval beter is dan dat van anderen? Of hebben alle godsdiensten misschien evenveel waarde? Zijn het uiteindelijk allemaal even goede wegen om zin te geven aan ons bestaan? Maakt het echt verschil of je het hoogste wezen 'God' of 'Allah' noemt? Maakt het wat uit of je je innerlijke rust vindt via de Boeddha of via Jezus Christus? Of dat je naar een hindoetempel gaat of een kaarsje aansteekt in een katholieke kathedraal? Hebben niet alle godsdiensten eenzelfde doel: een verbinding maken tussen ons en het Onbekende dat ver boven ons uitgaat? Of hebben diegenen soms gelijk die zeggen dat alle godsdiensten het product zijn van menselijke fantasie en niet meer dan dat? Al dat soort vragen leidt bij velen tot grote twijfel.

VRAGEN OVER DE BIJBEL

Onder degenen die nog in God geloven en zich meer tot het christendom dan tot enige andere godsdienst aangetrokken voelen, zijn er velen die niet goed weten wat zij met de Bijbel moeten beginnen. Dat geldt vooral voor mensen die opgroeiden in een kerkelijk milieu waarin men de Bijbel helemaal letterlijk neemt. Als de Bijbel je vertelt dat iemand een verblijf van drie dagen in het ingewand van een grote vis overleefde, of dat een ezel in mensentaal kon communiceren, dan moet dat ook zo zijn gebeurd. Heel veel bijbellezers hebben echter grote moeite met dingen die ooit glashelder voor ze waren en die ze vroeger probleemloos accepteerden. Dat is ook het geval bij tal van zevendedags adventisten. Ook al verwerpt de Adventkerk officieel het etiket 'fundamentalisme', en ook al beweert de adventistische theologie dat adventisten niet geloven in een 'verbale' (woord-voor-woord) inspiratie, in de praktijk is dat nogal eens heel anders. En daar kunnen velen niet meer mee uit de voeten.

Misschien is het goed nu eerst iets te zeggen over deze twee termen: *fundamentalisme* en *verbale inspiratie*. Het online Van Dale Woordenboek definieert het begrip *fundamentalisme* als volgt: 'Een uiterst orthodoxe theologische richting.'[8] Aanvankelijk werd het woord uitsluitend gebruikt in verband met christelijke theologie, maar nu wordt de term ook steeds vaker op de islam en op andere opvattingen toegepast. In oorsprong verwijst de term echter naar een beweging aan het begin van de twintigste eeuw die in verzet kwam tegen de steeds sterker wordende vrijzinnige stroming in het Amerikaanse protestantisme en terug wilde naar een letterlijke interpretatie van de Bijbel als basis voor de christelijke leer en leefwijze. Een groep theologen was bang dat de Amerikaanse kerken steeds meer in 'liberale' richting zouden afdrijven. Zij besloten een reeks brochures te schrijven om die dreiging het hoofd te bieden. Deze brochures kregen de naam *fundamentals*, waarvan dus het woord fundamentalisme is afgeleid.

Verbale inspiratie is de theorie die volhoudt dat de Bijbel 'woordelijk' werd geïnspireerd. Dat betekent dat elk woord letterlijk van God afkomstig is. Uiteraard wordt wel toegegeven dat dit alleen kan gelden voor de woorden in de oorspronkelijke talen (Hebreeuws, Aramees en Grieks). De theorie benadrukt dat de bijbelschrijvers in feite 'secretarissen' waren die opschreven wat Gods Geest hen dicteerde. Omdat elk woord op die manier rechtstreeks van God afkomstig is, is het uitgesloten dat er fouten zitten in Gods Woord. De Bijbel is in alle opzichten historisch betrouwbaar. En bij een conflict tussen de Bijbel en de wetenschap wint de Bijbel het altijd!

Vóór de jaren twintig van de vorige eeuw bewoog het adventisme zich geleidelijk aan in de richting van 'dynamische inspiratie'. Dit wil zeggen dat de schrijvers de boodschap die God hen gaf in hun eigen woorden en in eigen stijl opschreven. Ook Ellen G. White stemde daarmee in.[9] Tijdens de beroemde 'Bible Conference' van 1919 kreeg deze benadering de steun van de belangrijkste adventistische leiders. Maar naarmate de fundamentalisten in de Verenigde Staten aan invloed wonnen, kregen hun ideeën ook meer en meer vat op de Adventkerk. De theorie van de verbale inspiratie werd steeds invloedrijker, zowel wat de oorsprong van de Bijbel als het gezag van de geschriften van de moderne profeet, Ellen G. White, aanging. In de loop der jaren zwakte die fundamentalistische tendens soms enige tijd af, maar het is (althans zo zie ik het) een voortdurend probleem gebleven en heeft vooral de laatste tijd weer aan kracht gewonnen. Voor een grote groep adventisten is deze hang naar het fundamentalisme, met de gedachte van verbale inspiratie, in toenemende mate niet meer te verdragen.

Drie aspecten van de Bijbel in het bijzonder bezorgen veel christenen een gevoel van ongemak. En dit geldt ook voor heel wat adventisten:
- het geweld en de wreedheid in het Oude Testament;
- de verhalen die in strijd zijn met de huidige wetenschappelijke inzichten en met het gezonde verstand;
- de wonderen, waaronder de opstanding en de hemelvaart van Jezus.

Er is veelvuldig zware kritiek op de Koran. Volgens diverse politici en een aanzienlijk deel van de media is de Koran de bron die de 'radicale' islam inspireert, met zijn heilige oorlog *(jihad)* tegen niet-moslims, zijn genadeloze *sharia*-wet en zijn systematische discriminatie van vrouwen. Maar daar houdt de kritiek niet op, want vaak wordt daar meteen aan toegevoegd dat de Bijbel evenveel wreedheid bevat en, evenals de Koran, ook instemt met geweld en genocide. Dikwijls wordt daarbij dan ook nog benadrukt dat het soms de God van de Bijbel in eigen persoon was die de opdracht gaf tot het afslachten van vrouwen en kinderen!

Zelfs degenen die willen vasthouden aan een fundamentalistische visie op de Bijbel moeten toegeven dat er stukken in het Oude Testament staan die niet plezierig zijn om te lezen. Soms zijn de details van wat er gebeurde ronduit afgrijselijk. Ik heb het niet zelf uitgerekend, maar iemand heeft dat wel gedaan en het resultaat van zijn rekenwerk op het internet gepubliceerd. Ik citeer: 'Op bijna elke bladzijde van het Oude Testament wordt in opdracht van God iemand vermoord!... In totaal doodt God 371.186 mensen rechtstreeks, en geeft hij opdracht voor het ombrengen van 1.862.265 mensen.'[10] Het is niet moeilijk een paar voorbeelden te noemen uit deze kroniek van gewelddadigheden. God liet alle mensen op aarde in de zondvloed verdrinken, op acht personen na (Genesis 7:21-23). Vlak vóór de uittocht van het volk Israël uit Egypte besloot God alle eerstgeboren kinderen in Egypte te doden, omdat de farao zo koppig was. In 1 Samuel 6:19 lezen we hoe God 50.000 mannen doodde, omdat ze zich hadden verstout naar de ark van het verbond te kijken; en in 2 Koningen 23:24 vinden we het gruwelijke verhaal over kinderen die door God werden gedood, omdat ze de profeet Elisa hadden bespot. En er zijn legio andere voorbeelden.

Wat te denken van een verhaal als dat van Abraham, die van God de opdracht kreeg zijn bloedeigen zoon Isaak te offeren? Voor Larry King, die tientallen jaren lang de populaire *Larry King Live* show op de Amerikaanse televisie presenteerde, diskwalificeerde dit God voor altijd.[11]

En wat doen we met het verhaal van de rechter Jefta, die bereid was zijn dochter te offeren omdat hij een onbezonnen belofte aan God had gedaan (Rechters 11:30-39)? En nu we het toch over offers hebben, wat voor soort God vindt het fijn dat er tot meerdere eer en glorie van hemzelf tienduizenden dieren worden afgeslacht? Volgens 2 Kronieken 7:5 liet koning Salomo bij de inwijding van de tempel die hij in Jeruzalem had gebouwd tweeëntwintig duizend runderen en honderdtwintig duizend schapen en geiten offeren. Kun je je een dergelijke afschuwelijke slachtpartij voorstellen?

DE SCHEPPING

Er zijn maar weinig geleerden die het scheppings- en het zondvloedverhaal zo fel onderuit hebben gehaald als de Britse wetenschapper

Richard Dawkins. Het volgende citaat laat niets aan duidelijkheid te wensen over: 'De Bijbel moet aan bod komen in het onderwijs, maar nadrukkelijk niet als een werkelijkheid. De Bijbel is fictie, mythe, poëzie, van alles – behalve werkelijkheid.'[12] Maarten 't Hart, een van onze bekende Nederlandse romanschrijvers (die ook bioloog is), heeft in essentie dezelfde boodschap voor zijn lezers. Zijn recente boek over zijn moeder[13] bevat een hoofdstuk waarin hij verslag doet van een gesprek met haar over de ark van Noach. Het is niet alleen kostelijk om te lezen, maar het vormt ook een goede illustratie van het soort vragen waarmee veel bijbellezers zitten. Maarten 't Hart schrijft voortdurend over godsdienst en geloof. Wat hij schrijft is vaak erg cynisch, maar het verraadt tegelijkertijd zijn grote bijbelkennis. Vaak schotelt hij zijn lezers argumenten voor die hun twijfel, of al die verhalen uit de Bijbel wel echt zijn gebeurd, flink aanwakkeren. Maarten probeerde zijn moeder ervan te overtuigen dat haar geloof in het verhaal van Noachs ark, als iets dat letterlijk zo was gebeurd, nergens op stoelde. Hij vertelde haar dat hij wat rekensommetjes had gemaakt. Volgens de Bijbel was de boot groot genoeg om alle 'soorten' dieren te kunnen vervoeren – één paar van alle 'onreine' soorten dieren en zeven paren van alle 'reine' dieren. Volgens Maarten zijn er in onze wereld ongeveer twee miljoen verschillende 'soorten' dieren, wat inhoudt dat in een paar dagen enkele tientallen miljoenen dieren door één smalle deur naar binnen moesten in de ark – iets wat logistiek totaal onmogelijk is. Maar behalve dit onmogelijke feit: hoe vonden al die dieren hun weg naar de ark? Bepaalde soorten slakken komen alleen in Scandinavië voor. Zij leggen per dag een afstand af van maximaal vijf meter en dus zou de reis naar de ark een aantal jaren duren. Een verdere complicatie is wel dat deze slakken maar een korte levensverwachting hebben en dus onderweg dood moeten zijn gegaan. En hoe moesten al die dieren tijdens de reis voldoende te eten krijgen? En hoe zorgde Noach ervoor dat de dieren elkaar tijdens de lange reis niet zouden verslinden? En dan hebben we het nog niet gehad over de mest die al deze dieren onderweg produceerden. Enzovoort, enzovoort. Mogelijk is Maarten 't Harts definitie van 'soort' niet dezelfde als die van de schrijver van het bijbelverhaal, maar zijn betoog is wel een echo van het soort twijfel dat veel hedendaagse bijbellezers niet van zich kunnen afzetten.

Ik bezocht onlangs Australië en wilde natuurlijk graag kangoeroes zien. Kangoeroes vormen maar één categorie van de grote groep buideldieren. Het feit dat deze schepselen alleen in Australië voorkomen veroorzaakt een reeks van wetenschappelijke problemen. Toen ik 's morgens vroeg een aantal kangoeroes voor de deur van onze motelkamer zag moest ik onwillekeurig denken aan de verhalen van de schepping en de zondvloed. Ik vroeg me af hoe deze dieren vanuit Australië naar het Midden-Oosten waren gehupt, en weer terug. Misschien waren de continenten vóór de zondvloed niet door watermassa's gescheiden, maar dat moet toch wel op de terugweg het geval zijn geweest, als er een grote vloed is geweest zoals die in de Bijbel wordt beschreven. Ik weet zeker dat ik niet de enige persoon in de Adventkerk ben bij wie zulke vragen soms opborrelen.

Veel jongelui voelen zich onzeker wanneer zij op de middelbare school les krijgen over evolutie. Sommigen maken van hun hart geen moordkuil en vertellen hun biologieleraar ronduit dat die het helemaal verkeerd heeft en dat ze dus niet van plan zijn die zogenaamde wetenschappelijke feiten als waar te accepteren. Zij blijven vasthouden aan wat zij van hun ouders en in de kerk hebben gehoord, namelijk dat God de aarde schiep in zes 'gewone' dagen. Al die moderne theorieën over een langzame ontwikkeling gedurende miljoenen jaren zijn sprookjes! Maar veel van hun klas- en leeftijdgenoten weten niet goed wat ze moeten denken. Kan de wetenschap het zo fout hebben? Wat zij in hun biologieboeken lezen klinkt veel logischer dan het bijbelverhaal. Bovendien hebben ze ontdekt dat de meeste mensen die over dit onderwerp hebben nagedacht de bijbelverhalen weliswaar zien als mooie, indrukwekkende verhalen, maar ze eerder beschouwen als mythes dan als geschiedenis. Zouden al deze ontwikkelde mensen zo misleid kunnen zijn?

Dit is niet alleen iets waarmee alleen tieners te maken hebben die in een christelijk milieu zijn opgegroeid en die geleidelijk aan kritischer zijn geworden en dingen niet langer klakkeloos aanvaarden, omdat hun ouders iets vinden en of omdat de predikant zegt dat ze gewoon moeten geloven wat er in de Bijbel staat. Ik ken persoonlijk heel wat mensen van mijn leeftijd die het grootste deel van hun leven in het scheppingsverhaal hebben geloofd, maar nu op een punt zijn gekomen dat zij moeten bekennen (aan zichzelf en soms ook aan anderen) dat ze sceptisch staan ten opzichte van een letterlijke interpretatie van de eerste hoofdstukken van de Bijbel. Zij zijn tot de slotsom gekomen dat er gewoonweg teveel vragen zijn. Bijvoorbeeld: alle mensen stammen volgens het Genesisverhaal af van twee voorouders, Adam en Eva. Maar hoe verklaar je het dan dat de aarde bevolkt is geraakt met mensen van verschillende rassen? En waar passen de brontosaurus en de tyrannosaurus rex en allerlei andere dinosaurus-soorten in het verhaal?

En zo rijzen er eindeloos veel vragen. Is alle misère en lijden in de wereld echt het gevolg van het eten van één enkele vrucht in een prachtige tuin? En, tussen haakjes, waarom zijn er twee versies van het scheppingsverhaal – in Genesis 1 en in Genesis 2? Wat doen we met de aanzienlijke verschillen tussen deze twee versies?

Ik weet dat er allerlei antwoorden zijn gegeven op deze en andere vragen. Sommigen zijn tevreden met die antwoorden en duwen daarmee hun twijfels van zich af. Maar voor veel anderen zijn de antwoorden te simplistisch. Ze worden er niet door overtuigd en voor elke vraag die verdwijnt duiken er tien nieuwe problemen op.

WONDEREN

Een week voordat ik de eerste versie van dit hoofdstuk schreef bezocht ik een symposium van de Nederlandse Vereniging voor Kerkgeschiedkundigen waarvan ik lid ben. De dag was gewijd aan middeleeuwse wonderverhalen. Het was fascinerend naar twee experts op het terrein van middeleeuwse kerkgeschiedenis te luisteren. Zij gaven enkele presentaties over aspecten van het middeleeuwse geloof in wonderverhalen en over de manier waarop die verhalen ons een heleboel informatie geven over het dagelijks leven in de tijd waarin ze ontstonden. Ik kende sommige verhalen die aan bod kwamen, maar enkele waren nieuw voor mij. Ik had nooit eerder gehoord van het wonder waarbij een brood veranderde in een steen. Naar verluidt gebeurde dat wonder in 1316 in Leiden. In dat jaar was de oogst grotendeels mislukt, waardoor in de stad grote hongersnood was ontstaan. Maar er was een vrouw die nog een brood had weten te bemachtigen. Nadat ze het in tweeën had gesneden at zij de ene helft op en verstopte zij de andere helft in een kast. Op de een of andere manier ontdekte de buurvrouw dit. Zij smeekte toen de eigenares van het brood om een stukje. Maar die weigerde dat, met als gevolg dat er hevige ruzie tussen de twee vrouwen ontstond. Ten slotte riep de vrouw die het stuk brood had verstopt luidkeels tot God met de wens dat het brood in een steen zou veranderen. Prompt God verhoorde dat gebed. De steen is nog steeds te zien in de *Lakenhal*, het stadsmuseum van Leiden.

Vandaag de dag zullen er niet veel mensen zijn die geloof hechten aan dit soort wonderverhalen. Ze sluiten nu eenmaal niet aan bij onze ervaring van hoe de dingen in elkaar steken. Zo zijn er door de eeuwen heen ook velen geweest die sceptisch stonden ten opzichte van de bijbelse wonderverhalen van zowel het Oude als het Nieuwe Testament. Dat aantal sceptici steeg naarmate de mens meer kennis verwierf over de natuurwetten en rationele oplossingen vond voor verschijnselen die voordien heel miraculeus leken. De bijbelse wonderverhalen stroken nu eenmaal niet met ons leven van alledag. Wanneer wij iets in een rivier of kanaal hebben laten vallen is er niet meteen een profeet in de buurt om het voorwerp weer boven water te halen, zoals in het Oude Testament gebeurde toen een groep profeten-in-opleiding een bijl onder water zag verdwijnen en de profeet Elisa net op tijd kwam opdagen om de bijl te laten drijven, zodat hij gemakkelijk uit de rivier kon worden gevist (2 Koningen 6:1-7). En als we dorst hebben en rondkijken waar we die kunnen lessen, is er niet plotseling een kraan op een plek waar die er tevoren niet was. Maar dat was wel het geval, zo horen we, toen Hagar in de woestijn de dood in de ogen zag en er plotseling een bron bleek te zijn die er nog niet was toen zij kort daarvoor op die plek was gaan zitten (Genesis 16:8-21).

De meesten van ons zijn beter bekend met de verhalen over allerlei wonderen in het Nieuwe Testament – hoofdzakelijk verricht door Jezus maar ook wel door zijn leerlingen/apostelen (of om hen te helpen in momenten van grote moeilijkheden bij hun zendingswerk) – dan met de oudtestamentische verhalen. We lezen over Jezus' genezingen van mannen en vrouwen met lichamelijke en geestelijke kwalen en zelfs over het terugbrengen van enkele personen van over de drempel van de dood. Maar we lezen ook hoe Jezus water veranderde in wijn en op wonderbaarlijke wijze een aantal broden en een paar vissen zó wist te vermenigvuldigen dat hij er duizenden hongerige mensen mee te eten kon geven. In veel oren klinken dit soort verhalen even onwaarschijnlijk als het verhaal uit de veertiende eeuw van het Leidse brood dat in een steen veranderde.

Moeten we deze bijbelverhalen allemaal als waar gebeurd beschouwen? En ook het grootste van alle wonderen: de opstanding van Jezus Christus? Of is er misschien een andere manier om te begrijpen wat er met Jezus gebeurde? Heeft het opstandingswonder wellicht een geestelijke betekenis? Zou het verhaal ons bijvoorbeeld willen vertellen dat de leerlingen, ondanks de tragische dood van hun Meester, begonnen te begrijpen hoeveel waarde de dingen hadden die hij hen had onderwezen en dat Jezus, als gevolg daarvan, in hun harten weer tot leven was gekomen als de Christus?

Stel ik teveel vragen? Ongetwijfeld zijn er lezers die nu zo langzamerhand wel eens willen weten hoe ik zelf over allerlei dingen denk en die antwoorden willen horen in plaats van steeds maar weer nieuw vragen voorgeschoteld te krijgen. Nog even geduld graag. Er gaan antwoorden komen naarmate we verdergaan.

WAT THEOLOGEN OVER GOD ZEGGEN

We verwachten van theologen en bijbelwetenschappers dat ze ons helpen bij onze geloofspelgrimage. En inderdaad zien velen van hen dat als hun heilige plicht en vaak zijn ze ook in staat geweest talloze mannen en vrouwen te steunen bij hun twijfels. Maar er zijn ook theologen die de twijfel van veel mensen die hun boeken lazen of naar hen luisterden juist verder hebben aangewakkerd. Sommige theologen ontkennen dat er zoiets is als 'openbaring' in de klassieke betekenis van het woord. Zij leggen zoveel nadruk op de menselijke factor in de ontstaansgeschiedenis van de Bijbel dat er weinig overblijft van Gods aandeel in dit proces. Van één van hen is deze vaak geciteerde uitspraak: 'Alle spreken over boven komt van beneden, ook het spreken dat beweert van boven te komen.'[14] Een andere theoloog drukte zich nog iets raadselachtiger uit: 'God is zo groot dat hij niet hoeft te bestaan.'[15] In 'gewone' taal betekent dit: God is het product van onze eigen gedachten. Het is aan onszelf om een beeld van God te scheppen.

Voor veel diepgelovige mensen was, en is, het een enorme schok om te horen hoe vooraanstaande theologen ontkennen wat zij zelf altijd als de kern van het christelijk geloof zagen: God bestaat en hij heeft zich geopenbaard in de Bijbel (het geschreven Woord) en in Jezus Christus (het levende Woord). Veel behoudende christenen schudden het hoofd en zien dit soort dingen als het zoveelste bewijs dat de Satan steeds meer invloed krijgt in de kerk. Maar aan de andere kant zijn er veel mensen die door dit soort ideeën sterk zijn beïnvloed en daarin bevestigd zien wat zij zelf altijd al dachten maar niet goed onder woorden wisten te brengen.

Dit idee dat alles wat van 'boven' is in feite van 'beneden' komt, sluit naadloos aan bij hoe veel postmoderne mensen tegenwoordig over God denken en spreken. Zij zeggen vaak dat zij in God geloven, maar hun godsbeeld is niet alleen (en soms helemaal niet) gebaseerd op de Bijbel. Zij voelen zich dikwijls niet thuis bij de God van de Bijbel. Hun god is vaak eerder een vreemd mengsel van elementen die zij, zonder dat zij zich daar altijd van bewust zijn, uit allerlei verschillende bronnen bij elkaar hebben gesprokkeld. Hun god komt beslist 'van beneden'.

WAT DOEN WE MET ONZE TWIJFEL?

Twijfel is niet iets dat alleen maar in onze tijd voorkomt. In een heel leesbaar boek dat op zorgvuldig onderzoek is gebaseerd, vertelt historica Jennifer Michael Hecht de geschiedenis van het verschijnsel van de twijfel, zoals dat zich *in de loop der eeuwen* heeft gemanifesteerd.[16] Zij traceert de geschiedenis van de twijfel vanaf de Griekse oudheid tot aan de 'moderne' tijd. Ik hoop dat dit hoofdstuk een kort maar nuttig overzicht heeft gegeven van het soort twijfel dat *onze tijd* kenmerkt en waarmee velen 'aan de zijlijn' van de kerk worstelen. Ik heb allereerst geprobeerd aan te geven dat de vraag naar het *waarom* mensen nog meer dan vroeger bezighoudt. Kan er sprake zijn van een God van liefde, als we kijken naar alle lijden in deze wereld en als er bovendien van God wordt beweerd dat hij almachtig is? We hebben ook ingezoomd op de problemen die velen ondervinden bij het lezen van de Bijbel, vooral als ze hun geloof willen inpassen in de wetenschappelijke benadering van de dingen in de wereld waarin we leven. En we zagen hoe velen het moeilijk vinden om wonderen een plek te geven in hun denken. Wat moeten we met al deze twijfels beginnen? Ik hoop dat ik een aantal handreikingen kan doen die daarbij iets kunnen betekenen.

Maar voordat we zover zijn, wil ik nog iets zeggen over een andere vorm van twijfel. Want zelfs als we, ondanks onze twijfels en onzekerheden, diep in ons hart blijven geloven dat God werkelijk bestaat en als we de Bijbel, ondanks de problemen die we er in tegenkomen, nog steeds zien als een heel speciaal boek, rest er nog een ander gebied van twijfel. Daarbij gaat het om de leerstellingen van de kerk. Dit aspect is niet uniek voor zevendedags adventisten, maar ik vermoed dat zij er toch gemiddeld meer last van hebben dan de meeste gelovigen in andere kerkgemeenschappen. Dat is om de eenvoudige reden dat de Adventkerk benadrukt *dat we alleen 'echte' adventisten kunnen zijn als we geloven in alle Fundamentele Geloofspunten*. Dat is voor veel adventisten heel problematisch geworden, omdat ze er vaak niet zeker van zijn dat al deze geloofspunten een solide bijbelse basis hebben. Daarmee gaan we ons in het volgende hoofdstuk bezighouden.

---

1 Uitgeverij Ten Have (Utrecht, 2011).
2 Uitgeverij J.H. Kok (Kampen, 2008).
3 Ik ben dank verschuldigd aan Bobby Conway die mij wees op de ervaring van Steve Jobs in zijn boek *Doubting toward Faith: The Journey to Confident Christianity* (Eugene, OR: Harvest House Publishers, 2015), blz. 50. Het verhaal is te vinden in de biografie van Jobs door Walter Isaacson, *Steve Jobs* (New York: Simon & Schuster, 2011), blz. 14, 15.
4 https://nl.wikipedia.org/wiki/Theodicee.
5 Richard Rice, *Suffering and the Search for Meaning: Contemporary Responses to the Problem of Pain* (Downers Grove: IVP Academic Press, 2015).

6 Deze theorie staat bekend als 'open theïsme' of als 'procestheologie' (een benadering die in feite nog verder gaat dan 'open theïsme'). Richard Rice wordt algemeen gezien als een belangrijke procestheoloog.
7 Zie ook mijn boek *Het Avontuur van je Leven: Op zoek naar God en jezelf* (Grantham, UK: Stanborough Press, 2006). Ik heb een aantal alinea's uit dat boek in dit hoofdstuk verwerkt.
8 http://www.vandale.nl/gratis-woordenboek/betekenis/nederlands/fundamentalisme#.Vyb3-EuHspF
9 Ellen G. White, *Great Controversy*, blz. v-vii; *Selected Messages*, dl. 1, blz. 16, 19, 20.
10 http://www.evilbible.com/
11 Bobby Conway, op. cit., blz. 72.
12 http://www.brainyquote.com/quotes/authors/r/richard_dawkins.html.
13 Maarten 't Hart, *Magdalena* (Amsterdam: Singel Uitgeverijen, 2015).
14 Harry Kuitert, *Zonder geloof vaart niemand wel: Een plaatsbepaling van christendom en kerk* (Baarn: Ten Have, 1974), blz. 28
15 Zo luidt de titel van een boek door Gerrit Manenschijn, *God is zo groot dat hij niet hoeft te bestaan* (Baarn: Ten Have, 2002).
16 Jennifer Michael Hecht, *Doubt: A History* (San Francisco: HarperCollins, 2004).

HOOFDSTUK 5

Geloof ik dit nog wel?

Kerkgenootschappen verschillen van elkaar. Elke kerk moet iets speciaals hebben waardoor zij verschilt van andere geloofsgemeenschappen. Soms zijn de verschillen heel wezenlijk. Hoewel protestanten en rooms-katholieken veel gemeen hebben gaapt er wat hun theologie betreft een diepe kloof tussen die beide stromingen. Het ziet er niet naar uit dat die kloof binnenkort zal kunnen worden overbrugd. Je hebt protestanten in heel veel verschillende soorten. 'Vrijzinnige' kerken staan in theologisch opzicht mijlenver af van 'behoudende' geloofsgemeenschappen. Kerkgenootschappen die aan elkaar verwant zijn (zoals in de tradities van baptisten, lutheranen, gereformeerden, methodisten, enzovoort) staan natuurlijk veel dichter bij elkaar. Maar ook in hun geval moet er toch iets zijn dat ze van elkaar doet verschillen, want zonder iets unieks heeft een geloofsgemeenschap niet langer een reden van bestaan.

Soms zijn mensen lid van een bepaalde kerk omdat ze daarin nu eenmaal opgroeiden. Misschien kunnen zij je niet direct vertellen wat nu exact het verschil is tussen hun kerk en andere kerken van dezelfde kerkelijke traditie. De verschillende gereformeerde kerken in Nederland komen voort uit dezelfde calvinistische traditie, maar lang niet alle leden van die kerken weten precies wat de theologische verschillen zijn. Ik heb wel gelovigen van kerk A ontmoet die in feite geloofden wat kerk B leert, en omgekeerd.

Vaak maken mensen zich niet al te veel zorgen over theologische details. Ze laten dat graag over aan de dominees en de professoren in hun theologische instellingen. Maar anderen lopen wel rond met dringende vragen waarop ze antwoorden willen hebben. Zij vragen zich dikwijls af: *Geloof ik nog wel wat ik vroeger geloofde?* En zo niet, hoe erg is dat? Ben ik het nog steeds eens met wat ik hoorde tijdens mijn catechisatietijd of toen ik mij voorbereidde op mijn belijdenis of doop? Of sta ik nu zo ver af van wat ik ooit onderschreef dat ik mijzelf moet afvragen of ik nog wel in eer en geweten lid van mijn kerk kan blijven? Twijfel over een aantal geloofspunten heeft veel mensen gedreven naar 'de zijlijn' van hun kerk. Dat kan het gevolg zijn van een langzaam, geleidelijk proces. Het kan ook zijn dat die twijfel lang onder de oppervlakte is gebleven, maar na een persoonlijke crisis of door het lezen van een bepaald boek of het luisteren naar een preek of lezing plotseling tot uitbarsting komt.

Soms krijgen mensen te horen dat ze niet langer als lid van hun kerk kunnen worden beschouwd, omdat zij van 'de waarheid' zijn 'afgevallen.' Dit gebeurt vaker in sekteachtige bewegingen of heel strikte kerken dan in de kerken in het midden van het theologisch spectrum. Uit rapporten blijkt dat het bij de Jehovah's Getuigen vaak leden worden geroyeerd. Elk jaar wordt, naar verluidt, één procent van de namen uit de ledenregistratie verwijderd – om allerlei redenen, maar dikwijls omdat men het niet langer eens bleek te zijn met bepaalde Wachttoren-theorieën.[1]

De traditionele kerken maken gewoonlijk meer ruimte voor verschillen van mening. Vaak ontstaan er verschillende 'modaliteiten' die onderdak bieden aan degenen die zich meer naar 'rechts' hebben begeven, en voor degenen die zich meer 'links' of in 'het midden' opstellen. Dat was met name het geval in de Europese staatskerken, die een geestelijk thuis wilden bieden aan alle mensen in het land. De vroegere Nederlands Hervormde Kerk is daarvan een goed voorbeeld. In de Verenigde Staten zie je eerder dat de verschillende stromingen zich in aparte kerkgenootschappen organiseren.

Tot nu toe is het niet (of niet langer) een veel voorkomend gebruik in de Adventkerk – met name in de westerse wereld – om leden vanwege leerstellige conflicten hun lidmaatschap te ontnemen. Zelfs als soms een 'ketterse' theologiedocent werd ontslagen, of gevraagd werd te vertrekken, betekende dit meestal niet dat daarmee meteen ook het lidmaatschap van de betreffende persoon in gevaar was. Er is, of men dat nu betreurt of positief waardeert, een flinke mate van theologische diversiteit in de Adventkerk. Evenals andere kerkgenootschappen heeft het adventisme het ontstaan van verschillende 'modaliteiten' of stromingen ervaren. Het is moeilijk die verschillende stromingen precies af te bakenen, hoewel sommigen dat wel hebben geprobeerd. David Newman, een voormalige hoofdredacteur van het adventistische predikantenblad *Ministry*, schreef (nu al weer een flink aantal jaren geleden) dat er ten minste vier hoofdstromen zijn binnen de Adventkerk. Hij onderscheidde een middenstroom en een evangelische stroming. Daarnaast zag hij de opkomst van een 'progressief adventisme' en een 'historisch adventisme'.[2] Enkele jaren geleden ontdekte ik bij het googelen een website die zelfs acht verschillenden soorten adventistische theologie wist te onderscheiden, waarbij tevens een aantal belangrijke vertegenwoordigers van elk van die stromingen werd genoemd. Achtereenvolgens onderscheidde dit artikel 'liberale' en 'progressieve' adventisten, aanhangers van de 'morele verzoeningstheologie', 'evangelische', 'gematigde', 'conservatief/traditionele', 'ultra conservatieve' en 'extreem-ultra-conservatieve' adventisten.[3] De schrijver van dit artikel wilde anoniem blijven, maar hij (of zij?) is iemand die duidelijk goed in het adventisme thuis is. Ik moet toegeven dat ik aangenaam verrast was mijn naam te zien als één van de zes of zeven 'progressieve' theologen! Zelf zou ik de scheidslijnen tussen de verschillende groepen misschien iets anders trekken. Ik zie, bijvoorbeeld, de groep van extreem-ultra-conservatieve adventisten niet als een *bona fide* tak van het adventisme. Maar de boodschap van het artikel dat ik op deze website ontdekte is overduidelijk: *Het hedendaagse adventisme heeft veel verschillende gezichten.*

Het feit dat er een grote diversiteit aan theologische opvattingen bestaat wil echter niet zeggen dat er altijd voldoende tolerantie voor elkaar is en dat een open discussie mogelijk is. Je hoort heel wat stemmen binnen de conservatieve vleugel van de kerk die vinden dat er een grote schoonmaak moet plaatsvinden om de kerk van allerlei verkeerde elementen te ontdoen. Zij geven de voorkeur aan een in leerstellig opzicht 'zuivere' kerk boven een kerk waar iedereen zelf maar bepaalt wat hij wil geloven. De recente aandrang van de kant van een aantal leiders van de kerk om tot een strakkere formulering te komen van de achtentwintig *Fundamentele Geloofspunten*, en volledige instemming daarmee te eisen van wie een 'echte' adventist wil zijn, wekt grote weerzin bij veel kerkleden die meer persoonlijke keuzevrijheid willen ten aanzien van wat zij geloven. De henieuwde pogingen van de topleiding van de kerk om meer greep te krijgen op de orthodoxie van theologiedocenten in de instellingen voor hoger onderwijs wordt door velen beschouwd als een aanval op de noodzakelijke academische vrijheid, met de bedoeling één bepaalde manier van bijbellezen en van theologisch onderzoek af te dwingen.

In dit verband horen we ook regelmatig over de zogenaamde shaking (schudding). Dit betreft de gedachte dat de kerk voortdurend 'geschud' of 'gezeefd' dient te worden – een proces dat ervoor zorgt dat degenen die nooit echt aan 'de waarheid' waren toegewijd uit de kerk verdwijnen. Dit proces, zo luidt de theorie verder, zal zijn hoogtepunt bereiken aan het einde van de tijd. Deze shaking zal tot onvermijdelijk resultaat hebben dat er een massale uittocht uit de kerk zal plaatsvinden. Volgens sommigen is dit proces nu gaande en is dat eigenlijk iets positiefs. Want als je dit ziet gebeuren weet je dat de terugkeer van Christus heel dichtbij is.[4]

KERKVERLATING OP EIGEN INITIATIEF

Sommige gelovigen hebben jarenlang geworsteld met hun leerstellige twijfel en hebben ten langen leste besloten dat hun geweten hen niet langer toestaat bij de kerk te blijven. Anderen verlaten hun kerk om zich vervolgens niet bij en andere geloofsgemeenschap aan te sluiten en vertrekken soms zonder een spoor achter te laten. Weer anderen blijven wel sociale contacten onderhouden met hun vroegere geloofsgenoten. Maar er zijn er ook die een nieuw geestelijk tehuis vinden dat zij beter vinden passen bij het stadium van hun geestelijke pelgrimage waarin zij zich op dat moment bevinden. Zij hebben besloten hun vorige kerk vaarwel te zeggen, vaak opgelucht dat ze de knoop hebben doorgehakt, maar dikwijls toch ook met heel veel pijn in het hart.

De Rooms-Katholieke Kerk verliest wereldwijd miljoenen leden die niet langer kunnen leven met de morele plichten die de kerk hen oplegt. Zij protesteren tegen het officiële standpunt ten aanzien van geboorteregeling en zijn het pertinent oneens met het besluit van hun kerk over relaties tussen mensen van hetzelfde geslacht, ook als het gaat om een duurzame, monogame relatie die op basis van wederzijdse liefde wordt gesloten. Zij zien de kerkelijke 'wetten' die bepalen dat geestelijken celibatair moeten leven en dat vrouwen geen priester kunnen worden als in strijd met het evangelie van Jezus Christus.

In orthodox-calvinistische kringen bestaat veel twijfel of er in het evangelie wel een solide basis is voor het dogma van de predestinatie (voorbeschikking). Velen zijn opgegroeid met de leer van de 'dubbele' predestinatie. De onderbouwing voor dit 'leerstuk' is ruwweg als volgt: God heeft in zijn eeuwige wijsheid en op basis van zijn ondoorgrondelijke soevereiniteit, al voordat iemand van ons werd geboren, besloten wie uiteindelijk eeuwig behoud zal krijgen en wie gedoemd is om verloren te gaan. Daarop hebben wij zelf geen enkele invloed. Natuurlijk wordt van ons verwacht dat we goed zullen leven en al onze godsdienstige plichten zullen nakomen, maar het is in alle opzichten een zaak van God of we al dan niet gered zullen worden. En mocht dat niet zo zijn, dan hebben we geen enkele reden om te klagen. Want niemand heeft recht op de zaligheid. Het is slechts dankzij Gods soevereine genade dat sommigen de eeuwige heerlijkheid zullen bereiken.

Voor velen is deze opvatting een niet meer te verdragen gedachte geworden. Want het betekent dat je alleen maar mag *hopen* dat je tot de uitverkorenen zult behoren, maar dat je er nooit *zeker* van kunt zijn. Het is dan ook geen wonder dat bij veel mensen grote twijfel rijst of zo'n idee wel te rijmen valt met het evangelie van Christus. Daarin horen we immers dat God *de wereld* zo liefhad, dat *iedereen* die in hem gelooft eeuwig leven ontvangt! Sommigen uit deze categorie van twijfelaars verlaten dan ook hun kerk en nemen afscheid van elke vorm van het christelijk geloof, terwijl anderen, gelukkig, een ander geestelijk dak boven hun hoofd vinden waar ze de zekerheid van verlossing wel kunnen ervaren.

De Mormoonse Kerk – of: de Kerk van Jezus Christus van de Heiligen der Laatste Dagen – is de op drie na grootste kerk in de Verenigde Staten. Deze 'Amerikaanse' godsdienst heeft miljoenen mannen en vrouwen aangesproken en is nog steeds in staat duizenden jonge mensen zo te inspireren dat zij een jaar van hun leven aan zendingswerk in een ander deel van de wereld willen besteden. Maar ook deze kerk ziet grote aantallen leden weer verdwijnen – vanwege veel van dezelfde redenen als bij andere kerkgenootschappen. Daarnaast is het enorme gebrek aan evenwicht tussen mannen en vrouwen in de Mormoonse Kerk, volgens onderzoekers, een belangrijke reden waarom leden afhaken. Maar 'afvalligheid' schijnt ook een voorname oorzaak te zijn van kerkverlating, ook al geeft de kerk daarover geen cijfers. Onder de geloofspunten die veel voormalige mormonen noemen als reden voor hun steeds groter wordende twijfel inzake de waarheid van hun godsdienst, is het grote belang dat gehecht wordt aan andere boeken naast de Bijbel (het *Boek van Mormon*, de *Leer en de Verbonden* en de *Parel van Grote Waarde*), de praktijk om ook mensen te dopen in naam van overledenen en allerlei geheimzinnige rituelen.

Ik zou nog een heel rijtje kunnen noemen van geloofspunten die in andere kerken voor veel discussie en kerkverlating hebben gezorgd. Maar het gaat mij in de eerste plaats om de Kerk van de Zevendedags Adventisten, en in het verdere van dit hoofdstuk vraag ik aandacht voor een paar punten die veelvuldig aan de orde komen als adventisten vertellen over hun twijfels ten aanzien van bepaalde opvattingen van hun kerk. Ik houd daarbij geen specifieke volgorde aan, want ik ben geen studies tegengekomen die ons kunnen vertellen welk punt de meeste twijfel veroorzaakt en wat de rangorde is van andere punten op de schaal van onzekerheid en twijfel.

INSPIRATIE

Ik wil nog iets toevoegen aan wat ik al eerder zei over de adventistische visie op inspiratie. Het ligt aan de basis van de andere geloofspunten, want onze benadering van de inspiratie en het doorgeven van de bijbelse tekst bepaalt of we kiezen voor een letterlijke manier van bijbellezen *(plain reading)*, of dat we een veel grotere rol toekennen aan de menselijke instrumenten die God gebruikte in zijn communicatie met ons.

Er is alle reden te vermoeden dat de thema's van inspiratie en hermeneutiek (de methode van bijbeluitleg) in de nabije toekomst nog veel meer aandacht zullen krijgen van de leiders van de Adventkerk dan nu al het geval is. In de komende jaren zullen deze onderwerpen vermoedelijk ook een groot deel van de tijd en de energie van de staf van het *Biblical Research Institute* (BRI) in het hoofdkantoor van de kerk vergen. Een tweetal tamelijk recente publicaties van het BRI promoten al heel sterk een benadering van de Bijbel in termen van *plain reading* (letterlijk nemen wat je leest).[5]

Wat opvalt is dat het eerste artikel van de *Fundamentele Geloofspunten* onlangs ook wat strakker is aangetrokken. Dit artikel van 'de achtentwintig' vertelt ons dat 'de heilige Schrift' de 'onfeilbare openbaring' is van Gods wil. Nadruk wordt ook gelegd op het feit dat de Bijbel 'de gezaghebbende openbaringsbron' is en 'het betrouwbare verslag van Gods daden in de geschiedenis.' Veel hangt daarbij natuurlijk af van hoe je de termen 'onfeilbaar', 'gezaghebbend' en 'betrouwbaar' interpreteert. In de herziene versie van de Geloofspunten lezen we nu dat de Bijbel niet alleen 'gezaghebbend' en 'onfeilbaar' is, maar ook dat dit de 'laatste' en 'doorslaggevende' openbaringbron is. Ook de nieuwe formulering van punt tien van de *Fundamentele Geloofspunten* onderstreept de strikte visie op inspiratie.

Naast de *Fundamentele Geloofspunten* is tot op heden het zogenaamde *Rio-document* het meest gezaghebbende document van de Adventkerk over de manier waarop we met de Bijbel dienen om te gaan. Deze verklaring was het resultaat van een studieproces in de jaren tachtig van de vorige eeuw, dat uiteindelijk uitmondde in de officiële verklaring die tijdens de herfstzitting van het bestuur van de Generale Conferentie in Rio de Janeiro in 1996 werd aanvaard.[6] Deze verklaring verwerpt het standpunt dat in de academische wereld vrij algemeen wordt onderschreven, namelijk dat de bijbelse geschriften door een lang proces van verzamelen en bewerkingen zijn gegaan, voordat zij de vorm kregen die de basis werd voor onze hedendaagse vertalingen. In meerderheid geloven de bijbelwetenschappers bijvoorbeeld dat de vijf boeken van Mozes afkomstig zijn uit een aantal verschillende bronnen, die in verschillende tijden werden geschreven en eeuwen later werden samengebracht in de zogenaamde Pentateuch (de vijf boekrollen). Of, om een ander bekend voorbeeld te nemen van deze benadering (die gewoonlijk de 'historisch-kritische methode' wordt genoemd): de meeste oudtestamentici gaan ervan uit dat het boek Jesaja twee, of misschien zelfs drie, verschillende schrijvers had. Het *Rio-document* wil hiervan niets weten. (Vreemd genoeg, hebben conservatieve adventistisch theologen gewoonlijk veel minder moeite met het onderscheiden van verschillende bronnen in de vier evangeliën.[7]) De adventistische academische wereld is sterk verdeeld ten aanzien van de waarde van de historisch-kritische methode. De leden van de Adventist Theological Society[8] scharen zich achter het *Rio-document*. Je kunt zelfs geen lid worden van deze invloedrijke organisatie als je niet schriftelijk verklaart dat je het eens bent met deze visie op de inspiratie en de overlevering van de Bijbel.

Het lijdt geen twijfel dat je kijk op de oorsprong en aard van de Bijbel in belangrijke mate bepaalt hoe je tegen de afzonderlijke leerstellingen en ethische kwesties (zoals schepping en vrouweninzegening) aankijkt. En het heeft ook een rechtstreekse invloed op je houding ten opzichte van wat Ellen White heeft geschreven (zie later in dit hoofdstuk).

Wanneer kerkleden beginnen te twijfelen aan de benadering van inspiratie die momenteel zo krachtig door de kerkelijke leiding (en de instellingen die deze opvatting ondersteunen) wordt gepromoot, is dit vaak het startpunt voor twijfel over andere geloofspunten. Veel van deze twijfelaars zullen steeds minder waardering kunnen opbrengen voor de publicaties en andere media-uitingen van de kerk die een letterlijke uitleg van de Bijbel als uitgangspunt nemen. Zij gaan vaak op zoek naar andere bronnen voor hun geestelijke voeding. Dat doet dan dikwijls weer andere vragen rijzen over bepaalde traditionele adventistische geloofspunten.

DE DRIE-EENHEID

Twijfel over het geloofspunt van de Drie-eenheid is in adventistische kringen geen nieuw verschijnsel. Gedurende geruime tijd waren veel Adventgelovigen (met inbegrip van de meeste leiders van het eerste uur) overtuigde anti-trinitariërs. Dat wil zeggen dat ze niet geloofden in de leerstelling van de Triniteit (de Drie-eenheid). Uriah Smith, de bekende pionier en schrijver van boeken over Daniël en de Openbaring, schreef bijvoorbeeld dat de tekst in Openbaring, waarin Christus 'de Alpha en de Omega' wordt genoemd (1:9), niet kan betekenen dat Christus altijd al heeft bestaan. Hoewel hij al lang vóór de wereld zijn begin had, is hij niet, zoals de Vader, van alle eeuwigheid. Samen met andere adventistische pioniers, als bijvoorbeeld James White (die evenals Smith afkomstig was uit de Christian Connexion),[9] geloofde Smith dat de Zoon een lagere rang heeft dan de Vader en dat de theorie van een eenheid van drie eeuwige, volkomen aan elkaar gelijke wezens niet bijbels is. Ellen White liet zich nooit in anti-trinitarische zin uit, maar pas op latere leeftijd toonde zij veel duidelijker dan daarvoor haar steun aan de leer van de Drie-eenheid – de Vader, de Zoon en de heilige Geest als drie eeuwige en in status aan elkaar gelijke wezens. Wel is het opmerkelijk dat zij het woord 'Drie-eenheid' nooit gebruikte.

Halverwege de twintigste eeuw maakte de Adventkerk duidelijk dat zij zich beslist tot het kamp van de trinitariërs rekende. Desondanks nemen de laatste tijd de stemmen die een trinitarische theologie verwerpen weer in volume toe.[10] En hoewel velen in de linkerflank van de kerk vragen en twijfels hebben over deze fundamentele christelijke leerstelling, horen we de meeste protesten aan de rechterkant van het theologische spectrum. Sommige adventisten beweren zelfs dat de leerstelling van de Drie-eenheid een rooms-katholieke (en dus: verwerpelijke!) theorie is, en waarschuwen dat de Adventkerk moet oppassen niet in katholieke richting af te glijden, maar naar het 'historische' adventisme van de pioniers moet terugkeren.

Ondanks het feit dat het geloofspunt van de Drie-eenheid een hoeksteen is van de christelijke theologie lijkt men in adventistische kringen (vreemd genoeg) twijfel op dit punt vaak van minder belang te vinden dan, bijvoorbeeld, twijfel aan een zesdaagse schepping of aan een letterlijk hemels heiligdom. Mijn erkenning als predikant zou eerder op de tocht komen te staan als ik in het openbaar met een sigaret in mijn mond zou worden gesignaleerd dan wanneer ik in een preek vraagtekens zou zetten bij het dogma van de Drie-eenheid. Ook de meeste adventistische twijfelaars tillen gewoonlijk minder zwaar aan dit belangrijke geloofspunt dan aan enkele andere geloofspunten die we nu onder de loep zullen nemen.

DE 'NATUREN' VAN CHRISTUS

Was Christus tegelijkertijd zowel mens als God? Zo ja, hoe is dat mogelijk? En hoe moeten we dan de menselijke natuur van Christus verstaan? Was hij precies zoals wij, of toch niet helemaal? De vroege kerk had eeuwen van studie en debat nodig voordat de kerkleiders tijdens concilies in Nicea (325), Chalcedon (451) en andere plaatsen, het eens konden worden over een formulering van de twee naturen van Christus die voor de meeste christenen aanvaardbaar was. Vanaf die tijd heeft de overgrote meerderheid van de christenheid beleden dat Christus 'waarlijk God' en tegelijkertijd 'waarlijk mens' is.

In de begintijd van het adventisme was er maar weinig aandacht voor het mysterie van de naturen van Christus. Men richtte zich vooral op de huidige status en rol van Jezus Christus. De Adventgelovigen van die periode waren ervan overtuigd dat Christus als onze 'hogepriester' naar de hemel was opgevaren en sinds 1844 bezig is met een hemelse activiteit die in het oudtestamentische heiligdomsritueel werd gesymboliseerd als de 'Grote Verzoendag'. Maar naarmate de tijd verstreek begon de kwestie van de twee naturen van Christus meer aandacht te vragen. Vooral sinds de publicatie van het boek *Seventh-day Adventists Answer Questions on Doctrine*[11] is er een felle discussie ontstaan omdat dit boek een standpunt over de menselijke natuur van Christus verdedigt dat fel protest opriep. De kernvraag is of Christus de menselijke natuur aannam van Adam van vóór de zondeval of van na de zondeval.

Welk van deze standpunten heeft de sterkste papieren? Op dit punt verschillen de meningen scherp. Het helpt daarbij weinig om ons heil te zoeken bij Ellen G. White, want haar talrijke uitspraken over de menselijke natuur van Christus wijzen ons in verschillende richtingen. Een selectief gebruik van wat zij heeft gezegd biedt steun voor beide opties.[12]

Ongetwijfeld zullen veel kerkleden de schouders ophalen en zeggen: 'Waar gaat het nu helemaal over? Is dit echt belangrijk? We zullen toch nooit kunnen begrijpen hoe één Persoon tegelijkertijd een goddelijke en een menselijke natuur kan hebben! Laten we daarom onze hersenen niet over dit mysterie breken.' Maar toch is de kwestie veel belangrijker dan je op het eerste gezicht misschien zou denken en er zitten een aantal aspecten aan vast die voor veel adventisten 'aan de zijlijn' een belangrijk obstakel vormen. Ik zal proberen het zo simpel mogelijk uit te leggen.

Om te beginnen doen we er goed aan te kijken naar artikel vier van de *Fundamentele Geloofspunten*:

'God, de eeuwige Zoon, werd mens in Jezus Christus. Door hem werd alles geschapen en door hem liet God zijn karakter aan de mensheid zien. Hij bracht de redding van de mensheid tot stand en hij oordeelt over de wereld. *Hij is voor altijd echt God, en werd ook echt mens:* Jezus, de Christus. Hij is verwekt door de heilige Geest en geboren uit de maagd Maria. *Hij leefde als mens en ervoer verleidingen,* maar *was het volmaakte voorbeeld van Gods rechtvaardigheid en liefde.* In zijn wonderen werd Gods macht zichtbaar. Zij bewezen dat hij Gods beloofde Messias was. Jezus leed en stierf vrijwillig aan het kruis in onze plaats, voor onze zonden. Hij werd opgewekt uit de dood en steeg op naar de hemel om daar in het heiligdom voor ons dienst te doen. Hij zal terugkeren in heerlijkheid om zijn volk uiteindelijk te redden en alles te herstellen (cursivering toegevoegd).

Dit artikel benadrukt een paar belangrijke punten: (1) Christus' volledige godheid; (2) de maagdelijke geboorte; (3) Christus' volledig mens-zijn; en (4) het feit dat hij een volmaakt voorbeeld voor ons is geworden. Dit artikel zegt dat Christus 'echt mens' werd, maar vermijdt gelukkig dit menselijke verder te definiëren. Want hoe kunnen we ooit hopen een definitie te vinden voor iets dat in alle opzichten uniek was? We kunnen het immers nergens mee vergelijken? Maar lang niet alle adventisten zijn dat met mij eens en velen willen niet zonder meer deze vreemde paradox van de volledige godheid en het volle mens-zijn in één persoon accepteren en daarmee tevreden zijn.

Wat is er verder aan de hand? Volgens sommigen kan Christus niet langer ons volmaakte voorbeeld zijn als hij de menselijk natuur van vóór Adams zondeval had. Want dat zou hem een duidelijk voordeel boven ons hebben gegeven en daarom valt het ons dus niet kwalijk te nemen als wij niet kunnen voldoen aan de normen die hij ons voorhoudt. Maar als Christus daarentegen de menselijk natuur aannam die Adam bezat *na* zijn zondeval en niettemin zondeloos bleef, dan is het voor ons in principe ook mogelijk een punt in ons leven te bereiken dat wij zondeloos kunnen leven. Met andere woorden: volmaaktheid ligt binnen ons bereik – niet alleen straks, in de komende wereld, maar nu al, op deze aarde – als we ons volledig aan Christus wijden en vastberaden zijn al onze fouten te overwinnen en elke dag in overeenstemming met Gods wil te leven.

Er zullen maar weinig mensen in de Adventkerk zijn – áls ze er al zijn – die ontkennen dat we geestelijk moeten groeien en ons leven moeten richten naar ons grote Voorbeeld, Jezus Christus. Verreweg de meeste kerkleden zullen (denk ik en hoop ik) erkennen dat zij zondaars zijn en verre van volmaakt en dat zij ook nooit helemaal zondeloos zullen worden tot het moment dat ze herschapen worden als God een 'nieuwe hemel en een nieuwe aarde' voor ons maakt. De Bijbel is op dat punt (lijkt mij) overduidelijk. Niemand is zonder zonde. Wie beweert dat hij dat wel is wordt een leugenaar genoemd (1 Johannes 1:8).

Zonder terecht te komen in allerlei theologische haarkloverijen, geloof ik dat je rustig kunt vaststellen dat het idee dat volmaaktheid binnen ons bereik is talloos velen op het gevaarlijke pad van 'legalisme' of 'wetticisme' heeft gevoerd. Dit is altijd een valkuil geweest voor behoudende christenen en in het bijzonder voor adventisten.

We worden gered door ons geloof in Jezus Christus en niet door wat we zelf doen. Maar het blijft steeds een sterke verleiding voor mensen die de eeuwige geldigheid van Gods wet benadrukken dat je wat extra bonuspunten zou kunnen scoren door je nauwgezet aan die wet te houden. Daarom kan de gedachte dat we volmaakt kunnen worden, omdat Christus in alle opzichten aan ons gelijk werd en toch volmaakt was, gemakkelijk leiden tot een heel wettische levenshouding, waarbij de vreugde van het evangelie teloor gaat. Veel gelovigen 'aan de zijlijn' hebben (al dan niet terecht) het gevoel dat mensen die ernaar streven helemaal volmaakt te worden, in de omgang niet altijd de prettigste mensen zijn. Als deze perfectionisten in een plaatselijke gemeente de toon aangeven, maakt dit dat velen die 'aan de zijlijn' staan zich benauwd voelen en uit ademnood de kerk verlaten.

De theorie dat het mogelijk is om volmaakt te worden is nauw verbonden met wat vaak de *laatste-generatie-theologie* wordt genoemd. De verdedigers hiervan combineren een aantal elementen uit de adventistische traditie: het concept van de 'grote strijd,' het thema van het 'overblijfsel', de mogelijkheid tot volmaaktheid, en de rol van Christus in het hemels heiligdom. Ik zal proberen deze *LGT* (laatste-generatie-theologie) in een paar woorden samen te vatten: Voordat Christus naar de aarde terugkomt zullen de trouwe gelovigen die al Gods geboden houden (met inbegrip van de sabbat op de zevende dag van de week) en die het 'getuigenis van Jezus' hebben (ook wel aangeduid als de 'geest van de profetie' = Ellen G. White) een relatief klein 'overblijfsel' vormen. Zij zullen op het punt komen dat zij een toestand van volmaaktheid hebben bereikt. Dat is van groot belang, want de zogenaamde 'genadetijd' eindigt op het moment dat Christus klaar is met zijn bemiddelingswerk in het hemels heiligdom. In de allerlaatste fase van de geschiedenis van deze aarde – vlak vóór Jezus' terugkeer – moet dit 'overblijfsel' zondeloos zijn, want wie daartoe behoren moeten dan leven zonder dat er nog een Middelaar is.

Misschien is dit een wat versimpelde weergave van de 'laatste-generatie-theologie,' maar het geeft wel de essentie weer. De belangrijkste architect van deze 'theologie' was M.L. Andreasen (1876-1962), een vooraanstaand adventistische theoloog, die echter op een gegeven moment in ongenade viel en zelfs enige tijd, kort voor zijn dood, zijn geloofsbrieven kwijtraakte. Er waren perioden in het verleden waarin deze 'theologie' heel veel invloed had, bijvoorbeeld tijdens het voorzitterschap van Robert Pierson (1966-1979). Momenteel beleeft deze theorie een sterke *comeback*, met Ted N.C. Wilson, de huidige voorzitter van de internationale Adventkerk, als enthousiaste pleitbezorger.

Voor veel 'gelovigen aan de zijlijn' klinkt dit allemaal uiterst ongemakkelijk. Het lijkt een totaal andere sfeer te vertegenwoordigen dan de vreugdevolle, ongecompliceerde evangelieboodschap die behoud en vrijheid in Christus verkondigt. Zij kennen misschien niet alle details van de argumenten voor deze 'laatste-generatie-theologie', die deze visie op de menselijke natuur van Christus moeten onderbouwen, maar wel zien zij hoe intolerant de aanhangers daarvan vaak zijn jegens medegelovigen die er andere standpunten op nahouden. En misschien is 'twijfel' niet eens het beste woord om hun gevoelens ten opzichte van dit type adventisme te beschrijven. Dit soort 'theologie' spreekt hen niet aan en geef hen niet het soort religieuze ervaring waardoor hun geloof wordt gesterkt en zij gelukkigere mensen worden.

HET HEILIGDOM

Vaak beweert men dat de leerstelling van het hemels heiligdom het enige geloofspunt is dat echt uniek is voor het adventisme. Daarom zou verlies van dit onderdeel van ons erfgoed het bestaansrecht van de Adventkerk in gevaar brengen. Er zijn andere (kleine) groeperingen die de sabbat op de zevende dag van de week vieren en veel andere christenen geloven, samen met adventisten, in de wederkomst van Jezus. Maar nergens vinden we dezelfde visie op het heiligdom als in de Adventkerk. Daarbij moet wel worden aangetekend dat het geloofspunt van het heiligdom niet alleen *uniek*, maar ook het meest *controversieel*, is en hevig wordt bekritiseerd door veel mensen binnen en buiten de kerk. Je kunt een ononderbroken lijn volgen van twijfel aan, en verzet tegen, dit geloofspunt – zoals het officieel is geformuleerd.

God gaf in oudtestamentische tijden een *tableau vivant* (een dramatische voorstelling) aan het volk Israël om hen duidelijk te maken dat de kloof tussen hem en de mens alleen door een genadige, goddelijke interventie kon worden overbrugd. Deze tussenkomst van God was echter heel kostbaar en eiste een immens offer. Een uitgebreid stelsel van offerdiensten moest aan de mens de boodschap overbrengen dat het allemaal aankwam op het ultieme Offer dat de breuk tussen de mens en God zou kunnen herstellen.

Dat Offer was Christus. Maar ook de priesters, en in het bijzonder de hogepriester, waren een symbool van hem die de grote Hogepriester zou zijn, zoals we in de brief aan de Hebreeën kunnen lezen. Alles wat in het oudtestamentische heiligdom gebeurde, inclusief alle dagelijkse en jaarlijkse ceremoniën en alle mensen die daarbij dienst deden, vormde een collectief symbool van Jezus Christus en zijn verzoenend werk.

Op basis van een aantal profetische uitspraken ontwikkelde William Miller de theorie dat Jezus' terugkeer naar deze aarde kon worden verwacht 'rond 1843'. Later noemde hij een nog exacter tijdstip en voegde hij zich bij een aantal predikers in zijn beweging die voorspelden dat de wederkomst van Jezus Christus zou plaatsvinden op 22 oktober 1844. Deze dag, waarnaar velen zo intens was uitgezien, verstreek echter als alle andere dagen en werd voor de aanhangers van Miller de dag van 'de grote teleurstelling'.

In de dagen en weken die op deze diepe ontgoocheling volgden vroegen de terneergeslagen aanhangers van Miller zich af wat er was misgegaan. Hadden ze bij hun berekeningen ergens een fout gemaakt? Of was de berekening wel correct, maar hadden zij zich vergist in wat er op die dag zou gebeuren? Een aantal van deze Adventgelovigen kwam al snel tot de conclusie dat Christus op die datum – 22 oktober 1844 – was begonnen met zijn hogepriesterlijke werk in het heiligdom in de hemel. Volgens hen was de jaarlijkse Grote Verzoendag in Israël eigenlijk een soort oordeelsdag. Op de *Jom Kippoer* – de Grote Verzoendag – werden de zonden uitgewist die men gedurende het voorafgaande jaar had beleden en waarvoor men offers had gebracht. Daarmee wees deze jaarlijkse dienst vooruit naar het werk van Christus in de hemel, gedurende de zogenaamde 'onderzoekende' fase van het oordeel dat aan de wederkomst moest voorafgaan en duidelijk moest maken wie er gered zouden worden en wie verloren zouden gaan.

Welke problemen zien veel adventisten 'aan de zijlijn'? In het verleden richtte de twijfel rond dit geloofspunt zich vooral op twee specifieke aspecten. Het eerste was de vraag of het werk van Jezus voltooid was aan het kruis, of dat de verzoening pas volledig was op het moment dat Christus zijn werk in het hemels heiligdom zou hebben afgesloten. Velen vonden (en vinden) het belangrijk te onderstrepen dat het werk van Jezus werd afgesloten door zijn dood aan het kruis en dat het verzoeningswerk van Jezus niet moet worden gesplitst in een eerste en een tweede fase, zoals de traditionele heiligdomsleer van de adventisten suggereert.

Ten tweede vormde de rol van Azazel een probleem. Als je niet zo direct weet wat of wie Azazel was, is het misschien goed er Leviticus 16 nog eens op na te lezen. Daar staat het ritueel van de Grote Verzoendag beschreven. Aan het einde van het ceremonieel van die dag werd een bok de woestijn in gestuurd, beladen met alle zonden van het volk van het voorbije jaar (vers 16). Volgens de gangbare adventistische interpretatie is elk detail van het oudtestamentische ritueel van de Grote Verzoendag een voorafschaduwing van wat er gebeurt tijdens de hemelse tegenhanger waarbij Christus dienst doet als de Hogepriester. De bok Azazel wordt daarbij gezien als een symbool van de Satan. Tegen deze gedachte rees vaak fel protest, want het scheen te impliceren dat adventisten dus in feite geloofden dat de Satan een rol heeft in het verlossingsplan!

In onze tijd is de twijfel van de meeste 'heiligdom-twijfelaars' meer algemeen en gaat de aandacht daarbij vooral naar andere aspecten. Zij vinden het vaak erg moeilijk zich een of ander letterlijk bouwsel in de hemel voor te stellen, verdeeld in twee aparte afdelingen en met meubilair en attributen. Zij kunnen onmogelijk geloven dat Jezus Christus op 22 oktober 1844 in de hemel vanuit de ene afdeling naar een naastgelegen afdeling ging, waar hij sindsdien aan het werk is en er alles aan doet om te voorkomen dat er fouten worden gemaakt in de hemelse 'boekhouding' van onze zonden. Zij vragen zich af of we werkelijk kunnen en moeten geloven in een dergelijke letterlijke toepassing van de oudtestamentische heiligdomssymboliek.

Maar waarschijnlijk is er een nog veel fundamenteler bezwaar: de traditionele adventistische uitleg van de leerstelling van het heiligdom begint niet bij de nieuwtestamentische beschrijving van het hemels heiligdom die we vinden in de brief aan de Hebreeën, maar met de teksten uit het Oude Testament over de heiligdomsdienst tijdens de Grote Verzoendag. In plaats van het ritueel van het Oude Testament uit te leggen aan de hand van het commentaar in het Nieuwe Testament wordt deze latere (geïnspireerde) interpretatie in een oudtestamentisch keurslijf geperst.

1844

Veel adventisten zien de datum 1844 als een cruciaal aspect van de adventistische leer. Oudere kerkleden zullen zich de schema's herinneren van de '2300 avonden en morgens' met het jaartal 457 v. Chr. aan de ene kant, het jaartal 1844 aan de andere kant, en het symbool van het kruis daartussenin. Maar tegenwoordig zijn zelfs de meeste adventisten die zeggen dat '1844' belangrijk is niet in staat uit te leggen waar die datum nu precies op berust. En volgens veel twijfelaars vergt het een reeks van nogal dubieuze veronderstellingen om bij 1844 uit te komen.

De traditionele adventistische uitleg gaat ervan uit dat het boek Daniël een tijdsprofetie bevat die tot 1844 loopt – het moment dat er iets bijzonders in de hemel zou gaan gebeuren. Maar om tot die conclusie te komen moet je wel een flink aantal stappen zetten. Om te beginnen moet je ervan uitgaan dat het boek Daniël werd geschreven door een profeet die leefde en werkte aan het Babylonische, en daarna aan het Perzische, hof in de zesde eeuw vóór Christus. En verder, dat deze profeet een aantal belangrijke boodschappen moest doorgeven die iets vertellen over een lange periode, vanaf zijn tijd tot aan het einde van de geschiedenis. De meeste Daniël-deskundigen geloven tegenwoordig echter dat dit bijbelboek niet uit de *zesde* maar uit de *tweede* eeuw vóór Christus stamt en werd geschreven door een onbekend persoon, die zich van de naam van Daniël bediende om zijn geschrift meer aanzien te geven. Zo'n procedure zou in onze tijd als bedrog gelden, maar was in de oudheid heel gewoon.

In de adventistische standaardinterpretatie van het boek slaat de kwade macht bij uitstek, uitgebeeld als de 'kleine hoorn,' op de Rooms-Katholieke Kerk. De meeste deskundigen van nu zien de 'kleine hoorn' echter als een symbool voor de Griekse koning Antiochus IV Epiphanes die het leven voor het joodse volk tot een hel maakte en in 168 v. Chr. de tempel in Jeruzalem ontwijdde.

Je moet dus ingaan tegen de gangbare mening (die heel plausibel lijkt) en blijven vasthouden aan de vroege datering van het boek Daniël (zesde eeuw v. Chr.) om uit te komen bij de adventistische uitleg van de tijdsprofetie van de 2.300 'dagen', als eindigend in 1844. Nu zijn er wel diverse argumenten om vast te houden aan die vroege datering. Maar het is goed te beseffen dat dit bijbelboek op totaal verschillende manieren kan worden benaderd.

De volgende stap is dat we bereid moeten zijn om te accepteren dat Daniël 8, het hoofdstuk waarin de periode van de 2.300 dagen wordt genoemd, direct verbonden is met Daniël 9. Volgens de adventistische visie wordt daar namelijk het startpunt gevonden voor deze profetische periode. De profeet begreep het visioen in hoofdstuk 8 over de 2.300 dagen niet en bleef in het onzekere over wat de betekenis zou kunnen zijn. In Daniël 9 – zo luidt de interpretatie – vinden we de sleutel. Daar is opnieuw sprake van een profetische periode: zeventig weken zijn 'vastgesteld' (volgens sommige vertalingen 'afgesneden') voor een bepaald doel. We moeten dan aannemen dat de beginperiode van deze zeventig weken samenvalt met de start van de 2.300 dagen uit het vorige hoofdstuk. Als we dus weten wanneer de zeventig weken van Daniël 9 beginnen, weten we ook wanneer het begin was van de 2.300 dagen. Veel bijbelverklaarders wijzen er echter op dat er een gat van zo'n twaalf jaar is tussen Daniëls visioen in hoofdstuk 8 en dat van Daniël 9, waardoor het niet voor de hand ligt om dit verband te leggen dat zo'n belangrijk facet is van de adventistische interpretatie.

Dan komen we bij de volgende hinderpaal. Volgens de adventistische uitleg is het beginpunt van de zeventig weken (en daarmee van de 2.300 dagen) te vinden in Daniël 9:25. Dat is, zo lezen we in deze tekst, het moment waarop een decreet zou worden uitgevaardigd dat de Judeeërs, die als ballingen in Babylon vertoefden, toestond naar hun eigen land terug te keren en Jeruzalem te herbouwen. Volgens de traditionele interpretatie gaat het hier om het decreet dat de Perzische koning Artaxerxes I in 457 v. Chr. uitvaardigde en daarom kunnen we dat specifieke jaartal veilig nemen als het beginpunt van de zeventig weken en de 2.300 dagen. Het probleem is echter dat er meerdere dergelijke decreten zijn geweest.

Maar daarmee zijn we er nog niet. Er zijn nog meer stappen nodig om uiteindelijk bij 1844 uit te komen. Een van de belangrijkste aannames is dat in bijbelse tijdsprofetieën een *profetische dag* gelijkstaat aan een *letterlijk jaar*. Als dat inderdaad zo is, en als de keuze voor 457 v. Chr. als beginpunt juist is, dan zijn de 2.300 profetische dagen inderdaad 2.300 letterlijke jaren die eindigen in 1844. Maar is er een deugdelijke basis voor dit zogenaamde 'dag-jaar-principe'?

Het 'dag-jaar principe' is geen adventistische uitvinding. Het werd al door heel veel profetie-uitleggers in het verleden toegepast. Daarbij moet dan wel worden aangetekend dat dit gebeurde in een tijd waarin het merendeel van deze uitleggers de 'apocalyptische' profetieën (in het bijzonder de boeken Daniël en Openbaring) zagen als een beschrijving van de geschiedenis van onze wereld tot aan de tweede komst van Christus. Vandaag de dag kiezen de meeste theologen voor een andere benadering van deze profetische gedeelten van de Bijbel, en zijn er niet veel meer die het 'dag-jaar-principe' willen verdedigen. Zij zeggen dat de twee teksten (Numeri 14:34 en Ezechiël 4:5, 6) die meestal als basis voor dit principe worden aangevoerd, niet veel bewijskracht hebben – zeker niet als je ze in hun verband leest.

Dan is er nog een probleem rond de datum van 22 oktober 1844 dat voor veel adventisten (en niet alleen voor mensen 'aan de zijlijn') tamelijk raadselachtig blijft. Dat betreft die specifieke joodse kalender die wordt gebruikt om te bepalen op welke dag de tiende dag van de joodse maand Tihsri (de dag van de joodse Grote Verzoendag) in dat jaar werd gevierd. De adventistische 'pioniers' die de traditionele versie van het geloofspunt van het hemels heiligdom ontwikkelden kozen voor de Karaïtische kalender. Het blijft voor de meeste adventisten (mijzelf incluis) echter onduidelijk waarom zij aan deze specifieke kalender de voorkeur gaven.

Tenslotte duikt er nog een andere kwestie op. Sommige bijbelvertalingen van Daniël 8:14, zoals bijvoorbeeld de Engelse *King James Version*, geven aan dat na de 2.300 dagen het heiligdom *'gereinigd'* zal worden. In Nederlandse bijbelvertalingen vinden we uitdrukkingen als 'gerechtvaardigd worden', 'in rechte staat hersteld worden', of 'in ere hersteld worden'. Het geloofspunt van het heiligdom staat of valt met de vraag welk heiligdom bedoeld wordt en met de verklaring van de term 'reiniging' of 'rechtvaardiging'. Voor wie de traditionele adventistische visie verdedigt, waarbij Daniël in de zesde eeuw v. Chr. wordt geplaatst, is het duidelijk dat het heiligdom dat wordt 'gereinigd' of 'in ere wordt hersteld' het hemelse heiligdom moet zijn, omdat de tempel in Jeruzalem aan het einde van de periode van 2.300 *jaren* al lang was verdwenen. Maar wie ervan uitgaat dat het boek Daniël in de tweede eeuw v. Chr. werd geschreven en ontkent dat het jaar-dag-principe kan worden toegepast, ziet in Daniël 8:14 een belofte dat de tempel in Jeruzalem die door Antiochus IV Epiphanes werd ontheiligd weer zijn oorspronkelijke functie zou terugkrijgen.

Veel adventisten 'aan de zijlijn' vragen zich af hoe een theorie die zo uitermate gecompliceerd is zo cruciaal kan zijn voor ons geloof. Zij geloven dat Christus hun Middelaar is en dat zij daardoor zeker kunnen van zijn van hun verlossing. Maar de gedachte van een letterlijke plaats in de hemel, waarin Christus in 1844 in het tweede gedeelte van een heiligdom is binnengegaan om te beginnen aan de laatste fase van zijn verlossingswerk, stelt hen voor teveel vraagtekens. En hoe relevant is het om anderen te gaan vertellen dat er in 1844 iets bijzonders heeft plaatsgevonden? Is het niet veel belangrijker bezig te zijn met de vraag wat het evangelie concreet betekent in het eerste deel van de eenentwintigste eeuw?

Het is, denk ik, goed nog eens te zeggen dat twijfel aan de traditionele heiligdomsleer niet beperkt blijft tot 'gelovigen aan de zijlijn'.[13] Er zijn veel incidentele aanwijzingen, maar ook enkele steviger bewijzen, dat veel kerkleden nogal wat vraagtekens zetten bij de uitleg van het geloofspunt betreffende het heiligdom, en vooral bij de uitleg van Daniël 8:14 en de berekeningen die op deze tekst worden gebaseerd.[14] En er zijn ook duidelijke aanwijzingen dat ook een aanzienlijk deel van de adventistische predikanten de traditionele visie niet langer onderschrijft.[15]

DE PROFETIEËN OVER DE EINDTIJD

Nog een gebied dat ongemakkelijke gevoelens en veel twijfel onder adventistische gelovigen 'aan de zijlijn' veroorzaakt is de traditionele benadering van de profetieën in de boeken Daniël en de Openbaring in het algemeen. Hoewel de details van de 'klassieke' uitleg van deze bijbelboeken niet vermeld worden in de *Fundamentele Geloofspunten*, zijn er nogal wat adventisten die denken dat twijfel op dit punt er gemakkelijk toe kan leiden dat we onze adventistische identiteit kwijt zullen raken. Zij vinden dat het essentieel is dat we de profetische 'waarheid' blijven geloven en blijven uitdragen, zoals die werd uiteengezet in de dikke boeken van de adventistische 'pioniers', of – op zijn minst – zoals we die vinden in een enigszins bijgewerkte versie in hedendaagse publicaties van de officiële uitgevershuizen en (vooral) van allerlei onafhankelijke uitgevers aan de 'rechterkant' van de kerk. Ik heb persoonlijk het misnoegen ervaren van de kant van het *Biblical Research Institute* van de Generale Conferentie (en een aantal kerkelijke leiders), toen ik mijn dissertatie schreef voor het behalen van mijn doctorsgraad. Mijn studie ging over de adventistische houding ten opzichte van de Rooms-Katholieke Kerk en ik pleitte ervoor dat we een aantal van onze traditionele opinies eens goed tegen het licht zouden houden.[16] Dat viel niet bij iedereen in goede aarde.

Volgens de adventistische uitleg van Daniël en Openbaring vinden wij in deze bijbelgedeelten informatie over 'de grote strijd' tussen goed en kwaad door de eeuwen heen. De symbolen slaan op historische gebeurtenissen en specifieke politieke en geestelijke machten, en soms zelfs op bepaalde personen uit verleden, heden of toekomst.

Daarbij gaat men ervan uit dat de 'afvalligheid' in de christelijke kerk zijn dieptepunt vond in de middeleeuwse pauselijke macht, die ooit Gods volk vervolgde en dat weer, en met nog grotere verbetenheid, zal doen in de toekomst – daarbij geholpen door het 'afvallige' protestantisme en allerlei occulte machten. Alles loopt onstuitbaar uit op een grimmige climax, net vóór de wederkomst van Christus. Een kleine 'rest' van degenen die God trouw zijn gebleven zal dan worden geconfronteerd met de onbarmhartige oppositie van al Gods vijanden, die samen het 'geestelijk Babylon' vormen.

In deze interpretatie is deze 'rest' de Kerk van de Zevendedags Adventisten, of de kern ervan die trouw is gebleven aan de waarheid van de 'drie-engelenboodschap'. Op het toppunt van het conflict zal de sabbat een steeds belangrijkere rol gaan spelen. Men zal zondagvierders kunnen herkennen aan 'het merkteken van het beest', terwijl de sabbatvierders het 'zegel van God' ontvangen! Er zullen wereldwijd zondagswetten worden uitgevaardigd in een meedogenloze campagne tegen 'Gods laatste gemeente', waarbij het katholicisme, met steun van het protestantisme, de krachten zal bundelen met de Verenigde Staten van Amerika.

Lang niet alle adventisten, die het in grote lijnen met deze visie eens zijn, zien alle niet-adventisten als deel van 'Babylon' en veroordelen zonder meer alle medechristenen die God naar hun beste eer en geweten volgen. Maar het valt niet te ontkennen dat het 'klassieke' profetische toekomstscenario geen samenwerking met andere geloofsgemeenschappen aanmoedigt. Positieve signalen van andere kerken en van oecumenische organisaties worden vaak met groot wantrouwen bezien, want – zo is de redenatie – we weten immers hoe het uiteindelijk zal aflopen!

Het zou een 'understatement' zijn te zeggen dat veel 'gelovigen aan de zijlijn' zich bij dit scenario niet langer op hun gemak voelen. Zij vragen zich af hoeveel van de historische toepassingen terecht waren. Zij zijn ervan op de hoogte dat de uitleg van bepaalde tekstgedeelten van tijd tot tijd is bijgesteld, omdat veel dingen in de wereld anders liepen dan men had voorspeld. Zij vragen zich ook af of de katholieken inderdaad onze grote vijand zijn en of andere christenen ons wantrouwen verdienen. En zij zijn er niet zo zeker van dat de katholieke kerk van paus Franciscus in alle opzichten hetzelfde instituut is als het middeleeuwse apparaat dat de inquisitie steunde. Bovendien: hebben in onze tijd alle christenen niet te maken met dezelfde uitdagingen? Is de secularisatie die onze gehele cultuur heeft doordrongen niet een veel groter gevaar dan de vormen van christendom die van het adventisme verschillen? Bezorgt de groei van de islam, ook in het Westen, ons niet veel meer hoofdbrekens dan een oecumenische beweging die wellicht een aantal aspecten heeft die wij afkeuren?

Zelfs als je ermee instemt dat het adventisme terecht mag claimen dat het een speciale boodschap heeft die elementen van het evangelie benadrukt die in andere geloofsgemeenschappen niet of onvoldoende aan bod komen – kun je op grond daarvan dan zeggen dat alleen adventisten behoren tot de 'overblijvende' kerk en dus de enige groep is die in de eindtijd overeind blijft? Voor 'gelovigen aan de zijlijn' gaat het er niet alleen om dat zij op een aantal punten hun twijfels hebben. Zij vragen zich af: Wil ik in een atmosfeer leven waarin ik ervan moet uitgaan dat wij als adventisten de enigen zijn die in alles gelijk hebben en dat alle anderen het bij het verkeerde eind hebben? Moet ik mij niet veel eerder richten op Christus als mijn Vriend dan op andere christenen als mijn vijanden?

ELLEN G. WHITE

Er zijn maar weinig adventisten – áls ze er al zijn – die zullen ontkennen dat Ellen G. White een belangrijke rol heeft gespeeld in de Adventkerk. Tegenwoordig horen we, terecht, vaak dat zij een van de stichters was van de kerk. De meeste adventisten zullen het er ook mee eens zijn dat zij een buitengewone vrouw was die, ondanks het feit dat zij in feite autodidact was, een grote invloed kreeg op het denken van het vroege adventisme en op de terreinen van onder andere de filosofie van de kerk ten aanzien van onderwijs, gezondheid en evangelisatie. Maar de meningen beginnen uiteen te lopen wanneer we haar werk en haar prestaties toeschrijven aan een profetische gave en zij de status van 'profetes' krijgt toegekend.

Veel hangt natuurlijk af van hoe we het begrip 'profeet' definiëren. Was zij iemand die door God werd gebruikt in de beginfase van het adventisme, zoals bijvoorbeeld Maarten Luther ten tijde van de kerkhervorming van de zestiende eeuw, of John Wesley in het eerste stadium van het methodisme? Of was zij een profeet in die zin dat alles wat zij schreef ook van toepassing is op ons die onder heel andere omstandigheden leven en ons kerk-zijn ervaren? Moeten we ook voor een letterlijke manier van lezen *(plain reading)* kiezen bij de boeken van Ellen White? En is wat zij zei en schreef het laatste woord over de interpretatie van de Bijbel en het definitieve ijkpunt voor wat als 'zuivere leer' moet gelden?

De officiële opvatting van de Adventkerk is dat de geschriften van Ellen G. White niet hetzelfde gezag hebben als de Bijbel. Toch zien we dat, in de praktijk, veel adventisten de woorden van Ellen White niet toetsen aan de Bijbel, maar dat het dikwijls eerder andersom is. Heel vaak wordt Ellen G. White gebruikt als de onfeilbare gids voor de juiste betekenis en toepassing van de Bijbel. Haar woorden worden dikwijls op de omstandigheden van nu geplakt, zonder rekening te houden met de totaal andere context waarin zij destijds leefde en werkte. Veel kerkleden 'aan de zijlijn' storen zich hieraan en hebben er veel moeite mee als (wat regelmatig gebeurt) een preek meer citaten van Ellen G. White bevat dan verwijzingen naar de Bijbel en als het mantra van 'Ellen White zegt,' of zelfs kortweg: 'zij zegt', klinkt als de finale oplossing.

Het lijkt er wel op dat veel critici van Ellen G. White nauwelijks iets hebben gelezen van wat zij heeft geschreven en vaak heel weinig afweten van de betekenis die zij voor de beginfase van de Adventgeschiedenis heeft gehad. Maar het zou wat al te simplistisch zijn te beweren dat alle twijfel over het werk van Ellen White als sneeuw voor de zon zou verdwijnen als men meer van haar werk ging lezen. Veel mensen hebben (met meer of minder succes) dikke boeken zoals *Patriarchen en Profeten, Jezus – de Wens der Eeuwen* en *De Grote Strijd* doorgeploegd en daarin heel wat gevonden dat hen inspireerde. Maar dat overtuigt niet iedereen in die groep ervan dat alles wat zij schreef ook historisch klopt en dat de manier waarop zij bijbelse en historische gebeurtenissen beschrijft het enig mogelijke perspectief vertegenwoordigt. Door ook *over* Ellen White te lezen hebben zij ontdekt dat Ellen White heel wat van wat zij schreef van allerlei andere schrijvers 'leende'. Zij merken bovendien dat Ellen White een gewone vrouw was, die bepaald niet volmaakt was en ook niet altijd consequent was, soms van gedachten veranderde en met het verstrijken van de tijd in haar denken rijpte.

Veel adventisten 'aan de zijlijn' protesteren tegen de manier waarop Ellen White op een voetstuk is geplaatst en in alles het laatste woord krijgt. Zij hebben er moeite mee wanneer dit een overheersende trend is in hun gemeente en Ellen White als een soort heilige wordt vereerd. Het stoort hen dat haar uitspraken voortdurend worden gebruikt om degenen te bekritiseren die een iets afwijkende mening hebben over een geloofspunt, of over een aspect van de leefstijl die van adventisten wordt verwacht. En het irriteert hen ook mateloos wanneer kerkelijke leiders haar woorden – vaak totaal uit hun oorspronkelijke verband gerukt – gebruiken om elk denkbaar probleem op te lossen en elke vraag te beantwoorden. Veel gelovigen 'aan de zijlijn' hebben het gevoel dat de wijze waarop Ellen G. White en de 'Geest van de Profetie' worden gebruikt (of, in feite, worden *misbruikt*) de Adventkerk gemakkelijk kunnen maken tot een religieuze sekte.

LEEFSTIJL
Naast de geloofspunten die voor veel kerkleden aanleiding zijn zich af te vragen: 'Kan ik dit nog wel geloven?' zijn er vaak ook twijfels op het gebied van leefstijl. Hoe bijbels zijn de adventistische 'regels' over voeding, sieraden, ontspanning, ongehuwd samenwonen en seks (met inbegrip van relaties tussen personen van hetzelfde geslacht)? Zijn een aantal van die restricties niet gewoon het overblijfsel van een Victoriaanse erfenis? Zijn ze vaak niet meer gebaseerd op uitspraken van Ellen White dan op de Bijbel? En staan ze, tenminste in sommige gevallen, niet in een aanzienlijke spanning met het evangelie van vrijheid in Christus?

Ik wil dit gebied verder laten voor wat het is. Wel wil ik nog zeggen dat twijfel op dit terrein (tenminste in sommige gevallen en tot op zekere hoogte) de echo kan zijn van een wens om het eigen gedrag te rechtvaardigen en niet het resultaat is van een grondige studie of reflectie.

Ik zou nog veel meer kunnen zeggen over twijfel aan bepaalde geloofspunten en over de belangrijke vraag of een kerkelijke organisatie het recht heeft instemming te eisen met een lange lijst van leerstellingen, zonder voldoende ruimte te bieden voor een flinke mate van diversiteit van mening en zonder een beroep te doen op de leden om tolerant te zijn tegenover mensen die over bepaalde zaken anders denken dan zij. Heel veel mensen in de kerk worstelen met de vraag wat ze moeten doen nu ze merken dat zij vaak anders over een aantal dingen denken dan wat is vastgelegd in de achtentwintig *Fundamentele Geloofspunten*. Kunnen zij zich nog wel een 'echte' adventist noemen? Kunnen zij naar eer en geweten lid blijven van de Adventkerk? Moeten zij 'aan de zijlijn' blijven? Kunnen zij weer een bevredigende rol voor zichzelf binnen de kerk vinden? Of blijft hen geen andere weg om uit dit dilemma te ontsnappen dan de adventistische geloofsgemeenschap via de achterdeur te verlaten?

In het volgende hoofdstuk zal ik teruggaan naar het onderwerp twijfel in het algemeen en twijfel over God en over de kerk. In een daarop volgend hoofdstuk ga ik dan dieper in op twijfel ten aanzien van specifieke geloofspunten. Ik zal geen antwoord kunnen geven op alle vragen. Ik heb zelf ook de nodige twijfels over mijn geloof, mijn kerk en een aantal facetten van sommige specifiek adventistische standpunten. Maar ik hoop dat wat nu in het tweede deel van dit boek gaat komen veel lezers zal helpen een aantal 'handvaten' te vinden om op een betekenisvolle manier met hun vragen en twijfels om te kunnen gaan.

---

1 http://www.jwfacts.com/watchtower/disfellowship-shunning.php.
2 Zie bijvoorbeeld mijn artikel 'How Much Diversity Can We Stand?' in *Ministry* (april 1994), blz. 5, 27; William G. Johnsson, *The Fragmenting of Adventism* (Boise, ID: Pacific Press Publishing Association, 1995), blz. 91-95. A. LeRoy Moore, *Adventism: Resolving Issues that Divide Us* (Hagerstown, MD: Review and Herald Publishing Association, 1995) behandelt vooral het verschil in benadering ten aanzien van wet en genade, de verzoening en de naturen van Christus.
3 http://christianforums.com/member.php?u=185580.

4 Roger W. Coon, 'Shaking', Denis Fortin en Jerry Moon, red., *The Ellen G. White Encyclopedia* (Hagerstown, MD: Review and Herald Publishing Association, 2013), blz. 1157, 1158.
5 Zie noot 28, blz. 65.
6 'Methods of Bible Study,' in: R Dabrowski, red., *Statements and Guidelines and Other Documents of the Seventh-day Adventist Church*, uitgegeven door het General Conference Communication Department, 2005.
7 Zie deel 5, blz. 175-181 van het *Seventh-day Adventist Bible Commentary* (1956).
8 De *Adventist Theological Society* (ATS) is een onafhankelijke organisatie, maar is nauw verbonden met de Adventkerk. Volgens de website van de ATS betreft het een 'internationale, beroepsmatige, *non-profit*-organisatie die werd opgericht om de Adventkerk in theologisch opzicht van dienst te zijn. De organisatie geniet het vertrouwen van de huidige topleiding van de kerk. Dit is niet (of niet in diezelfde mate) het geval met de *Adventist Society for Religious Studies* (ASRS), die door velen als nogal 'liberaal' wordt beschouwd. De ATS heeft ook een Nederlandse afdeling. Zie: www.ats-nederland.nl/.
9 Zie blz. 46.
10 Merlin D. Burt, 'History of Seventh-day Adventist Views on the Trinity,' *Journal of the Adventist Theological Society*, 17/1 (voorjaar 2006), blz. 125–139. Zie ook Richard Rice, 'God,' in: Gary Charter, red., *The Future of Adventism* (Ann Arbor, MI: Griffin & Lash, Publishers, 2015), blz. 3-24, en Woodrow Whidden, et. al, *The Trinity: Understanding God's Love, His Plan of Salvation and Christian Fellowships* (Hagerstown, MD: Review and Herald Publishing Association, 2002).
11 Dit boek was het resultaat van langdurige discussie tussen enkele vertegenwoordigers van de Adventkerk en Donald Barnhouse en Walter Martin, een tweetal evangelikale leiders. Laatstgenoemde wilde een boek schrijven over de leer van de zevendedags adventisten, maar wilde zich eerst grondig op de hoogte stellen van wat adventisten nu echt geloven. Zie George R. Knight, *Seventh-day Adventists Answer Questions on Doctrine* – geannoteerde editie (Berrien Springs, MI: Andrews University Press, 2003).
12 Voor een heel toegankelijke samenvatting van wat Ellen White zoal heeft gezegd over de menselijke natuur van Christus, zie Dennis Fortin, 'Ellen White and the Human Nature of Christ', https://www.andrews.edu/~fortind/EGWNatureofChrist.htm
13 Zie Jean-Claude Verrecchia, *Waar woont God? Een zoektocht langs altaren, tenten, tempels en andere plaatsen van aanbidding* (Huis ter Heide: Kerk van de Zevendedags Adventisten, 2015). Dit belangrijke boek zoekt naar een nieuwe benadering van de heiligdomsleer. Inmiddels is het verschenen in het Engels, Frans en Nederlands. Verrecchia pleit voor een nieuwe evaluatie van het traditionele adventistische standpunt, na te hebben gewezen op de wijdverbreide twijfel hierover onder adventistische gelovigen. Voor een historisch overzicht van de houding van de adventisten ten aanzien van dit geloofspunt, zie Alberto R. Timm, 'The Seventh-day Adventist Doctrine of the Sanctuary (1844-2007)', in: Martin Pröbstle et al., red, *For You Have Strengthened Me: Biblical and Theological Studies in Honor of Gerard Pfandl in Celebration of his Sixty-Fifth Birthday* (Peter am Hart (Oostenrijk): Seminar Schloss Bogenhofen, 2007), bladz. 331-359.
14 Dr. David Trim, directeur van de afdeling voor Archieven en Statistieken van de internationale Adventkerk, rapporteerde tijdens de najaarsvergadering van het wereldbestuur van de kerk in 2013 wat de uitkomsten waren van een onderzoek onder 4000 kerkleden, verspreid over de gehele wereld. Daaruit bleek dat

achtendertig procent van hen de traditionele visie ten aanzien van het heiligdom en het 'onderzoekend oordeel' niet meer (of niet geheel) onderschrijven.

15 Een enquête onder 200 adventistische predikanten in de streek rond Los Angeles (VS) toonde aan dat eenenveertig procent van hen de traditionele versie van de heiligdomsleer niet langer aanvaarden. Zie Aivars Ozolins, 'Doctrinal Dissonance and Adventist Leadership: Recapturing Spiritual Wholeness through Crisis, http://lasierra.edu/fileadmin/documents/religion/School_of_Religion_2011-12/ASRS_2011/05_Aivars_Ozolins_Doctrinal_Dissonance.pdf

16 Reinder Bruinsma, *Seventh-day Adventist Attitudes toward Roman Catholicism, 1844-1965* (Berrien Springs, MI: Andrews University Press, 1994).

PART 2

Wat doen we met onze twijfel en hoe vinden we antwoorden?

HOOFDSTUK 6

De geloofssprong

Het schrijven van de eerste vijf hoofdstukken was tamelijk gemakkelijk. Het was een weergave van wat ik in de wereld om me heen, en vooral in de wereld van geloof en kerk, zie en ervaar. Het ging over de crisis in de christelijke kerk. Vervolgens verschoof de aandacht naar de geloofscrisis van veel mensen, en in het voorgaande hoofdstuk naar de twijfel die veel adventisten ervaren ten aanzien van bepaalde geloofspunten van hun kerk en de eis dat iedereen die moet onderschrijven. Aan het begin van het boek zei ik al dat ik me vooral wilde richten tot een speciale groep lezers: degenen die zich niet meer echt gelukkig voelen in hun kerk en op weg zijn naar de achterdeur. Bij gebrek aan een betere term heb ik voor die groep steeds de aanduiding 'gelovigen aan de zijlijn' gebruikt.

Het is echter één ding om een *probleem* te beschrijven, maar heel wat anders om een *oplossing* te bieden voor de geestelijke malaise waarin velen 'aan de zijlijn' – individueel en collectief – verkeren. Ik deel in veel van de zorgen van mijn broeders en zusters 'aan de zijlijn' en zie met lede ogen allerlei trends in het adventisme van de laatste tijd. Ik heb in de vorige hoofdstukken heel veel vragen gesteld – soms heel rechtstreeks en vaak tussen de regels door. Als je op al die vragen een antwoord van me verwacht zal ik je echter moeten teleurstellen.

Wat je in dit hoofdstuk en in de hoofdstukken die nog volgen mag verwachten is een eerlijke poging om wat 'handvaten' aan te reiken om op een open en hopelijk constructieve manier te kunnen omgaan met je twijfels en onzekerheden. In de afgelopen jaren, en vooral in de periode dat ik dit boek schreef, heb ik veel nagedacht over de dingen die ik aan de orde heb gesteld. In de loop der jaren heb ik er al regelmatig over geschreven en er met veel mensen over gepraat. In wat volgt wil ik een aantal van mijn (vaak voorlopige) conclusies met de lezers delen. Het zou fijn zijn als er hier en daar lezers zijn die een aantal aanknopingspunten zullen ontdekken die hen kunnen helpen hun twijfels onder ogen te zien en constructief met hun vragen om te gaan. En ik hoop dat wellicht hier en daar sommigen vanaf 'de zijlijn' hun weg zullen terugvinden naar een manier om weer voluit te kunnen participeren in het leven van de kerk en om hun geloof op een betekenisvolle manier te beleven.

WAT IS TWIJFEL?

Allereerst moeten we een paar misverstanden over twijfel uit de weg ruimen. Os Quinness, een bekende Britse christelijke schrijver, noemt in de inleiding tot zijn boek over twijfel drie van die misverstanden:
- twijfel is zondig, want twijfel staat gelijk aan ongeloof;
- twijfel is uitsluitend gekoppeld aan geloof, en niet aan kennis;
- twijfel is iets waarvoor je je moet schamen en als je ernstige geloofstwijfels hebt is het hypocriet om bij de kerk te blijven.[1]

In wat volgt hoop ik deze misvattingen te ontzenuwen. Een stukje verderop in zijn boek benadrukt Guinness dat twijfel een algemeen verschijnsel is. Hij zegt: 'Alleen God en mensen zonder verstand kennen geen twijfel.'[2]

Het is belangrijk dat we het verschijnsel twijfel wat exacter omschrijven. Twijfel komt niet alleen voor op het terrein van godsdienst en geloof. Wij kunnen bijvoorbeeld ook twijfelen aan de juistheid van sommige beroepsmatige beslissingen die we in het verleden hebben genomen of aan bepaalde keuzes die we hebben gemaakt. We kunnen de uitkomsten van wetenschappelijk onderzoek betwijfelen of ons afvragen of bepaalde politici wel de waarheid spreken. Wij kunnen ook twijfelen over de toepassing van belangrijke morele principes. Er zijn mannen en vrouwen die twijfelen aan de trouw van hun partner. Met andere woorden: twijfel doet zich op zoveel terreinen voor dat het vreemd zou zijn als we die ook niet op het gebied van geloof en godsdienst zouden tegenkomen. *Twijfel is niet uitsluitend een christelijk probleem, maar een algemeen menselijk probleem.*[3]

Twijfel is niet per definitie iets negatiefs, maar dat kan het wel zijn. Als we onze twijfel niet onder ogen willen zien en er liever niet aan willen denken, kan dat destructief en fataal worden. En als we onze twijfel koesteren, alsof dit het sluitende bewijs zou zijn van ons vermogen om onafhankelijk te kunnen denken en van onze bijzondere intelligentie, in plaats van dat we er constructief mee bezig willen zijn, wordt dit een regelrecht gevaar voor ons geestelijk welzijn. Maar niet alle twijfel valt in die categorieën.

Sommige 'heiligen' uit het verleden en uit onze eigen tijd hebben periodes van grote twijfel gekend. Ik kan iedereen aanbevelen het verhaal te lezen van St. Thérèse van Lisieux (1873-1897). Zij was een Franse non in de orde van de Karmelieten en kreeg de bijnaam 'het bloempje van Jezus'. Zij werd een van de bekendste voorbeelden van vroomheid voor rooms-katholieken, bijna op hetzelfde niveau als Franciscus van Assisi. Op 24-jarige leeftijd stierf zij, na een periode van diepe twijfel, aan tuberculose. Op een gegeven moment bekende zij dat zij niet langer geloofde in een toekomstig eeuwig leven en zei zij dat Christus haar in een donkere, onderaardse ruimte had gebracht, waar de zon niet langer kon doordringen.[4] Maar ondanks deze donkere periode van twijfel werd zij op 17 mei 1925 door paus Pius XI heilig verklaard en geldt zij nu als een 'lerares' van de kerk.

Ook Maarten Luther kende een lange periode van twijfel, waarin hij de aanwezigheid van God niet langer voelde. Hij verwees naar deze moeilijke tijd als zijn *Anfechtungen* (aanvechtingen) – een geloofscrisis die hem tot in het diepst van zijn wezen trof. Later vertelde hij dat hij soms, als hij wilde gaan preken, zo intens twijfelde dat de woorden hem op de lippen bestierven.

Hoewel het veel mensen misschien zal verbazen ging zelfs Moeder Teresa door periodes van geestelijke leegte, met het gevoel dat alle contact met God was verdwenen.[5] Ze mocht in het openbaar dan wel altijd heel opgewekt lijken, maar de werkelijkheid was soms anders. In meer dan veertig brieven, waarvan de meeste tot voor kort niet waren gepubliceerd, beschrijft ze de 'droogte', de 'duisternis', de 'eenzaamheid' en de 'kwelling' die zij onderging. Zij vergelijkt haar ervaring met de hel en zegt dat er zelfs een moment was dat zij eraan twijfelde of er wel een hemel is en of God wel echt bestaat.[6]

Twijfel is niet hetzelfde als ongeloof. Dit is een heel belangrijk onderscheid. Ongeloof is de doelbewuste, opzettelijke weigering om te geloven. Het is de weloverwogen beslissing de mogelijkheid dat God bestaat te ontkennen en is een regelrechte verwerping van het geloof. Misschien kun je twijfel het beste omschrijven als onzekerheid-met-een-open-geest, terwijl ongeloof de conclusie is van een gesloten geest, dat God en geloof onzin zijn of, in ieder geval, volstrekt irrelevant. Ik las ergens (ik herinner me niet meer waar) dat de Chinezen iemand die twijfelt beschrijven als een mens die een voet in twee boten heeft. Het Franse woord *doute* en het Engelse woord *doubt* zijn afgeleid van het Latijnse werkwoord *dubitare*. Dat heeft de grondbetekenis van gespleten-zijn – een geest die in twee richtingen gaat.

Van de beroemde protestantse theoloog Paul Tillich (1886-1965) is de vaak geciteerde uitspraak (die overigens ook wel aan Augustinus is toegeschreven): 'Twijfel is niet het tegengestelde van geloof, maar het is een aspect van geloof.'[7] De joodse schrijver Isaac Bashevis Singer (1902-1991) was ook heel positief over de waarde van twijfel: 'Twijfel is een eigenschap van elke godsdienst. Alle denkers op het terrein van de godsdienst waren tevens twijfelaars.'[8] Alfred Lord Tennyson (1809-1892), een van de populairste Britse dichters uit het Victoriaanse tijdperk, schreef in zijn gedicht *In Memoriam:* 'Geloof mij, er schuilt meer geloof in eerlijke twijfel dat in de meeste geloofsbelijdenissen.'[9]

De ervaring van twijfel kan ons geloof verdiepen. Daardoor kan ons geloof sterker worden en beter bestand zijn tegen allerlei gebeurtenissen. Gary Parker schreef in zijn boek *The Gift of Faith:* 'Als geloof nooit de strijd hoeft aan te gaan met onjuiste ideeën, als het nooit tegen het kwaad hoeft te vechten, hoe kan het dan zijn eigen kracht beproeven?'[10] Van alle definities van 'twijfel' die ik ben tegengekomen, spreekt deze, van Os Guinness, mij misschien nog het meeste aan: 'Twijfel is onscherp geloof.'[11]

IS TWIJFEL ZONDE?

Veel gelovigen 'aan de zijlijn' hebben een onaangenaam gevoel, of voelen zich ronduit schuldig, vanwege hun twijfel. Zij herinneren zich het verhaal van Adam en Eva in het paradijs, hoe onze eerste voorouders daar de duivel ontmoetten in de gedaante van een slang. Het eerste mensenpaar had geen reden tot twijfel. Ze leefden immers in volmaakte vrede, in een schitterende omgeving. Zij stonden in rechtstreeks contact met hun Schepper. Maar met de verschijning van de duivel komt ook de twijfel.

De duivel suggereert Adam en Eva dat ze alle reden hebben om aan Gods goede bedoelingen te twijfelen. God heeft jullie iets onthouden, zegt hij, dat je leven een meerwaarde zou geven. Zou dit waar kunnen zijn? vragen Adam en Eva zich af. Tot op dat moment is die mogelijkheid niet bij hen opgekomen, maar nu beginnen ze te twijfelen – met fatale gevolgen. Wie het verhaal van de 'zondeval' leest ontdekt meteen de rechte lijn tussen, aan de ene kant, de duivel en de zonde en, aan de andere kant, de twijfel.

In *De Weg naar Christus*, een van de bekendste boeken van Ellen G. White, wordt ook dit rechtstreekse verband gelegd tussen twijfel en zonde. Hoofdstuk 12 heeft als titel: *Twijfel*.

> *Veel mensen, vooral zij, die pas met hun christelijke loopbaan begonnen zijn, worden van tijd tot tijd geplaagd door gedachten, die twijfel zaaien. Er zijn in de Bijbel veel dingen, die ze niet kunnen verklaren of kunnen begrijpen en deze dingen worden door de Satan gebruikt om hun geloof in de Schrift als een goddelijke openbaring te doen wankelen. Zij vragen zich af: 'Hoe kan ik weten dat ik op de juiste weg ben? Als de Bijbel echt het Woord van God is, hoe kan ik dan bevrijd worden van deze twijfel en van deze problemen?'*[12]

We zien hoe de Satan – de duivel – onmiddellijk ten tonele wordt gevoerd. En het is niet moeilijk om andere citaten van Ellen White te vinden waar datzelfde verband tussen twijfel en zonde wordt gelegd. Neem bijvoorbeeld deze uitspraak: 'Satan zal op ingenieuze wijze zijn best doen om langs verschillende wegen en via allerlei instanties het geloofsvertrouwen van Gods volk in de eindtijd te ondermijnen...'[13]

Maar kunnen we 'de duivel' zo rechtstreeks koppelen aan 'twijfel'? Ja en nee. Het antwoord is 'ja' als we ervan uitgaan dat alles wat negatief en problematisch is, op de een of andere manier veroorzaakt wordt doordat we menselijke wezens zijn die hebben toegestaan dat het 'kwaad' onze wereld binnenkwam en vervolgens ons bestaan kon infecteren. Maar dat zou een heel eenzijdige conclusie zijn. Want als we goed naar een aantal andere bijbelverhalen kijken zien we ook de andere kant van de twijfel.

Laten we even stilstaan bij misschien wel de grootste twijfelaar die in de Bijbel voorkomt: Johannes de Doper. Hij was de 'wegbereider' van Jezus. Toen Jezus naar hem toekwam op het moment dat hij mensen doopte in de Jordaan, wist hij heel goed wie Jezus was. Hij besefte ook terdege dat zijn eigen werk zou eindigen zodra Jezus met zijn dienstwerk als de Messias zou beginnen. De evangeliën vertellen ons daarna betrekkelijk weinig over Johannes en zijn werk, maar we komen hem weer tegen als hij gevangen zit in de Machairos-vesting die koning Herodes vlak bij de Dode Zee had laten bouwen. Johannes leeft nog, maar hij maakt zich weinig illusies over zijn toekomst. Hij zit diep in de put en worstelt met twijfel. Hoe is het mogelijk dat hij aanstonds als gevangene aan zijn einde komt? Net als zoveel anderen was hij ervan overtuigd dat Jezus de Messias was, die een einde zou maken aan de Romeinse onderdrukking van het joodse volk. Maar dat was niet gebeurd. Jezus had slechts een kleine groep volgelingen. Hij had geen vaste woonplaats, waar hij zich in een redelijke mate van comfort kon terugtrekken en geen plek waar hij de leiders van zijn volk en de diplomaten van de landen rondom Palestina kon ontvangen naarmate zijn heerschappij vorm kreeg.

In Matteüs 11:2-14 lezen we dat Johannes kennelijk een aantal van zijn volgelingen naar Jezus mag sturen. Ooit was hij er zo zeker van geweest: Deze Jezus was het Lam van God dat de zonden van de wereld zou wegnemen (Johannes 1:29). Maar nu was die zekerheid totaal verdampt en stuurt hij zijn discipelen naar Jezus toe met de vraag: 'Bent u werkelijk degene die zou komen of vergissen we ons?' Kan er grotere twijfel zijn dan wanneer je heel je leven in iemand hebt geïnvesteerd en die persoon op alle mogelijke manieren hebt gepromoot, omdat je volledig in hem geloofde, om dan ten slotte tot de ontdekking te komen dat het allemaal niets voorstelde en dat degene op wie je vertrouwde misschien wel een bedrieger is?

Jezus geeft de mannen die hem namens zijn neef Johannes komen bezoeken geen berisping. Hij zegt ze alleen dat ze hun ogen moeten openhouden, om zich heen moeten kijken en dan aan Johannes moeten gaan rapporteren wat ze van Jezus' optreden hebben gezien. Ik raad je aan dit nog eens in het evangelieverhaal op te zoeken en door te lezen. En let dan vooral op wat Jezus over Johannes zei en hoe hij hem, ondanks zijn twijfel, in dezelfde categorie plaatste als Elia, de grote profeet uit het Oude Testament: 'Ik verzeker jullie: er is onder allen die uit een vrouw geboren zijn nooit iemand opgetreden die groter was dan Johannes de Doper... Want de profetieën van alle profeten en van de wet reiken tot de dagen van Johannes. En voor wie het wil aannemen: hij is Elia die komen zou' (Matteüs 11:11-14).

Twijfel is niet hetzelfde als zonde – in ieder geval niet in de zin van een persoonlijk tekortschieten dat schuldgevoel bij de twijfelaar moet veroorzaken. Dat ontdekken we niet alleen in het verhaal van Johannes de Doper, maar ook in wat we lezen over andere bijbelse twijfelaars. Onwillekeurig denken we aan Thomas, een van Jezus' twaalf leerlingen, als de spreekwoordelijke twijfelaar. Hij was er niet bij toen Jezus na zijn opstanding voor het eerst aan zijn leerlingen verscheen. Wanneer zij hem daarover vertellen weigert hij nog steeds te geloven dat Jezus inderdaad leeft. Thomas wilde een onomstotelijk bewijs. Kort daarop kreeg hij de kans om Jezus aan te raken en diens wonden te voelen. Zijn twijfel verdween als sneeuw voor de zon en blijkens zijn uitroep wist hij toen wie en wat Jezus was: 'Mijn Heer en mijn God' (Johannes 20:28).

We zullen nooit voor honderd procent zeker weten of het apocriefe verhaal in de Handelingen van Thomas,[14] historisch is, maar er zijn ook andere bronnen die bevestigen dat hij als martelaar in 72 na Chr.

stierf in Mylapore, een district van de Indiase stad Chennai. Hij werd meegenomen naar een plek buiten de stad, waar vier soldaten hem met hun speren doorboorden. Er zijn sterke tradities die aangeven dat Thomas vanaf ongeveer 52 na Christus het evangelie predikte in India. Ondanks het feit dat hij in het evangelie van Johannes wordt afgeschilderd als twijfelaar (20:19-29), had Thomas uiteindelijk een indrukwekkende staat van dienst.

Johannes de Doper en Thomas zijn niet de enige bijbelse twijfelaars. Denk bijvoorbeeld ook aan Abraham en Sara en aan Zacharias, de vader van Johannes de Doper. En denk aan Job. In zijn ellende werd Job geplaagd door kwellende twijfel, maar hij zei God niet vaarwel. Hij zat wel vol vragen. Waarom moest hij dit meemaken? Het was niet eerlijk. Hoe was zijn misère te rijmen met het beeld van een liefhebbende, barmhartige God? Het lezen van de laatste hoofdstukken van het boek Job doet een mens goed! Job kwam uiteindelijk tot de slotsom dat zijn twijfel het gevolg was van zijn armzalige godsbeeld.

HOE (HER-)ONTDEKKEN WE HET GELOOF IN GOD?

Veel twijfelaars zijn echter nog niet toe aan Jobs conclusie. Zij worstelen verder met hun twijfel. Hoe kunnen 'gelovigen aan de zijlijn' – als twijfel een punt is halverwege tussen geloof en ongeloof (en met veel anderen denk ik dat dit zo is) – opschuiven in de richting van geloof en niet geleidelijk aan steeds verder naar de andere kant glijden en ten slotte bij totaal ongeloof uitkomen?[15]

Vaak is gezegd dat in God geloven een grote *sprong* vereist. Paul Ricoeur (1913-2005), de bekende Franse filosoof en expert op het terrein van de hermeneutiek (principes van interpretatie), drong erop aan dat we onze geestelijke pelgrimage moeten *beginnen met geloof* en niet met twijfel en intellectuele pogingen om die twijfel te verdrijven. Hij daagt ons uit om een 'gok' te wagen. Wij zijn veel beter af, zegt hij, als we het risico nemen om ervan uit te gaan dat het christelijk verhaal ons meer te bieden heeft voor een gelukkig leven dan het programma van de sceptici. Dat wil niet zeggen dat we onze twijfels en vragen moeten wegmoffelen, maar we moeten beginnen op basis van een *hypothetisch geloof.* Daarvoor is het nodig dat we een omgeving opzoeken waar het geloof wordt beoefend (en dat we daar ook blijven).¹⁶ We moeten het christelijke verhaal de kans geven indruk op ons te maken en dan afwachten wat het voor ons zal doen. Als we deze 'geloofssprong' wagen, zullen we ervaren dat geloof ook binnen ons bereik is.

Onze omgeving heeft enorm veel invloed op hoe we iets ervaren. Het is voor een automonteur heel moeilijk van een Brandenburgs concert van Johann Sebastian Bach te genieten terwijl hij bezig is met een reparatie en allerlei mechanische geluiden en ander lawaai de klassieke muziek overstemmen. Als we gespannen zijn en ons gehaast voelen, zullen we gemakkelijker tot rust komen door een strandwandeling of achter een kopje koffie op een gezellig terras dan wanneer we in een volle trein moeten staan of ons in de auto een weg proberen te banen door het spitsverkeer. Een etentje bij kaarslicht in een sfeervol restaurant is gewoonlijk meer bevorderlijk voor de romantiek dan in de rij staan bij McDonald's. De sfeer in een middeleeuwse kathedraal, het lezen van een inspirerend boek, een stemmig muziekstuk, het gezelschap van je partner of van een goede vriend, omringd zijn door prachtige natuur – al deze dingen kunnen vaak het soort omgeving scheppen waardoor we ons kunnen openstellen voor een gevoel van totale afhankelijkheid van iets hogers: de intuïtieve zekerheid dat er een God is die om ons geeft.

Ricoeur denkt dat geloof ontspruit en groeit (en standhoudt) in een omgeving waar 'de taal van het geloof' wordt gesproken. De beste manier om een taal te leren en je kennis ervan op peil te houden is jezelf helemaal in die taal onder te dompelen. Dat geldt ook voor de taal van het geloof. Ik heb ervaren dat het waar is wat Ricoeur zegt. Toen ik met mijn gezin in 1984 naar Kameroen in West-Afrika verhuisde vond ik in de instelling die ik moest leiden één persoon die Engels sprak. De circa vijfenveertig werknemers spraken onderling in Boeloe – een van de vele lokale talen in dit land. De officiële taal was Frans. Ik kende nog wel wat Frans van mijn tijd op de middelbare school. Maar de eerste paar weken dreven mij vaak haast tot wanhoop, aangezien ik vrijwel niets begreep van wat de mensen mij poogden te zeggen. Maar ik luisterde en probeerde, zo goed en zo kwaad als dat ging, met de mensen te praten, hoewel mijn kennis van de grammatica grote lacunes vertoonde en mijn woordenschat nog uiterst beperkt was. Ik besloot elke dag twintig nieuwe Franse woorden te leren. Na een maand of drie viel, tamelijk plotseling, het kwartje. Opeens merkte ik dat ik veel beter begon te begrijpen wat de mensen tegen me zeiden. Na enige tijd werd ik redelijk vloeiend in mijn Frans en durfde ik zelfs in die taal te preken. Mijn ervaring met de Zweedse taal is ongeveer dezelfde. Mijn vrouw en ik hadden een goede reden om deze Scandinavische taal te leren: onze twee kleindochters wonen in Zweden en spreken dus Zweeds. We zijn nu zover dat we een gesprek kunnen voeren en, als extra bonus, de spannende politieromans van Wallander in de oorspronkelijke taak kunnen lezen! Opnieuw was het geheim dat we onszelf zoveel mogelijk blootstelden aan de Zweedse taal. Mensen die al vaak, zonder succes, hebben geprobeerd om te gaan geloven, moet je dus – volgens Ricoeur, adviseren om de *taal van het geloof* te leren.

Als je denkt dat je gevaar loopt je geloof te verliezen, moet je je er juist toe zetten de Bijbel te lezen, ook als wat je leest je in eerste instantie misschien niet veel zegt. Zelfs als je heel veel moeite hebt met allerlei onaangename dingen die in de Bijbel staan, is en blijft bijbellezen een goed idee. (Sla, zeker voorlopig, de stukken die je tegenstaan maar over.) Overtuig jezelf er ook van dat het goed is om regelmatig naar de kerk te gaan, waar je de taal van het geloof hoort, ook al zijn er misschien dingen in de kerkdienst waar je niets mee hebt en je mensen tegenkomt die je misschien liever niet zou ontmoeten. Luister naar de gebeden van anderen en probeer zelf ook te bidden, ook al heb je het idee dat dit geen zin heeft. Kortom: *zorg ervoor dat je omringd wordt door de taal van het geloof.*

Veel mensen die dit in de praktijk hebben gebracht zeggen dat ze geloof hebben *gekregen* of hebben her*kregen*. Ik gebruik het werkwoord *krijgen* met opzet. Want geloof is inderdaad iets wat je krijgt. Het is een geschenk, en niet een beloning voor een intensieve, intellectuele inspanning. We komen daar nog op terug.

Van allerlei kanten komen berichten van mensen die de route hebben gevolgd die Paul Ricoeur en ook anderen hebben aanbevolen, met het bericht dat de christelijke boodschap waar is omdat 'het werkt.' Maar het is ontegenzeggelijk ook zo dat geloof een grote sprong vereist. Sommigen zullen zeggen dat het een sprong in het duister is en beweren zelfs dat geloof een psychische afwijking is, of een gebrek in je geestelijke ontwikkeling. Sigmund Freud (1856-1939) was de beroemdste verdediger van dat idee. Hij zag geloof als een illusie. Maar hij gebruikte ook onvriendelijker woorden zoals neurose, vergif en verslaving. God als onze hemelse Vader is niet meer dan een projectie, zei hij, die voortkomt uit onze onderbewuste 'hangups' over onze biologische vader. Anderen hebben soortgelijke meningen geopperd.

Freud en anderen die er dergelijke gedachten op nahielden, en -houden, hebben recht op hun mening. Want meer is het niet: een *mening*. Er is geen greintje bewijs voor hun theorieën. En daarbij moeten we bedenken dat Freuds theorieën op geen enkele manier kunnen worden bewezen, omdat alles zich naar zijn zeggen afspeelt in de sfeer van het onderbewuste. En dan nog dit: de gedachte dat geloof niet meer is dan een luchtkasteel heeft, als je erover nadenkt, ook bar weinig zeggingskracht. Er zijn immers heel wat aspecten aan het christelijk geloof, zoals zonde en oordeel, die bepaald niet overeenkomen met onze stoutste dromen!

IS ER EEN BASIS VOOR GELOOF IN GOD?

Ik zal proberen niet te technisch te worden, maar gezien de aard van ons onderwerp moeten we toch wat dieper graven. In hoofdstuk twee zagen we al dat vandaag de dag nog maar weinig mensen onder de indruk zijn van – en overtuigd worden door – de klassieke godsbewijzen. Bij mijn eigen zoektocht naar een antwoord op de vraag of God echt bestaat heb ik de waarde ervaren van de 'methode' die Ricoeur aanbeveelt. Maar ik heb ook heel veel baat gehad bij het lezen van twee belangrijke boeken. Ik zag het eerste boek toevallig (of was het meer dan toeval?) in een kleine boekwinkel in een provinciestadje in Zweden. Ik vroeg me af hoe het daar op de plank van 'geestelijke' boeken was terechtgekomen te midden van enkele tientallen populaire werken over theologie en filosofie. Ik zocht naar iets dat 'serieus' was, en aangezien er weinig keus was kocht ik het boek van Nancey

Murphy: *Beyond Liberalism and Fundamentalism*.[17] Als ik het me goed herinner leidde deze Nancey Murphy me naar het tweede boek: *Warranted Christian Beliefs*.[18] Dit werd geschreven door Alvin Plantinga, een gereformeerde theoloog van Nederlandse afkomst, die nu nog als emeritus-hoogleraar verbonden is aan de prestigieuze Notre Dame Universiteit in South Bend, in de Amerikaanse staat Indiana. Deze twee theologen hebben me enorm geholpen antwoorden te vinden op mijn vragen over het bestaan van God. Zij maakten mij duidelijk dat er geen harde 'bewijzen' zijn voor Gods bestaan, maar dat er toch voldoende goede argumenten zijn om te geloven dat hij inderdaad bestaat. Zij geven in hun boeken toe dat er altijd ruimte blijft voor twijfel, maar dat dit, op zich genomen, geen onoverkomelijk probleem is.

Een adventistische predikant doet er natuurlijk altijd goed aan even te melden dat Ellen G. White het hartgrondig met een bepaald standpunt eens is. Sta me daarom toe om, voordat ik nader inga op wat ik las bij Nancey Murphy en Alvin Plantinga, even een paar regels te citeren uit *De Weg naar Christus*, uit het al eerder vermelde hoofdstuk over twijfel:

> God vraagt nooit van ons iets te geloven, zonder ons voldoende gegevens te verschaffen om ons geloof op te baseren. Zijn bestaan, zijn karakter, de waarheid van zijn Woord kunnen wij verstandelijk aanvaarden. Er zijn talloze dingen, die daarvan getuigenis afleggen. Toch heeft God nooit de mogelijkheid tot twijfel weggenomen.[19]

Ik hoop dat je moedig en vasthoudend genoeg bent om me te blijven volgen nu ik Ellen G. White achter me laat en terugga naar Murphy en Plantinga. Zij houden zich uitvoerig bezig met de vraag of er een solide fundament is voor ons geloof in God. Net als Ellen White benadrukken zij dat er altijd ruimte blijft voor twijfel! (Sla eventueel een paar bladzijden over, als je wat nu volgt te filosofisch vindt.)

Hoe kunnen we, als we over God spreken, er zeker van zijn dat we niet alleen maar vrome woorden gebruiken maar het hebben over een bestaande Werkelijkheid? Hoe kunnen we weten dat het daarbij gaat om een persoonlijk Wezen, dat zich met deze wereld in onze geschiedenis bezighoudt? En kunnen we er ooit zeker van zijn dat de bouwstenen van het christelijk geloof absoluut en onloochenbaar waar zijn? En zijn er tenminste een aantal morele principes die tijdloos en onveranderlijk zijn?

Foundationalisme is de term voor de filosofische poging om dergelijke absolute principes te ontdekken – uitgangspunten die voor hun bewijskracht niet afhankelijk zijn van andere beginselen, maar 'fundamenteel' en 'onmiddellijk' zijn. Er zijn verschillende versies van dit foundationalisme op de markt. 'Sterk' foundationalisme of 'klassiek' foundationalisme bouwt op de overtuiging dat al onze kennis inderdaad geworteld is in een aantal absolute en onaantastbare principes.[20] Volgens deze theorie dienen deze fundamentele principes zich bij ons aan als 'waar' – ze spreken voor zichzelf. Met andere woorden, als je deze argumenten tegenkomt weet je op de een of andere manier heel zeker dat ze 'waar' zijn. Vandaag de dag is er wijdverbreide twijfel over de waarde van dit 'sterke' foundationalisme. Niemand, zo zegt men, kan immers deze zogenaamde 'fundamentele' waarheden zonder vooroordelen tegemoet treden. En zelfs als een aantal van deze beginselen elkaar ondersteunen is dat geen waterdicht bewijs voor de waarheid ervan.

Maar als dit 'sterke' foundationalisme een brug te ver is, betekent dit dan dat we geen enkele vaste grond hebben om op te bouwen; dat er niets boven onze persoonlijke voorkeuren en sociale gewoontes uitgaat en dat we met een algemeen scepticisme genoegen moeten nemen? Gelukkig is er een route waarlangs we verder kunnen komen. Die wordt gewoonlijk aangeduid als 'gematigd' foundationalisme. Volgens deze benadering is absolute zekerheid niet binnen ons bereik, maar is er voldoende zekerheid om ons geloof op te baseren. (Ellen G. White zou hiermee hebben ingestemd, hoewel zij termen als foundationalisme nooit heeft gehoord.)

'Gematigde' foundationalisten geven toe dat de belangrijkste dingen waarvan zij overtuigd zijn niet in alle opzichten onaantastbaar zijn voor elke denkbare vorm van twijfel, maar dat zij 'volledig aanvaardbaar zijn, tenzij er goede redenen zijn om te denken dat dit niet zo kan zijn. Zij zijn onschuldig tot het tegendeel wordt bewezen.'[21]

Veel denkers die zich met dit onderwerp hebben beziggehouden onderstrepen dat je iets als betrouwbaar mag beschouwen zolang je een betrouwbare methode hebt gevolgd om tot je conclusie te komen.[22] Als verschillende ideeën op elkaar aansluiten en een samenhangend geheel vormen heb je alle reden om dit als 'waar' te beschouwen. Maar het gaat te ver om te denken dat zo'n combinatie van een aantal 'redelijke' overtuigingen een compleet *gebouw* vormt. Een dergelijke metafoor zou een te sterke bewering zijn. Geloofsovertuigingen, zo zeggen Nancey Murphy en andere verdedigers van het 'gematigd foundationalisme', zijn verstrengeld; elk ervan wordt ondersteund door andere punten en uiteindelijk door het geheel dat zij samen vormen.[23] De Amerikaanse filosoof W.V. Quine (1908-2000) geeft de voorkeur aan het beeld van een *web*.[24] Dat beeld suggereert dat de draden op zich heel fragiel en kwetsbaar kunnen zijn, maar dat ze tezamen een stevige structuur vormen. Zo kunnen de afzonderlijke geloofspunten misschien zwakheden vertonen en betwijfelbaar zijn, maar een combinatie van overtuigingen die op elkaar aansluiten vormt een voldoende solide basis om op verder te bouwen. Alvin Plantinga (1932-) heeft de term *'warranted* beliefs' geïntroduceerd.[25] We kunnen die term misschien het beste vertalen als 'verdedigbare' of 'redelijke' geloofspunten. Hij komt tot de slotsom dat we dan misschien niet de absolute zekerheid voor ons geloof kunnen bereiken waarnaar de 'sterke' foundationalisten streven, maar dat er toch genoeg redelijke argumenten zijn en dat het voluit verdedigbaar is de punten te onderschrijven die de basis vormen voor het christelijk geloof.

Maar, zo gaat Plantinga verder, zelfs als 'de wens in zekere zin de vader is van de gedachte', dan is daarmee ons geloof niet in diskrediet gebracht. Het is namelijk helemaal niet vreemd om te veronderstellen dat onze Ontwerper-God (ervan uitgaande dat hij inderdaad bestaat) in ons de wens heeft 'ingebouwd' om in hem te geloven en zijn aanwezigheid te ervaren. 'Het is aannemelijk dat wij mensen in psychologisch opzicht zo door onze Maker zijn geconstrueerd dat, wanneer we bepaalde ervaringen doormaken... geloof in God het natuurlijke gevolg is.'[26] De grote kerkvader Augustinus (354-430) wees ons al in de juiste richting met zijn beroemde uitspraak: 'Ons hart blijft onrustig totdat het rust vindt in u, o God.'[27]

GELOOF IS MEER DAN VERSTAND

Voordat we dit aspect achter ons laten wil ik nog wel benadrukken dat niet alles wat zich als geloof aandient ook echt geloof is. Er is een soort geloof dat ongezond is en dat mensen deprimeert. Het maakt dat ze zich opgesloten voelen en het leidt tot angst en diepe onzekerheid. Het is het soort geloof dat resulteert in een onaangename arrogantie, alsof men de volle waarheid over alles in pacht heeft. Dat heeft vaak geleid tot geloofsvervolging en grote intolerantie.

Hans Küng – een rooms-katholieke theoloog, die (om het voorzichtig te zeggen) niet altijd door zijn kerk op prijs werd gesteld – beklemtoonde dat geloof in God vaak autoritair, reactionair, intolerant en kleingeestig kan zijn en tot allerlei nare dingen, en zelfs oorlogen, kan leiden. Maar er is ook een soort geloof, zegt hij, dat bevrijdend en toekomstgericht is en allerlei positieve ontwikkelingen stimuleert.[28] Dit 'bevrijdende' geloof ervaren we als een weldaad. Dat geloof moeten we (her-)ontdekken. Alleen het soort geloof dat mensen sterker maakt, dat hen innerlijk laat groeien en hen tot een beter mens maakt, is die naam waard.[29]

Er zijn mensen die over geloof in God praten alsof het iets vreemds en abnormaals is, of iets dat we gelukkig achter ons hebben gelaten. Tegen zo'n gedachte moeten we fel protesteren. We 'geloven' immers in massa's verschillende dingen. Als ik achter een aantal andere auto's aan over een smal bruggetje rijd, stop ik niet eerst om te onderzoeken of de pijlers onder de brug wel stevig genoeg zijn. De brug heeft al heel lang dienst gedaan en nog steeds gaan er dagelijks honderden auto's overheen. Ik 'geloof' beslist dat ook ik veilig aan de andere kant kom.

Ik ben nog nooit naar de Noordpool of naar de Zuidpool geweest. (Maar wie weet? Ik blijf dromen over een cruise naar de poolstreek.) Wel heb ik veel foto's gezien van mensen die de pool bereikten en daar vol trots hun nationale vlag plantten. Natuurlijk kunnen al die foto's berusten op bedrog en ergens in het Noorden van Canada of in Siberië genomen zijn, of door een handige computerfreak gefotoshopt zijn. Op ruimtefoto's heb ik kunnen zien dat de wereld een bol is met aan weerskanten twee plekken die we een 'pool' noemen. Ik twijfel er niet aan dat er mensen in zijn geslaagd die plekken te bereiken. En zo hebben we ook, als we in een bus of in een vliegtuig stappen, 'geloof' in de vaardigheden van de chauffeur of de piloot, en als we naar een restaurant gaan 'geloven' wij dat de kok ons niet zal vergiftigen.

H.C. Rümke (1893-1967), een van de beroemdste Nederlandse psychiaters van halverwege de twintigste eeuw, heeft in zijn boek over karakter en aanleg in verband met ongeloof sterke argumenten gegeven voor de stelling dat godsdienstig geloof normaal is.[30] Als we geloof omschrijven als het vertrouwen dat iets waar is, en op die basis handelen, zegt hij, moeten we erkennen dat er geen mensen bestaan zonder geloof. Ons hele bestaan is gebaseerd op dat soort vertrouwend geloof, dat veel overeenkomt met instinct of intuïtie. Godsdienstig geloof is een specifiek soort geloof. Te denken dat dit type geloof het bewijs is van een mentale stoornis of gebrek aan geestelijke volwassenheid geeft blijk van een onredelijk vooroordeel.[31]

Geloven kun je niet op één lijn stellen met iets verstandelijk aanvaarden, of met logische argumenten en bepaalde onwrikbare stellingen. Ook Plantinga's redenatie over 'verdedigbare geloofspunten' *(warranted beliefs)* blaast niet elke wolk van twijfel weg. Het geloof dat God bestaat en dat we in hem kunnen geloven (dat we hem kunnen vertrouwen), gaat verder dan wat we met ons verstand kunnen beredeneren, hoe briljant we onszelf misschien ook vinden. Het stijgt ook uit boven wat we kunnen horen, zien of voelen. De schrijver van de brief aan de Hebreeën formuleerde het zo: 'Door het geloof weten we zeker dat Gods hemelse werkelijkheid bestaat. Ook al kunnen we die nog niet zien' (11:1 BGT). Eugene Peterson parafraseert het als volgt in zijn *Message Bible:* 'Geloof is het vaste fundament onder alles wat het leven de moeite waard maakt. Het is ons handvat voor de dingen die we niet kunnen zien.'[32] Die definitie houdt niet in dat we ons verstand op nul zetten en ook niet dat Mark Twain gelijk had toen hij zei: 'Geloof is iets aannemen waarvan je zeker weet dat het niet waar is!' Geloven wil niet zeggen dat je bereid bent de wereld van magie en *science fiction* binnen te gaan, waarin alles mogelijk is.

Sceptici die aan alles willen twijfelen zullen natuurlijk blijven beweren dat geloof op een solide basis moet berusten, dat wil zeggen: op bewijzen die we met onze zintuigen kunnen controleren. Maar in de praktijk zijn sceptici vaak heel inconsequent: in heel concrete situaties volgt de scepticus, die zegt dat je nergens zeker van kunt, zijn principe niet. Wanneer zijn huis in brand staat twijfelt hij er niet aan dat het vuur echt is, maar belt hij ogenblikkelijk 112, grijpt een paar kostbaarheden en maakt dat hij zo snel mogelijk naar buiten komt.

Natuurlijk is ons verstand belangrijk. Maar waarom zouden we, als het er op aankomt, vooral vertrouwen op slechts één van de vele mogelijkheden die we hebben meegekregen? Waarom zouden we bijvoorbeeld meer op ons verstand vertrouwen dan op onze zintuiglijke waarnemingen of onze intuïtie? De keuze om uitsluitend op ons intellect af te gaan is een louter willekeurige beslissing.[33] Hans Küng is van mening dat geloof maar 'een half ding' zou zijn als het alleen tot ons verstand spreekt en niet tot onze hele persoon, met inbegrip van ons hart. Het gaat niet in de eerste plaats om theologische verklaringen of leerstellingen die door de kerk zijn geformuleerd. Geloof heeft vooral ook alles te maken met onze verbeeldingskracht en onze emoties.[34]

In God geloven is niet zonder uitdagingen, maar het is de moeite waard het te proberen.[35] Misschien denken we dat er te weinig bewijzen zijn om helemaal zeker te kunnen zijn. Maar tegelijkertijd is er wel zoveel bewijs dat we daaraan niet voorbij kunnen gaan.[36] Inderdaad, niemand heeft tot dusverre het absolute bewijs geleverd voor het bestaan van God. Maar niemand heeft ook ooit aangetoond dat God niet bestaat. In God geloven is een daad van onze gehele persoon, van het verstand en van het hart; een daad die gebaseerd is op een vertrouwen, waarvoor we goede redenen hebben, ook al zijn er dan geen onomstotelijke bewijzen.

EEN GOD OP WIE JE KUNT VERTROUWEN

We zijn nu klaar voor een volgende stap – of liever: een volgende *sprong* – in onze zoektocht naar geloof. We staan voor de belangrijke vraag of ons geloof gericht is op de *ware* God. Het christelijk geloof heeft allereerst te maken met vertrouwen in een *persoon*. Sommige mensen concentreren hun geloof op de Bijbel en maken die tot hun god. Heel wat christenen zijn in die fout vervallen. Vooral veel protestanten vereren een boek in plaats van een Persoon; hun geloof is gericht op een document in plaats van op Degene naar wie het document verwijst. Veel rooms-katholieken maken de fout dat ze hun kerk tot het centrum van hun geloof maken, in plaats van de Persoon die door de kerk moet worden verkondigd.[37] Voor sommige adventisten zijn de achtentwintig *Fundamentele Geloofspunten* het centrale punt van hun geloofsbeleving geworden. Laten we nooit vergeten dat echt geloof een relatie is van persoon tot Persoon. Al het andere komt pas daarna.

Maar dan zijn we natuurlijk toch ook weer terug bij de kardinale vraag: *Kunnen we wel in een God geloven die toestaat dat er zoveel verschrikkelijke dingen gebeuren?* Op die vraag bestaat geen eenvoudig antwoord. In feite kan geen enkel antwoord ons volledig bevredigen. Uiteindelijk kan onze reactie niet anders zijn dan dit: Als God liefde is en alles weet, dan weet hij wat hij doet. Dan moet hij zijn redenen hebben waarom hij het kwaad in de wereld (in een zekere mate) zijn gang laat gaan. Ja, hij is almachtig. Er is niets wat hij niet kan, maar hij kiest ervoor om dingen al dan niet te doen. Hij gebruikt zijn macht op zijn voor ons ondoorgrondelijke manier. Als God de God is die in de Bijbel wordt beschreven, dan is hij volmaakt in zijn wijsheid. En dan moeten we op die wijsheid vertrouwen – hoe moeilijk dat ook mag zijn wanneer we door nare dingen worden overvallen.

Er is volgens mij geen bijbelverhaal dat dit punt beter illustreert dan het verhaal van Job, de patriarch die aan het begin van het verhaal alles had wat zijn hart begeerde maar vervolgens dat allemaal kwijtraakte: zijn bezittingen, zijn huis, zijn gezondheid en zelfs zijn kinderen. Geen wonder dat die eeuwige vraag van het waarom hem op de lippen brandde. Zijn vrienden beweerden dat zij het antwoord op die vraag kenden. Zij waren ervan overtuigd dat Job een of andere vreselijke zonde had begaan en dat hij daarvoor door God werd gestraft. Job kon niet begrijpen waarom hij zo in de ellende was terechtgekomen. Zijn vrouw gaf hem de raad niet langer in God te geloven.

Er zijn wel wat merkwaardige details in dit verhaal van verliezen en weer terugkrijgen. Aan het begin is er iets in dit bijbelboek dat ik niet goed begrijp. In het eerste hoofdstuk wordt de Satan geïntroduceerd als een belangrijke speler in dit drama. Vreemd genoeg heeft hij nog steeds toegang tot de hemel en kan hij nog steeds met God in gesprek gaan. Hij zegt tegen God dat Job uit egoïstische redenen trouw is aan zijn geloof. Het resultaat van het gesprek is dat God de Satan toestemming geeft om Job op de proef te stellen – zij het dat er een grens is die hij niet mag passeren: hij moet Job in leven laten. De diepere betekenis van het verhaal over Job is ongetwijfeld dat er veel meer aspecten zijn aan het mysterie van het kwaad en het lijden dan wij kunnen zien of begrijpen. Dit oudtestamentische verhaal vertelt ons dat het kwaad een bovenmenselijke dimensie heeft en dat we daarom, als wezens met allerlei beperkingen, nooit een afdoende antwoord op de vraag van het 'waarom' zullen vinden.

Maar dan is er ook het laatste gedeelte van het boek Job. Het is een van mijn meest favoriete stukken uit de Bijbel. Het leert ons dat we God nooit precies kunnen definiëren, omdat hij de totaal Andere is – oneindig veel groter dan wij ons ooit zouden kunnen voorstellen. Wanneer Jobs vrienden eindelijk sprakeloos zijn en Job zelf ook geen uitweg ziet uit zijn dilemma, spreekt God 'vanuit een wervelwind' en antwoordt hij Job door hem een reeks intrigerende vragen te stellen:

> 'Job, hoe durf je aan mijn wijsheid te twijfelen?
> Je praat over zaken waar je niets van weet.
> Let op, ik ga je een paar vragen stellen,
> en jij moet antwoord geven.
> Laat zien wat je weet, Job!
> Waar was jij toen ik de aarde maakte?
> Vertel het maar, als je zo veel weet.
> Wie heeft de grenzen en de maten van de aarde bepaald?
> Dat weet jij vast wel!

Waarop is de aarde gebouwd?
Wie heeft de eerste steen van de aarde gelegd? ....
Heb jij het ooit licht laten worden, Job,
heb jij wel eens een dag laten beginnen?
Heb jij ooit het licht over de aarde verspreid,
het licht dat dieven op de vlucht jaagt? ...
Job, ben jij bij de bronnen van de zee geweest?
En heb jij over de bodem van de zee gewandeld?
Weet jij waar de poort is naar het land van de dood,
dat land waar het altijd donker is?
Weet jij hoe groot de wereld is?
Vertel het maar, als je zo veel weet.'
(Job 38:1-18, BGT)

Ik heb maar een paar voorbeelden geciteerd uit de lange lijst van vragen die God aan Job stelt. Job begrijpt wat God hem wil zeggen. Zijn jammerklacht verstomt. Eindelijk ziet hij de dingen in het juiste perspectief:

Toen zei Job tegen de Heer: 'Ik weet dat u alles kunt, voor u is alles mogelijk. U vroeg: 'Hoe durf je aan mijn wijsheid te twijfelen? Je praat over zaken waar je niets van weet!' U hebt gelijk, ik heb er geen verstand van. Ik praatte over dingen die ik niet begrijp. U zei: 'Luister naar wat ik te zeggen heb. Ik ga je vragen stellen en jij moet antwoord geven.' Maar ik zwijg verder. *Want vroeger kende ik u alleen uit verhalen van anderen, maar nu heb ik u zelf gezien.*'
(Job 42:1-6 BGT; cursivering toegevoegd)

Ik zal me nu niet laten verleiden tot een discussie over de vraag of alle details van het verhaal van Job historisch zijn. Ik vind het trouwens niet zo belangrijk of er ooit in patriarchale tijden een man leefde die Job heette en die precies zevenduizend schapen en geiten en drieduizend kamelen bezat en samen met zijn vrouw zeven zonen en drie dochters had. Ik maak me er niet al te veel zorgen over of we alle rampspoed die hem overkwam letterlijk moeten nemen. In elk geval lijkt het niet erg waarschijnlijk dat de vrienden met Job in dichtvorm discussieerden, zoals het boek Job dat weergeeft. Een discussie over de historiciteit kan interessant zijn, maar gaat voorbij aan de reden waarom het boek Job deel werd van de bijbelse canon. Het kwam in de Bijbel vanwege het perspectief op menselijk lijden dat we erin vinden. Het verhaal vertelt ons dat lijden tot onze aardse werkelijkheid behoort en ons gebroken en in wanhoop kan achterlaten. Verder onderstreept het dat al onze menselijke theorieën leeg blijven en tekortschieten. Als we de bombastische taal van Jobs vrienden aanhoren kunnen we niet aan die conclusie ontkomen. Maar het belangrijkste is dat het boek Job ons ervan wil overtuigen dat God het laatste woord heeft. Hij wordt aan ons getoond als Degene die we kunnen vertrouwen om wie hij is.

Ik herhaal het nog eens: Het christelijk geloof heeft allereerst te maken met vertrouwen in een persoon. We zullen moeten toegeven dat we in dit leven hier nooit zullen kunnen begrijpen waarom God niet altijd ingrijpt 'als het kwaad goede mensen treft.' Tegelijkertijd moeten we echter ook beseffen dat hij ongetwijfeld veel vaker ingrijpt dan wij merken. Het kwaad is totaal destructief en daarom danken wij het aan Gods voortdurende liefdevolle tussenkomst dat we nog steeds in leven zijn en dat we, ondanks alle ellende, van zoveel mooie dingen kunnen genieten. *Misschien is het mysterie dat er nog steeds zoveel goede dingen zijn nog wel groter dan het feit dat er zoveel kwaad is in de wereld.*

Als we God helemaal zouden kunnen begrijpen, zou hij niet langer onze God zijn, maar zouden we hem hebben tot ons niveau neergehaald. En wie heeft behoefte aan zo'n soort God?

Op dit punt aangekomen moeten we opnieuw een geloofssprong maken! Als God – zoals de christenen hem ervaren en de Bijbel hem beschrijft – inderdaad bestaat, en als de woorden van Johannes 3:16 waar zijn, dat God zijn enige Zoon gaf, dan worden we geconfronteerd met een zo immens offer dat het ons menselijk begrip ver overstijgt. Dan moeten we ons afvragen of we wel het recht hebben om aan God te twijfelen vanwege de ellendige dingen die ons persoonlijk treffen en die we overal in de wereld zien. Als het waar is dat God het liefste en kostbaarste dat hij had ter wille van ons opgaf, moeten we nog maar eens goed nadenken voordat we hem ervan beschuldigen dat hij ons niet genoeg liefde toont. Als we kunnen geloven dat God het liefste dat hij had wilde opofferen, hebben we inderdaad een solide basis om hem onvoorwaardelijk te vertrouwen.

HOE KRIJG JE GELOOF?

Nu moeten we even een stapje terugdoen en ons afvragen waar en hoe geloof ontstaat. Kan je er gewoon voor kiezen om te gaan geloven? Of kun je besluiten dat je niet gelooft? Hebben sommige mensen een bijzondere gave waardoor ze kunnen geloven? Of heeft het vooral te maken met de omgeving waarin je opgroeide en hoe je werd opgevoed? Hoe komt het dat sommige mensen proberen hun geloof kwijt te raken, maar daar nooit helemaal in slagen? Hoe komt het dat anderen jaloers kunnen zijn op mensen die geloven, maar zelf niet weten hoe ze het zouden moeten aanpakken om te gaan geloven? Dat zijn geen gemakkelijke vragen.

Zou het echter zo vreemd zijn om ervan uit te gaan dat God – als hij inderdaad bestaat en op de een of andere manier ervoor verantwoordelijk is dat ook wij bestaan – ons maakte met de mogelijkheid om te geloven? Met andere woorden: dat er iets in ons is dat 'ervaart' dat God er is en in contact met ons wil zijn en met ons wil communiceren? Noem het een zesde of zevende zintuig, of geef het een Latijnse naam, zoals Calvijn, de beroemde kerkhervormer, deed.[38] Of noem het een innerlijke zekerheid dat er een God is die om ons geeft – welke naam je het ook geeft, het is er. Maar zouden we misschien mogen zeggen dat wanneer mensen langdurig verzuimen af te stemmen op deze goddelijke aanwezigheid, hun antenne voor dit goddelijke signaal defect kan raken, zodat dit hen niet langer bereikt?

We kunnen geloof, denk ik, vergelijken met de mogelijkheid om liefde te geven en te ontvangen. Voor de meeste mensen is liefde iets natuurlijks. Vanaf hun eerste levensdagen, nog voordat ze kunnen lopen of praten, kunnen kleine kinderen reageren op de signalen van liefde van hun moeder. Wij hebben geen verklaring voor dit verbazingwekkende liefdesmechanisme. Maar het is er. Tenzij er sprake is van een persoonlijkheidsstoornis, of er tijdens onze kinderjaren of jeugd iets helemaal mis gaat, groeien we op met deze mysterieuze mogelijkheid om liefde te herkennen, te ontvangen en te geven. Je zou kunnen zeggen dat liefde een *geschenk* is dat we hebben meegekregen. Liefde is niet afhankelijk van verstandelijke argumenten, hoewel we weten dat we ons verstand er niet bij moeten uitschakelen. Toch zijn er wel gradaties in het vermogen van mensen om liefde te geven en te ontvangen. Er zijn mensen die de antenne om signalen van liefde van anderen op te vangen grotendeels zijn kwijtgeraakt en er om de een of andere reden niet langer goed op kunnen reageren. Maar dat brengt ons er niet toe om eraan te twijfelen dat liefde echt bestaat en 'normaal' is.

Het geloof – het vermogen om te geloven en voluit op God te vertrouwen en de wens meer over hem weten te komen, en over wat hij voor ons wil doen en van ons verwacht – is ook een *geschenk*. We hebben dat geschenk allemaal in meerdere of mindere mate ontvangen. Paulus, de bijbelschrijver die halverwege de eerste eeuw een reeks brieven stuurde naar enkele christengemeenten, zegt dat God vanaf het allereerste begin een besef van zijn bestaan en van zijn aanwezigheid in de mens heeft 'ingeplant'. Hij verwijst daarbij speciaal naar de natuur als een bron voor dit godsbesef: 'Want ook al kun je God niet zien, je kunt wel zien wat hij gedaan heeft. God heeft de wereld gemaakt. Zo kan iedereen die verstand heeft, Gods eeuwige macht zien, en begrijpen dat hij God is. Daarom hebben mensen die God niet eren, geen enkel excuus!' (Romeinen 1:20, BGT).

Het besef van het goddelijke is niet het resultaat van langdurig diep nadenken of het lezen van ingewikkelde filosofische boeken, of zelfs van een ijverige studie van de Bijbel, ook al hebben al deze dingen hun plaats. Het komt als een *geschenk*. En als we het zijn kwijtgeraakt kunnen we het opnieuw ontvangen. De apostel Paulus, die we zojuist citeerden, schreef aan een andere gemeente over genade en geloof als *gaven* van God (Efeziërs 2:8). Dat geschenk kan op de een of andere manier, als het ware, zomaar uit de hemel vallen. Maar als regel doen we er goed aan naar die plaatsen te gaan waar we de meeste kans hebben dat het wordt 'uitgedeeld'.

Mensen die zijn gaan geloven vertellen de meest uiteenlopende verhalen over hoe zij tot geloof zijn gekomen. Sommigen zeggen dat ze eigenlijk diep in hun hart altijd wel gelovig zijn geweest. Anderen kunnen je een exact moment noemen waarop zij voor het eerst wisten dat zij geloofden. Maar weer anderen weten niet precies wanneer dat was. Als mensen vertellen over hun weg naar het geloof, komen zij echter meestal niet met verstandelijke argumenten die hen overtuigden, hoewel deze hun geloof vaak wel grotere diepte gaven. Bijna altijd spreken mensen die beschrijven hoe en waar hun geloof begon in termen van hun zintuigen. Zij zeggen dat zij een goddelijke aanwezigheid *voelden*; ze werden overweldigd door iets dat groter was dan zijzelf bij het *kijken* naar een sterrenhemel tijdens een wolkeloze nacht. Zij hebben het over een *gevoel* van ontzag, van *geraakt zijn* in hun ziel. Zij voelden dat zij moesten bidden en beseften dat hun gebed werd *gehoord*. Enzovoort. Geloof heeft ongetwijfeld vooral een ervaringscomponent. Het heeft weliswaar te maken met ons verstand, maar allereerst ook met onze emoties.

Kunnen we *besluiten* dat we willen gaan geloven of dat we het geloof dat we ooit hadden weer willen terugkrijgen? En kunnen we ook weigeren om in God te geloven? Ik citeer Rümke nog een keer:

> De weg van het denkend tot geloof komen of willend tot het geloof komen heb ik nooit duidelijk kunnen waarnemen. Bij hen, die aangeven denkend tot de religie te zijn gekomen, blijkt telkens, dat het begrip denken zeer ruim is genomen. Soms ook geven zij bij nadere bespreking toe, dat in dit denken tussenschakels worden aangetroffen, die van gelovend vertrouwen niet zijn te onderscheiden.
>
> Bij hen, die zeggen 'willend' tot geloof te zijn gekomen, bleek mij soms, dat dit geloof niet volkomen 'echt' was of bleek, dat dit willen zelf reeds uitvloeisel van een toestand van geloof was, op andere wijze ontstaan.
>
> Dat dit geloof willend en denkend zou kunnen ontstaan is niet principieel te ontkennen. Ik kan alleen zeggen, dat ik dit nooit

heb waargenomen. Wel blijk dat 'denken' en 'willen' een belangrijke rol kunnen spelen in de verwerking van het beleefde en in de plaats, die men aan religie geeft.[39]

Het beeld van een 'geloofssprong' is heel toepasselijk. Geloof is vaak omschreven als een avontuur, als een pad opgaan zonder te weten waar dat naartoe gaat. Dat was, zo lezen we in het bijbelverhaal, het soort geloof dat Abraham had, nadat God hem had 'geroepen' om de stad waar hij woonde te verlaten, op weg naar een onbekende bestemming. Hij had niet de exacte coördinaten om zijn GPS in te stellen, zodat hij eenvoudigweg de Hebreeuwssprekende mannen- of vrouwenstem kon volgen bij elke kruising of rotonde die hij onderweg zou tegenkomen. Hij kreeg zijn reisinstructies bij heel kleine beetjes tegelijk. Het verhaal van Abraham illustreert dat geloof iets avontuurlijks heeft. Maar toch is geloof geen blinde sprong in het duister, over een kloof van onbekende breedte en diepte. Het soort dingen waarin we moeten geloven kun je niet vergelijken met de vreemde verschijnselen in de wereld van Haruki Murakami of Harry Potter. Wij mogen weliswaar niet in staat zijn ze te onderwerpen aan wetenschappelijk onderzoek in een laboratorium, maar ze maken deel uit van een 'web' van 'redelijke geloofspunten' die met elkaar een samenhangend geheel vormen.

Hoe maak je die sprong? Of, om een andere metafoor te gebruiken: Waar kun je je vervoegen voor dat 'geschenk' van het geloof? Ik kan je geen twaalf-stappen-plan geven dat je in no-time helpt om je ongeloof te verruilen voor geloof. Zo werkt het niet. Maar ik ben ervan overtuigd dat het een 'redelijk' vermoeden is dat God ons heeft uitgerust met de mogelijkheid van geloven, en dat hij klaar staat om het geschenk van het geloof opnieuw te geven aan degenen die het op de een of andere manier zijn kwijtgeraakt. Zou het echter kunnen zijn dat hij soms wacht tot een geschikt moment? Wacht hij wellicht totdat de betreffende persoon de juiste instelling heeft, openstaat voor het geschenk en het op waarde weet te schatten? Meer dan wat dan ook moeten we beseffen dat geloven vereist dat we iets van God verwachten en ervoor openstaan. Als we het geschenk willen ontvangen, moeten we onze hand uitsteken. We moeten de sprong willen wagen.

En we moeten erom bidden. Als we zijn opgehouden met bidden, moeten we weer proberen die gewoonte op te pakken. Veel mensen zullen misschien tegenwerpen: 'Gebed gaat toch niet vooraf aan geloof, maar volgt op geloof. Gelovige mensen bidden. Ongelovigen niet.' Tot op zekere hoogte klopt dat inderdaad. Wie tot geloof in God is gekomen wil communiceren met die God. Tegelijkertijd is het ook waar dat gebed in geloof kan resulteren. Als er een God is die graag wil dat wij geloven, dan ligt het ook voor de hand dat hij zelfs een simpel, stamelend gebed – 'God, geef me alstublieft geloof' – zal horen! En als we beseffen dat ons geloof nog zwak is en niet (langer) weten hoe we moeten bidden, kunnen we het korte gebed herhalen van de man die naar Jezus toekwam omdat zijn zoon dodelijk ziek was: 'Ik geloof! Kom mijn ongeloof te hulp' (Marcus 9:24).

GOD LAAT ZICH VINDEN

Bij het zien van alle wanorde en lijden in de wereld is het goede nieuws voor mensen die het moeilijk vinden in God te geloven en op hem te blijven vertrouwen, dat we onze twijfels kunnen overwinnen. Onze twijfel kan ons helpen geestelijk te groeien en volwassen, gezonde en evenwichtige gelovigen te worden. Lees maar eens een paar boeken te lezen van mensen die vertellen hoe ze God hebben gevonden. Er zijn voorbeelden te over van mensen die hun twijfels hebben overwonnen en die God voor het eerst hebben gevonden, of hem na een God-loze periode opnieuw zijn tegengekomen. Ik heb zelf veel gehad aan het boek van John M. Mulder: *Finding God.*[40] En nadenkend over de ellende in de wereld die zoveel twijfel veroorzaakt, heb ik inspiratie gevonden in het boek van C.S. Lewis over het probleem van het lijden. Wat lijden betreft bleef Lewis niet gespaard. Wat hij zei is het overdenken waard: 'Ik heb ware geestelijke schoonheid gezien bij sommige mensen die heel veel moesten lijden. Ik heb gezien hoe zij bij het verstrijken van de jaren beter en niet slechter werden en ik heb tijdens de laatste ziekte soms juweeltjes van kracht en zachtheid ontdekt bij degenen bij wie ik dat het minst verwachtte.'[41] Helaas kunnen mensen, om allerlei verschillende redenen, hun geloof verliezen. Maar het tegengestelde is ook waar. Heel veel mannen en vrouwen ontdekken het geloof (opnieuw) en zijn vervolgens in staat het een centrale plaats in hun leven te geven.

Als jij 'een gelovige aan de zijlijn' bent, geef dan je geloof niet op. God bestaat. Ook jij kunt een persoonlijke relatie met hem hebben, die je leven een nieuwe betekenis geeft. Ga opnieuw op zoek naar het geloofsgeschenk als je geloof geleidelijk aan is geërodeerd of zelfs helemaal is verdwenen. Ondanks al mijn eigen twijfels en onzekerheden geloof ik nog steeds dat dit het beste is wat een mens kan doen.

---

1   Os Guinness, *Doubt: Faith in Two Minds* (Tring, UK: Lyon Publishing, 1976), blz. 15.
2   Ibid. blz. 31.
3   Bobby Conway, op. cit., blz. 46.
4   De Tsjechische priester-schrijver Tomás Halík verwijst uitvoerig naar Thérèse van Lisieux in zijn prachtige boek *Geduld met God: Twijfel als brug tussen geloven en niet-geloven* (Zoetermeer: Boekencentrum, 2014). Zie in het bijzonder hoofdstuk 3.
5   Zie: Brian Kolodiejchuk, red., *Mother Teresa: Come Be My Light: The Private Writings of the Saint of Calcutta* (New York: Doubleday, 2007).
6   http://time.com/4126238/mother-teresas-crisis-of-faith/.
7   Paul Tillich, *Systematic Theology,* 1975, dl. 2, blz. 116.
8   *New York Times,* 3 december 1978.
9   De volledige tekst van dit lange gedicht is op veel plaatsen online te vinden. Zie bijvoorbeeld: http://www.online-literature.com/tennyson/718/.
10 Gary Parker, *The Gift of Doubt: From Crisis to Authentic Faith* (New York: Harper-Collins, Inc., 1990), blz. 69.
11 Guinness, op. cit., blz. 61 e.v.
12 Ellen G. White, *De Weg naar Christus,* blz. 105.
13 Ellen G. White, *Selected Messages,* blz. 48
14 Voor de tekst van de apocriefe 'Handelingen van Thomas', zie bijvoorbeeld: http://www.earlychristianwritings.com/text/actsthomas.html
15 Bij wat in dit hoofdstuk volgt maak ik hier en daar gebruik van twee van mijn eerdere publicaties: *Het avontuur van je leven: Op zoek naar God en jezelf* (vooral hoofdstuk 3), dat in 2006 verscheen bij Stanborough Press, Grantham, UK) en *Geloofswoorden* (Huis ter Heide: Kerkgenootschap der Zevende-dags Adventisten, 2008) , vooral hoofdstuk 2.
16 Robert C. Greer, *Mapping Postmodernism: A Survey of Christian Options* (Downers Grove, IL: InterVarsity Press, 2003), blz. 183, 184
17 Uitgegeven door Trinity Press in Harrisburg, PA in 1996.
18 Uitgegeven door Oxford University Press, Oxford/New York, in 2000.
19 *De Weg naar Christus,* blz. 105.
20 W. Jay Wood, *Epistemology: Becoming Intellectually Virtuous* (Downers Grove, IL: IVP Academic, 1998), blz. 83.
21 Ibid., blz. 99.
22 Jonathan Dancy, *Introduction to Contemporary Epistemology* (Oxford, UK: Blackwell Publishing, 1985), blz. 31-32.
23 Nancey Murphy, op. cit., blz. 94.

24 W.V. Quine en J.S. Ullian, *The Web of Belief* (New York: McGraw-Hill Inc., 1976 ed.).
25 *Warranted Christian Belief* (New York / Oxford: Oxford University Press, 2000).
26 Zie Alvin Plantinga, op. cit., blz. 192-198; W. Jay Wood, *Epistemology*, blz. 162.
27 Augustinus, *Confessions* (Londen, UK: Penguin Classics, 1961 ed.), blz. 21.
28 Hans Küng, *Credo* (London: SMC Press, transl. R.S. Pine-Coffin, 1993 ed.), blz. 14.
29 Anny Matti, *Moeite met God* (Kampen: J. H. Kok Uitgeversmaatschappij, 1991), blz. 48.
30 H.C. Rümke, *Karakter en aanleg in verband met het ongeloof* (Kampen: Kok Agora, 2003 ed.).
31 Ibid., blz. 29-34.
32 Eugene H. Peterson. *The Message: The New Testament in Contemporary Language* (Colorado Springs, CO: Navpress, 1993), blz. 471.
33 Plantinga, op. cit., blz. 217-222.
34 Küng, op. cit., blz. 7-11
35 Zo luidt de titel van Nathan Browns boek. Zie blz. 18.
36 Nathan Brown, op. cit., blz. 13.
37 Küng, op. cit., blz. 11.
38 Johannes Calvijn, een van de belangrijkste leiders van het protestantisme van de zestiende eeuw, gebruikte de term sensus divinatis, d.w.z. een innerlijk besef van een goddelijke tegenwoordigheid.
39 Rümke, op. cit., blz. 37 e.v..
40 Uitgegeven door William B. Eerdmans in Grand Rapids, MI, 2012.
41 C.S. Lewis, *The Problem of Suffering* (Londen: Collins, 1989 ed.), blz. 89.

HOOFDSTUK 7

Geloven doe je samen

Het was in 1985, een paar maanden nadat ik als 'zendeling' van de Adventkerk in Yaoundé, de hoofdstad van het West-Afrikaanse Kameroen, was gearriveerd. Ik ontdekte dat ik niet immuun bleek te zijn voor 'culture shock' na onze verhuizing naar een totaal andere cultuur met (voor mij) nieuwe gewoontes en regels, het wennen aan een nieuwe baan en aan het warme, vochtige klimaat, terwijl ook het communiceren in het Frans een enorme uitdaging vormde. Maar waarschijnlijk was mijn grootste probleem dat ik naar Afrika was gekomen met een nogal naïeve, romantische kijk op de kerk in dit deel van de wereld. Ik dacht dat ik de materialistische wereld van West-Europa achter mij had gelaten op het moment dat ons vliegtuig zich losmaakte van de startbaan op Schiphol. Maar ik had mij deerlijk vergist. In Afrika – en dat geldt nadrukkelijk ook voor de kerk – gebeurt er niets zonder dat er geld aan te pas komt.

Ik kwam er al heel snel achter dat weigeren iets extra's te betalen (het geven van een 'petit cadeau' – een klein geschenk) eigenlijk geen optie was als je iets gedaan wilde krijgen. En niet veel later ontdekte ik dat (destijds) corruptie ook endemisch was in de Adventkerk. Een van de leiders in het nationale kantoor van de kerk besteedde een flink deel van zijn tijd aan een uitgebreide, maar zeer dubieuze, import van tweedehands auto's. Een andere leidinggevende persoon had zich een (zelfs naar westerse maatstaven gemeten) groot bedrag toegeëigend. Hij werd niet ontslagen maar kreeg aan andere baan. Hij werd docent ethiek aan het instituut van de kerk dat predikanten opleidde. (Nee, dit verzin ik niet!)

Het was dus misschien niet zo vreemd dat ik op een gegeven moment wat gedeprimeerd raakte. Op een middag moest ik voor een boodschap naar het centrum van de stad. Ik besloot even voor koffie te stoppen bij een van de cafés op de Boulevard Kennedy – de belangrijkste winkelstraat in Yaoundé. De ober had mijn *grand café noir* nog maar net gebracht toen ik werd gegroet door een zendeling van een andere kerk, die ik inmiddels een paar keer had ontmoet. Ik nodigde hem uit aan mijn tafeltje te komen zitten. Toen hij me vroeg hoe ik het maakte, kon ik het niet laten hem het een en ander te vertellen over wat mij bezighield. Ik zei hem dat ik nogal teleurgesteld was vanwege allerlei dingen die ik in mijn kerk was tegengekomen. Zijn antwoord verraste mij. 'O,' zei hij, 'ik ben al heel wat jaartjes in Kameroen en ik ben tamelijk goed op de hoogte van wat er zoal in jullie kerk gebeurt. Maar als je mocht denken dat het er in de Adventkerk soms vreemd aan toe gaat, laat me je dan vertellen dat het in mijn kerk nog veel erger is. De leider van mijn kerk exploiteert een bordeel!' Deze openhartige opmerking deed mij goed! Mijn eigen kerk mocht dan gebreken hebben, maar die waren minder erg dan elders!

Ik zou heel wat verhalen over kerkelijke wantoestanden kunnen vertellen. Je kunt onmogelijk meer dan veertig jaar voor de kerk werken en lid zijn van allerlei besturen, zonder van tijd tot tijd over allerlei afkeurenswaardige situaties te horen. Maar ik kan niet beweren dat ik zelf altijd mijn werk op volmaakte wijze heb gedaan. Achteraf heb ik ook wel eens spijt gehad van bepaalde onverstandige beslissingen bij het leiden van de instellingen die onder mijn hoede waren, waardoor mensen soms werden beschadigd en de kerk werd geschaad. En daaraan kan ik toevoegen dat ik persoonlijk ook wel eens slachtoffer ben geworden van bepaalde activiteiten van kerkleden en soms van allerlei dingen ben beschuldigd. Men heeft zelfs wel eens gesuggereerd dat ik een Jezuïet zou zijn die in de Adventkerk is geïnfiltreerd.

Ik besef dat veel 'gelovigen aan de zijlijn' heel wat ergere verhalen zouden kunnen vertellen over hoe zij door een kerkelijke organisatie of door kerkleden zijn behandeld – verhalen die je de rillingen over je rug bezorgen. Soms is er sprake van grof onrecht of van gemene roddel, discriminatie of intolerantie, of is men onverschillig en respectloos behandeld. In hoofdstuk twee zagen we hoe de christelijke kerk er vaak niet in is geslaagd te voldoen aan de verwachtingen van de mensen en stonden we stil bij de belangrijkste redenen waarom mensen in drommen de georganiseerde godsdienst de rug hebben toegekeerd. In hoofdstuk drie concludeerden we dat de Adventkerk een regelrechte crisis doormaakt vanwege veel van dezelfde redenen als de christenheid in het algemeen. Maar ondanks dat alles – en ondanks een aantal vervelende persoonlijke ervaringen – wil ik bij mijn kerk blijven. En in dit hoofdstuk wil ik alle adventistische 'gelovigen aan de zijlijn' uitdagen om samen met mij lid te blijven van de Adventkerk, of ernaar toe terug te keren. Want ik geloof dat het de moeite waard is, ook al is het niet altijd gemakkelijk.

HEBBEN WIJ DE KERK NODIG?

Vaak horen we mensen zeggen: 'Ik geloof in God, maar daar heb ik geen kerk bij nodig. Geloof is immers een persoonlijke relatie tussen God en mij en ook zonder een kerk kan ik met God in contact blijven.' Dat is tot op zekere hoogte natuurlijk waar. Ik ken mensen die volledig geïsoleerd waren van medegelovigen maar toch hun geloof vasthielden. Ik denk bijvoorbeeld een Meropi Gija. Zij overleed in 2001 op 97-jarige leeftijd. Ik had het voorrecht haar tijdens een van mijn talrijke bezoeken aan Albanië te leren kennen. Dat was in de periode dat ik in het regionale kantoor van de Adventkerk in Engeland werkte dat destijds de zorg had over het kerkelijk werk in achtendertig landen. Albanië was een van die landen. Ik zorgde ervoor dat Meropi een speciale gast was tijdens het wereldcongres van de kerk in 1995 in Utrecht.

Meropi had met het adventisme kennis gemaakt via een Amerikaanse zendeling die korte tijd in Albanië had gewerkt (en die gevangen was genomen en als martelaar voor zijn geloof stierf) kort voordat het land van de rest van de wereld werd afgesneden en geregeerd zou gaan worden door een wrede communistische dictator, die elke vorm van godsdienst in zijn land verbood. Zelfs het bezit van een bijbel was levensgevaarlijk. Bijna vijftig jaar lang was Meropi haar geloof trouw gebleven en las zij in het geheim in haar Bijbel die zij steeds zorgvuldig verstopte. Zij had één grote wens: dat zij ooit gedoopt zou worden en dat er een Adventkerk in Albanië zou komen, waar zij samen met andere Adventgelovigen God zou kunnen aanbidden. Terwijl zij daarop wachtte, spaarde zij steeds haar tienden op in een blikken trommeltje. Dat stond onder haar bed. De eerste vertegenwoordigers van de kerk die na de val van dictator Enver Hoxha Albanië bezochten vonden Meropi, die hen meteen haar tienden overhandigde. Meropi is voor mij het onweerlegbare bewijs dat je een gelovige kunt zijn zonder dat je de steun hebt van een kerk. Maar toch ben ik er vast van overtuigd dat, onder normale omstandigheden, geloof in God en bij een geloofsgemeenschap horen hand in hand gaan. Er is overvloedig bewijs dat gebrek aan contact met een geloofsgemeenschap vaak leidt tot een verzwakking, of zelfs het verdwijnen van iemands geloof.

Als je gelooft dat God bestaat en als je een relatie met hem wilt onderhouden, zijn er volgens mij tenminste zeven redenen waarom het belangrijk is om bij een kerk te horen.

1. Wij zijn geschapen als sociale wezens, 'gemaakt' om samen te zijn met anderen en dingen gezamenlijk te doen
Tegenwoordig zien we een sterke tendens dat mensen dingen alleen willen doen. Heb je gemerkt hoeveel jonge mensen ervoor kiezen alleen te blijven en alleen te wonen? Van de zeventien miljoen Nederlanders wonen 2,7 miljoen alleen. Maar zelfs als we een woning met een ander delen, doen we veel dingen alleen. Denk bijvoorbeeld maar aan de hoeveelheid tijd die jonge (en niet zo jonge) mensen doorbrengen voor hun computerscherm of met hun *play station* of *smartphone*. We leven overduidelijk in een tijd die gekenmerkt wordt door individualisme.

Maar daar staat tegenover dat de meeste mensen op gezette tijden ook samen willen zijn met anderen. Zij bezoeken massa-evenementen; zij zijn gek op muziekfestivals en voetbalwedstrijden, waar ze iets samen met duizenden anderen kunnen beleven. En zij willen via de sociale media contact maken met anderen. Honderden 'vrienden' op Facebook hebben is heel gewoon en zelfs meer dan duizend is niet bijzonder.

Christenen moeten zoeken naar evenwicht. Zij hebben soms tijd nodig om alleen te zijn en zo hun geloof te voeden. Tegelijkertijd is het natuurlijk om dat geloof, dat zo'n belangrijk deel uitmaakt van je leven, samen met anderen vorm te geven. De kerk is de plek waar dit samenzijn met andere gelovigen plaatsvindt.

2. Wij hebben de steun van anderen nodig

Dat is een vaststaand feit. Vooral op momenten dat we voor lastige uitdagingen staan of geconfronteerd worden met grote problemen hebben we de steun van anderen nodig. Heb je ooit geprobeerd om in je eentje gewicht te verliezen? Waarom zouden miljoenen mensen overal ter wereld zich aansluiten bij de *Weight Watchers* of soortgelijke organisaties? Waarom zijn er zoveel verenigingen voor mensen met een of andere lichamelijke handicap? En waarom zijn er zoveel patiëntenverenigingen voor mensen die aan diabetes, kanker, COPD of andere aandoeningen lijden? Het helpt mensen als zij contact hebben met anderen in soortgelijke omstandigheden, vooral als er sprake is van een crisis. We hebben immers allemaal bemoediging en steun nodig. Samen hebben we een betere kans van slagen om door een moeilijke periode heen te komen.

In het verleden organiseerde de Adventkerk vaak zogenaamde 'vijf-dagen-plannen' om mensen te helpen hun rookverslaving te overwinnen. De kerk begon met deze baanbrekende activiteiten in een tijd dat nog maar weinig organisaties zich zorgen maakten over de gevaren van het roken. Deze 'vijf-dagen-plannen' waren succesvol omdat de inspanningen van de individuele deelnemers werden ondersteund door de groep. De mensen die graag met roken wilden stoppen stonden samen voor dezelfde uitdaging.

Een jaar of vijftien geleden deed ik mee aan de 'Nijmeegse vierdaagse'. Gezien mijn leeftijd mocht ik 40 kilometer, in plaats van 50 kilometer, per dag lopen. Tot verbazing van velen lukte het mij de 160 kilometer zonder problemen (zelfs zonder een enkele blaar) te voltooien. Maar ik betwijfel sterk of ik dat alleen had kunnen doen. Waarschijnlijk zou ik dan na 'de dag van de zeven heuvels' – zo niet eerder – zijn afgehaakt. Maar ik bleef doorgaan, samen met mijn drie collega's. Samen bereikten we alle vier de finish.

Ik geloof dat we als regel ook de steun van andere mensen nodig hebben om geestelijk op de been te blijven. En andere mensen moeten wat dat betreft ook op ons kunnen rekenen. Het is zoals iemand schreef: 'Religie is een teamsport.'[1] Geloven doe je samen!

3. Wij vullen elkaar aan

Al onze lichaamsdelen hebben hun eigen specifieke functie. Toen ik rond de veertig was kreeg ik soms de opmerking dat ik een workaholic was. Daar zat zeker een kern van waarheid in. Maar als ik mij al zorgen maakte over mijn gezondheid dan was het vooral over mijn hart. Soms zeiden mensen tegen me: 'Je moet het wat kalmer aan doen, anders krijg je vandaag of morgen een hartinfarct.' In de loop van de jaren ben ik er echter pijnlijk aan herinnerd dat ik ook andere organen heb, zoals een galblaas en een prostaat, die ernstige problemen kunnen opleveren. Ons lijf functioneert niet zoals het moet als een of ander vitaal orgaan het laat afweten.

Zo is het ook met het 'lichaam van Christus'. De Bijbel gebruikt een uitgebreide reeks metaforen om te omschrijven wat de kerk is en wat zij doet. De beeldspraak van de kerk als 'lichaam' spreekt mij nog het meeste aan. Of we ons al dan niet 'aan de zijlijn' van de kerk bevinden, we hebben allemaal bepaalde gaven en talenten. Tegelijkertijd missen we ook allemaal sommige vaardigheden en mogelijkheden. Dat betekent dat ik dus nooit kan zeggen dat de kerk net zo goed kan functioneren *zonder* mij als *met* mij. Dat is simpelweg niet zo. Wij zijn allemaal onmisbaar, omdat we elkaar aanvullen. Op zichzelf genomen is dat misschien geen argument dat belangrijk genoeg is om ons bij de kerk te houden of ons terug te brengen naar de kerk, maar het is toch de moeite van het overdenken meer dan waard.

4. Dingen samen doen geeft vreugde en voldoening

De meeste mensen vinden het fijn om bijzondere gebeurtenissen samen met anderen te vieren – met familie, vrienden en collega's. Ze vinden het samen vieren van een huwelijksjubileum, een flinke promotie, een reünie of een verjaardag belangrijk. Ik geniet altijd van televisieuitzendingen van de 'last night of the proms' in de Royal Albert Hall in Londen. Het doet iets met me als ik het enthousiasme zie en de energie die het uitstraalt, als alle mensen in de reusachtige zaal samen *Land of hope and glory – mother of the free* zingen.

Natuurlijk kun je ook thuis zingen terwijl je onder de douche staat. Je kunt bidden terwijl je onderweg bent in je auto naar je werk en je kunt met een vriend via je (handsfree) mobieltje over je problemen praten. Maar samen zingen, samen bidden, samen dingen bepraten, van elkaars gezelschap te genieten en elkaar troosten in geval van verdriet – dat alles geeft een extra dimensie aan het leven van een christen. De kerk is de uitgelezen plek voor dit alles.

5. Sommige zegeningen kun je alleen in de kerk ervaren
Voor sommige activiteiten heb je als christen het gezelschap van anderen niet nodig. Je kunt elke dag van de week, als je even tijd hebt, in je bijbel lezen. Wie graag mediteert kan een plek en een tijdstip kiezen waarop hij in alle rust alleen kan zijn. Maar er zijn ook gelegenheden waarbij je samen moet zijn met anderen. De doop is daarvan een treffend voorbeeld. Door de doop geeft iemand aan dat in hij Jezus Christus gelooft en zich aan hem wil wijden. Door gedoopt te worden bezegelen wij onze beslissing om ons vertrouwen op God te stellen en volgens de christelijke normen en waarden te leven. Maar in het Nieuwe Testament wordt de doop bovendien gekoppeld aan het willen behoren tot een geloofsgemeenschap. De apostel Paulus zei dat we door de doop deel worden van één lichaam (1 Korintiërs 12:13). Het is een ervaring met een diepe betekenis voor ons innerlijk leven, maar onze doop verbindt ons ook met de andere gelovigen in de kerk.

Een van de hoogtepunten in het kerkelijk leven is de viering van het avondmaal. Rooms-katholieken en leden van sommige andere kerken spreken van de mis of de eucharistie. Er zijn grote verschillen in theologische opvattingen over het avondmaal of de eucharistie. Voor sommigen is het een soort herhaling van het offer van Christus, terwijl anderen het als strikt symbolisch zien. De meeste protestanten – waaronder de adventisten – geloven niet dat sacramenten, zoals het avondmaal, magische kracht hebben. Maar over het algemeen zegt bijna iedereen die aan een avondmaalsviering deelneemt dat het grote betekenis voor hen heeft. Misschien kunnen zij niet precies aangeven wat het eten van een stukje brood en het drinken van een klein slokje wijn zo betekenisvol maakt, maar op de een of andere manier ervaren zij dat het hen sterkt en nieuwe moed geeft voor hun geloofspelgrimage.

Natuurlijk kun je over Christus' offer nadenken tijdens een wandeling langs het strand. Of je kunt thuis het evangelieverhaal lezen van de laatste week van Jezus' leven of naar Bachs *Matthäus Passion* luisteren. Maar samen avondmaal vieren is een van de grootste zegeningen die je krijgt als je bij een geloofsgemeenschap hoort.

6. Wij hebben de kerk nodig om geestelijk te kunnen groeien
Als we fysiek gezond willen blijven moeten we ervoor zorgen dat we goed blijven eten. Ook voor ons geestelijk welzijn moeten we ons 'voeden'. Terugkeren vanuit de 'zijlijn' van de kerk vereist bepaalde initiatieven die aan kracht winnen als je ze samen met anderen onderneemt. We kunnen een nieuwe visie ontwikkelen, geestelijk groeien en onze twijfels onder ogen zien als we luisteren naar de prediking van Gods Woord, samen de Bijbel lezen en samen met anderen de eredienst beleven.

Je hoort vaak zeggen dat de preek een volledig achterhaald communicatiemodel is. Waarom zou een groep mensen passief luisteren naar wat één man of vrouw te zeggen heeft. Zelfs als de spreker zich goed heeft voorbereid en bovengemiddeld welsprekend is, scoort de preek niet hoog op de schaal van waardering van een groot percentage kerkgangers. Toch geloof ik dat de preek meer is dan een monoloog van zo'n dertig minuten of een toespraak over een godsdienstig onderwerp. Wanneer het Woord van God wordt 'verkondigd' als deel van een eredienst krijgt wat wordt gezegd een extra waarde. Door de eeuwen heen hebben kerkgangers ervaren dat zij in de woorden van de spreker het Woord van God kunnen horen. Naar een preek luisteren wil ook zeggen dat we ons openstellen voor de taal van het geloof (zoals we in het vorige hoofdstuk bespraken). Als we dat doen met een open hart en een open geest kan dat veel voor ons betekenen.

7. *Ten slotte: Christenen hebben de opdracht het evangelie aan de wereld te brengen*
Als het waar is dat God bestaat en als we geloven dat God zijn oneindige liefde aan ons heeft getoond door zijn Zoon Christus voor ons op te offeren, is niets belangrijker dan dit goede nieuws aan zoveel mogelijk mensen door te geven. De bijbelse term voor dit soort communicatie is 'getuigen'. Dat moet uiteraard allereerst gebeuren op individuele basis. Christenen moeten de overtuiging en de moed hebben om anderen om hen heen over hun geloof te vertellen. Maar de evangelieopdracht houdt meer in dan dat. Het is ook een collectieve onderneming, waarbij organisatie, strategieën, gebouwen en menselijke inspanning nodig zijn. Dat is een van de belangrijkste redenen voor het bestaan van de kerk, namelijk het verbreiden van de kennis over God, en iedereen zo effectief mogelijk vertellen wat God voor ons doet. Niemand die zelf in het goede nieuws van het evangelie gelooft kan dit cruciale aspect van wat het betekent een gelovige te zijn over het hoofd zien.

WAAR IS DE GELOOFSGEMEENSCHAP WAAR IK BIJ ZOU WILLEN HOREN?

Wie dit leest zal misschien zeggen: Alles goed en wel, maar dit gaat mij een beetje te snel. Wat je hebt gezegd zou me kunnen aanspreken als ik een kerk zou kunnen vinden waar ik al die mooie dingen die je noemde zou kunnen ervaren. Maar zelfs als zij hun geloof in God niet zijn kwijtgeraakt of het opnieuw hebben gevonden, voelen veel 'gelovigen aan de zijlijn' niet veel meer voor georganiseerde vormen van godsdienstigheid en hebben zij niet (of niet langer) veel op met hun kerk. Dit heeft in de meeste christelijke kerkgenootschappen, de Adventkerk niet uitgezonderd, tot een massale uittocht geleid en voor crisistoestanden gezorgd. Maar onder de 'geloven aan de zijlijn' bevinden zich toch nog steeds veel mannen en vrouwen die graag zouden willen horen bij een geloofsgemeenschap waar zij zich thuis zouden kunnen voelen. Konden zij maar zo'n plek vinden die een echt geestelijk huis voor hen zou zijn!

Velen zijn totaal gefrustreerd geraakt door wat zij in hun plaatselijke gemeente hebben meegemaakt en door wat zij zoal in hun kerkgenootschap hebben gezien. Zij hebben schoon genoeg van de kleingeestigheid die zij steeds weer hebben ontmoet. Zij hadden niet het idee dat zij door het leven en de activiteiten in hun kerkelijke gemeente geestelijk konden groeien. Veel van wat er gebeurde ervoeren zij als oppervlakkig en niet relevant. Zij voelden niet de vreugde en voldoening die het kerklidmaatschap beloofde en hebben niet de geestelijke steun ervaren waarover we enkele bladzijden eerder in hooggestemde bewoordingen spraken. Is het dan, dit alles in beschouwing genomen, wel de moeite waard om de band met de kerk, met name de Adventkerk, weer aan te halen? Belooft het voldoende om daar veel energie in te steken?

Een deel van het antwoord op deze vragen heeft te maken met een juist begrip van het woord 'kerk'. Wij gebruiken het op een aantal verschillende manieren. Soms staat het woord voor godsdienst in het algemeen, bijvoorbeeld als we het hebben over de verhouding tussen 'kerk' en 'staat'. Ook gebruiken we het woord kerk vaak voor een gebouw: een majestueuze kathedraal of een klein dorpskerkje en alles daartussen in. Soms heeft het woord kerk de betekenis van kerkgenootschap. Katholieken, lutheranen, baptisten en adventisten verwijzen allemaal naar 'mijn kerk'. In andere gevallen wordt de kerkelijke organisatie bedoeld. Zo gebruik ik het woord als ik zeg dat ik hoop dat 'de kerk' mij elke maand mijn pensioen zal blijven sturen. Het begrip 'onzichtbare kerk' kan verwijzen naar alle christenen in alle tijden. In de Bijbel wordt het woord 'kerk' echter in de meeste gevallen gebruikt voor de 'zichtbare' groep christenen in een bepaalde stad of streek. In het Nieuwe Testament is de kerk allereerst de kerk in Rome, in Korinte, in Efeze of in de streek Galatië.

Hoewel het Nieuwe Testament erkent dat er een band bestaat tussen plaatselijke gemeenten en dat er bij deze gemeenten een besef van eenheid en solidariteit moet zijn; en hoewel we lezen over overleg tussen vertegenwoordigers van verschillende gemeenten en van personen (met name de apostelen) die naar de verspreid liggende gemeenten reizen en daar steun en raad bieden, *is de kerk allereerst de plaatselijke gemeente.* Dit uitgangspunt geldt nu nog evenzeer als toen. Ik ontken zeker niet dat overkoepelende organisaties nodig zijn en dat organisatorische structuren, met regels en afspraken, onvermijdelijk zijn. Maar we moeten nooit denken dat deze 'hogere' bestuurslichamen de essentie van de kerk vormen. We moeten heel duidelijk beseffen dat de Adventkerk niet gelijkstaat aan de Generale Conferentie of de organisatorische structuur op het niveau van divisie, unie of conferentie; en dat de belangrijkste bijeenkomst voor de kerkleden niet het vijfjaarlijkse wereldcongres is. De voornaamste bouwsteen van de kerk is de plaatselijke gemeente en de belangrijkste bijeenkomst is de eredienst op sabbatmorgen, wanneer een groep gelovigen samenkomt om zich tot God te richten.

Dit betekent dat wat in de kerk wereldwijd gebeurt weliswaar belangrijk is en reden kan zijn tot grote zorg, maar dat het niet ons grootste probleem mag zijn. Ik moet mijzelf er ook steeds bij bepalen dat mijn kerk niet het kantoor in Silver Spring is, vlakbij de Amerikaanse hoofdstad Washington, en dat mijn kerk niet allereerst een internationale organisatie is. *Mijn kerk is eerst en vooral mijn plaatselijke gemeente.*

De internationale of nationale kerkstructuur is geen goddelijke instelling. Nergens in de Bijbel horen we van een Generale Conferentie, of van unies en conferenties, van benoemingscomités of een kerkelijk handboek of andere regelgeving. We lezen over apostelen, oudsten en leraars, maar niet over voorzitters en afdelingsleiders. Al die dingen die deel zijn van de kerkelijke structuur zijn secundair en zijn menselijke bedenksels. De adventistische bestuursstructuur is een combinatie van elementen die de leiders van het eerste uur 'leenden' van de kerken waarvan zij lid waren geweest. Naarmate de kerk zich verder ontwikkelde werd dit de basis voor een bestuursstructuur die voor een nauwe onderlinge band tussen de gemeenten moest zorgen en de leden moest helpen bij het uitvoeren van hun zendingstaak. Ik zou zeker niet alle organisatorische structuren willen opdoeken, maar dit alles betekent wel dat ik me toch tamelijk onbezwaard kan voelen als ik het soms oneens ben met dingen die zich op de verschillende bestuurlijke niveaus afspelen.

Ik ben lid van mijn plaatselijke gemeente. Mijn eerste loyaliteit geldt de gemeente waarvan ik deel uitmaak. Daarom is mijn belangrijkste zorg of mijn plaatselijke gemeente een plek is waar ik God, samen met anderen, kan ontmoeten en waar ik mij geestelijk thuis voel. Is de atmosfeer er zo, dat het mij geestelijk, emotioneel, sociaal en verstandelijk goed doet? Is het een plaats waar ik zelf mag denken, waar ik mijn twijfels mag hebben en met anderen van mening mag verschillen? Is het een plek waar ik met mijn specifieke gaven en talenten een bijdrage kan leveren?

WAT DOE IK ALS MIJN KERK MINDER DAN IDEAAL IS?

Sommige mensen treffen het. Zij vinden een gemeente die bij hen past. Maar dat geldt niet voor iedereen en voor veel 'gelovigen aan de zijlijn' is dat een probleem. Zij hebben in veel gevallen genoeg van de gemeente waarvan zij lid waren en zijn vertrokken omdat de sfeer daar nogal intolerant was. Als zij teveel vragen stelden vond men dat onplezierig en zij ondervonden weerstand als zij iets zeiden dat op gespannen voet stond met de officiële adventistische leer. Er waren maar weinig, of geen, mensen met wie ze een goed gesprek konden hebben over dingen die voor hen problematisch waren, terwijl de kerkdiensten hen vaak weinig te bieden hadden voor hun leven van alledag. Zij hadden schoon genoeg van het steeds maar weer opdissen van ideeën uit de negentiende eeuw en van twistgesprekken over theologische details. En ze kunnen niet overweg met mensen die altijd alles weten, omdat 'de Bijbel het zegt', en die precies weten hoe wat zij in de Bijbel lezen moet worden uitgelegd. Het ligt dan ook voor de hand dat zij zich afvragen hoe zij in de kerk kunnen overleven. Hoe kunnen zij een relatie met een dergelijke gemeente, die gekenmerkt wordt door legalisme en fundamentalisme, opbouwen of herstellen?

Wij moeten beseffen dat geen enkele kerkgemeenschap – geen enkele plaatselijke gemeente – volmaakt is. Dat is vanwege het simpele feit dat zo'n gemeenschap altijd bestaat uit onvolmaakte mensen. (Zodra mensen beweren dat ze volmaakt zijn liggen problemen en intolerantie altijd op de loer. Dat moet alle alarmsignalen doen afgaan.) Onlangs las ik de eerste brief van Paulus aan de Korintiërs nog eens. Het trof me misschien meer dan ooit tevoren hoe goed het is om een bijbelboek in zijn geheel te lezen, zo mogelijk achter elkaar (hoewel dat misschien bij omvangrijke bijbelboeken als de Psalmen of

Ezechiël praktisch onmogelijk is). Maar het lezen van 1 Korintiërs kost hoogstens twee uur. Het is voluit de moeite waard.

De apostel had nogal wat negatieve dingen te zeggen over de kerkleden in Korinte. Er heerste grote verdeeldheid in die gemeente. Verschillende groepen volgden elk hun favoriete leider (1:11, 12). Maar er waren nog meer problemen. Paulus had gehoord van immorele praktijken die zelfs in 'de wereld' niet voorkwamen, maar onder de kerkleden gemeengoed waren geworden (5:1). Gemeenteleden die ruzie met elkaar hadden sleepten elkaar voor de rechter (6:1). Daarnaast werden de kerkdiensten ernstig verstoord (11) en weken sommigen op een ernstige manier af van cruciale christelijke geloofspunten. Zo waren er bijvoorbeeld kerkleden die ontkenden dat er een opstanding uit de dood zal zijn (15:12).

Na de zestien (meest korte) hoofdstukken van 1 Korintiërs weer eens te hebben gelezen kwam ik tot de conclusie: Gelukkig is de situatie in de meeste plaatselijke gemeenten die ik ken niet zo dramatisch als in Korinte! Maar na de hele brief te hebben gelezen is het goed terug te gaan naar het eerste hoofdstuk waar we lezen:

> 'Ik dank mijn God steeds, omdat hij zo goed voor jullie is. Hij heeft ervoor gezorgd dat jullie in Jezus Christus gingen geloven. Dankzij Jezus Christus hebben jullie veel bijzondere krachten van de heilige Geest gekregen. Want jullie spreken de woorden van de Geest, en jullie hebben bijzondere kennis. Daaraan is te zien hoe sterk jullie geloven in het goede nieuws over Jezus Christus. Jullie kunnen op God vertrouwen. Hij heeft jullie uitgekozen om met elkaar een eenheid te vormen. Samen zijn jullie de kerk van zijn Zoon, onze Heer Jezus Christus. (1:4-9, BGT).

Ondanks alle dingen die verkeerd waren, zag Paulus de gemeente in Korinte toch als de kerk van Christus en was hij dankbaar voor de gaven die God aan alle leden had geschonken. Wanneer wij dit lezen kunnen we niet anders dan positief en optimistisch zijn over onze plaatselijke gemeente en zullen we niet te snel wanhopen, zelfs als we tegen situaties aanlopen waarmee we erg veel moeite hebben!

Misschien hebben degenen die hun plaatselijke gemeente niet meer zien zitten, of bijna op dat punt zijn aangekomen, niet voldoende gekeken naar de goede dingen die je ook altijd in een gemeente kunt vinden. Zelfs in een gemeente met een aantal extreme elementen en met een wettische en fundamentalistische sfeer zijn er altijd ook aardige en theologisch meer evenwichtige mensen. Alleen zijn ze gewoonlijk minder vocaal dan de groep die denkt 'de waarheid' te bezitten.

We moeten daarbij ook onder ogen zien dat we zelf niet honderd procent volmaakt zijn. Misschien zijn we te ongeduldig en missen we de nodige tact. Misschien zijn we er ook te lang aan gewend geraakt om 'aan de zijlijn' te staan – en hebben we niet genoeg ons best gedaan zelf een bijdrage te leveren aan een gezonde en plezierige gemeente. Daarnaast is het heel goed mogelijk dat we gewoon te veel van onze gemeente verwachten en dat het tijd wordt het uiterste te doen om onze frustraties te boven te komen – hoe gerechtvaardigd sommige van onze klachten ook mogen zijn.

NAAR WELKE KERK?

Ik besef dat deze argumenten voor veel lezers misschien nogal hol en weinig overtuigend klinken. Zij hebben geprobeerd positief te zijn ten opzichte van hun kerk. Zij hebben lange tijd hun schouders opgehaald bij alle negatieve commentaren wanneer zij 'lastige' vragen stelden; zij hebben de kerkdiensten verdragen ook al werden ze er geestelijk niet door gevoed. Maar er is een punt gekomen waarop het niet meer lukt.

Ik ga bijna elke week naar de kerk. Meestal preek ik zelf, maar soms luister ik naar een andere spreker. Als ik heel af en toe eens een kerkdienst mis houd ik daar gewoonlijk gemengde gevoelens aan over. Het kan plezierig zijn, vooral na een drukke week, om een keer te relaxen met een goed boek of een stevige wandeling. Maar toch heb ik in dat geval vaak het gevoel dat mijn sabbatervaring niet compleet was, omdat ik niet naar de kerk ben geweest. Toch moet ik ook erkennen dat ik soms in gemeenten kom die maken dat ik mijzelf afvraag: Als deze gemeente mijn enige keus was, zou ik het dan kunnen opbrengen om er elke week naartoe te gaan? Zou ik dat dan week in week uit, en maand na maand, kunnen volhouden? Soms kan ik de mensen wel begrijpen die op een gegeven moment hebben gezegd: 'Genoeg is genoeg!'

In het nog niet zo verre verleden hadden maar weinig mensen in Nederland een auto. De meesten liepen of fietsten naar de kerk of waren afhankelijk van openbaar vervoer. Het was het gemakkelijkst om naar de dichtstbijzijnde gemeente te gaan, ongeachte grootte of samenstelling. De grote kerkgenootschappen in Nederland kenden het 'parochie'-systeem' – je was automatisch lid van de gemeente in de stadswijk of het dorp waar je woonde. Het was moeilijk, of zelfs onmogelijk, je lidmaatschap te verhuizen naar een andere plaats als waar je woonde. Deze traditie had ook invloed op mensen die adventist werden. Je ging als vanzelfsprekend naar de gemeente die het dichtst bij je woonplaats was. Maar dat is vandaag de dag heel anders. Mensen 'proberen' diverse gemeenten uit om te ontdekken waar zij zich het meeste thuis zullen voelen. Vaak is de uiteindelijke keuze van de gemeente waarvan zij lid willen worden vooral afhankelijk van de algemene atmosfeer, de muziek, de predikant, de activiteiten voor de kinderen of zelfs de parkeermogelijkheden.

Zelf denk ik dat het, als regel, verstandig is een gemeente te kiezen die niet al te ver af is van de plek waar je woont. Dat maakt het gemakkelijker ook actief deel te nemen aan activiteiten naast die op de sabbat. Maar deze geografische nabijheid kan een te hoge prijs zijn als dat betekent dat je deel wordt van een gemeente waar je nauwelijks kunt ademen en waar je je bijna voelt als een buitenaards wezen. Mogelijk zijn er adventistische 'gelovigen aan de zijlijn' die dan maar liever, desnoods op zondag, naar een andere kerk gaan. Als ik ergens woonde waar binnen een straal van circa 100 of 150 kilometer geen sabbatvierende kerk is, zou ik misschien besluiten op zondag naar de kerk te gaan. Ik heb namelijk een diep-verankerde behoefte om samen met andere mensen de eredienst te beleven. Maar dat zou een noodsprong voor mij zijn, want ik ben een overtuigd *zevende-dags* adventist. En ik zou er bij alle adventisten 'aan de zijlijn' op aan willen dringen deel uit te maken van een *adventistische* gemeente.

Als er opties zijn, bezoek dan een aantal verschillende gemeenten en kijk waar je je het meeste thuis voelt en waar je denkt dat je geestelijk het meest aan je trekken komt. Dat betekent dan misschien dat je één of meer gemeenten voorbijrijdt, maar dat is beter dan geen kerk te bezoeken of ergens heen te gaan waar de dienst je weinig zegt. De meesten van ons hebben tegenwoordig een eigen auto en vaak zijn er een paar gemeenten binnen een redelijke rijafstand. Dat is gewoonlijk het geval in de buurt van adventistische instellingen, of in grote steden. In een klein land als Nederland is bijna alles redelijk dichtbij. Of misschien is er een vernieuwende 'church plant' in je buurt die de moeite van het 'proberen' waard is.

DE KERK – DAT BEN JE ZELF!

In het vorige hoofdstuk heb ik er bij alle 'gelovigen aan de zijlijn' voor gepleit God een kans te geven. Je hebt geloof nodig om een compleet mens te zijn. Ook al word je geplaagd door twijfels en onzekerheden, probeer in ieder geval te blijven geloven. Ik heb benadrukt dat geloof een geschenk is en gezegd dat wij er, om dit geschenk te ontvangen, goed aan doen een omgeving te kiezen waar de taal van het geloof wordt gesproken en de gave van het geloof gewoonlijk wordt uitgedeeld. Daarom heb ik er in dit hoofdstuk voor gepleit dat je de kerk een kans blijft geven.

Ik wil de Adventkerk trouw blijven en wil alle adventisten 'aan de zijlijn' met klem aanraden dat ook te doen, zelfs als soms de verleiding bestaat om de kerk te verlaten. Ik ben er vooral van overtuigd dat het belangrijk is deel te zijn van een plaatselijke gemeente. We hebben het allemaal nodig samen te zijn met anderen en we kunnen ook de 'heilige routine' van de eredienst op sabbat niet missen. Regelmatig aanzitten aan de tafel van de Heer is een voorrecht dat we niet mogen opgeven. *We hebben het nodig ergens bij te horen.*

Maar bij dit alles moeten we er ook aan denken dat *anderen ons nodig hebben.* Zij kunnen niet zonder onze inbreng. De mensen die denken dat zij alle antwoorden al kennen moeten onze vragen horen. En degenen die soortgelijke vragen hebben als wij moeten zien en horen dat er anderen zijn die het ook moeilijk hebben met hun geloof en hun kerk. Het is ongetwijfeld voor 'gelovigen aan de zijlijn' soms moeilijk om in hun gemeente op een bevredigende manier te functioneren, maar voor een deel is dit mogelijk ook het gevolg van het feit dat zij zelf onvoldoende hun invloed in de gemeente hebben laten gelden en weinig of niets aan het welzijn ervan hebben bijgedragen.

Wanneer je op geen enkele manier bijdraagt aan een gemeenschap blijf je een buitenstaander. Als je daarentegen van jezelf probeert te geven – van wie je bent en van wat je meebrengt in termen van talenten en vaardigheden – raak je bij de gemeenschap betrokken. Die heeft daar profijt van, maar dat is nog meer het geval voor jezelf. De meeste 'gelovigen aan de zijlijn' beschikken over gaven en talenten die de kerk nodig heeft. Zeker, misschien kun je niet altijd functioneren in een bepaalde rol, omdat dit problemen kan veroorzaken of je zou dwingen een compromis met jezelf aan te gaan of een deel van jezelf te onderdrukken. Maar er zijn altijd mogelijkheden om een positieve en constructieve rol te spelen zonder je eigen integriteit geweld aan te doen.

Sommige 'gelovigen aan de zijlijn' ondersteunen hun kerk niet langer financieel en zijn niet langer 'trouwe tiendenbetalers'. Soms geven zij nog wel aan de kerk maar zorgen zij ervoor dat het geld naar specifieke projecten gaat of naar instellingen zoals ADRA – de hulp- en ontwikkelingsorganisatie van de Adventkerk. Zij zijn bereid te blijven geven, maar willen niet langer de activiteiten van het kerkelijk hoofdkantoor of van nationale of regionale organisaties steunen. Zij kiezen zorgvuldig uit waar hun geld naar toe gaat, vaak om mensen of werkzaamheden te steunen die zij persoonlijk kennen.

Ik snap die redenatie heel goed. Maar zelf blijf ik gewoon 'via de normale kanalen' mijn bijdragen geven, ondanks de bezwaren die ik soms tegen sommige van die 'kanalen' heb. Ik ben er persoonlijk van overtuigd dat ik geen recht heb een organisatie te bekritiseren en aan te dringen op veranderingen in die organisatie, als ik die niet langer steun met mijn inzet en door financieel bij te dragen. En het spreekt vanzelf dat ik, zolang ik banden met de kerk heb, bijdraag in de kosten van mijn plaatselijke gemeente.

Ik zou er bij alle 'gelovigen aan de zijlijn' op willen aandringen op de een of andere manier aan hun kerk te blijven geven. Ik zal hier niet nader ingaan op de vraag of Bijbel eist dat elk kerklid precies tien procent van zijn inkomen aan de kerk afstaat, zoals de Adventkerk (en ook sommige andere kerken), voornamelijk op grond van het Oude Testament, hebben geconcludeerd. Maar ook het Nieuwe Testament geeft duidelijk aan dat het belangrijk is regelmatig en gul te geven en het tienden-model is daarvoor een uitstekende (en bijbelse) methode. Ophouden met je financiële bijdragen is een manier om de navelstreng die je nog met de kerk verbindt definitief door te knippen. Aan de andere kant is het blijven geven een teken dat je, ondanks problemen die je misschien met de kerk hebt gehad – hetzij met het kerkgenootschap als zodanig, hetzij met je plaatselijke gemeente – er nog bij wilt horen en betekent het dat je een zekere mate van verantwoordelijkheid blijft aanvaarden voor wat er in je kerk gebeurt.

Uiteindelijk komt alles wat ik in dit hoofdstuk wilde zeggen neer op een paar punten. Je kritiek op je (plaatselijke) kerk kan heel terecht zijn en je gevoel dat je een buitenstaander bent geworden en dat je geestelijk droog bent komen te staan kan heel reëel zijn. Maar geef je kerk niet op. Je hebt de kerk nodig en de kerk heeft jou nodig. Doe al het mogelijke om een gemeente te vinden die je kan bieden waarnaar je zoekt. Maar verwacht ook weer niet te veel, want elke gemeente bestaat per definitie uit onvolmaakte mensen. Desondanks is er altijd een andere dimensie. De plaatselijke gemeente is de plek waar de taal van het geloof wordt gesproken en gehoord en waar het geschenk van het geloof wordt gedistribueerd. Blijf zoeken naar die gave en lever je bijdrage aan het welzijn en de verdere ontwikkeling van die gemeenschap. Wanneer je dat doet zul je hopelijk langzaam maar zeker 'de zijlijn' verlaten en een veel rijkere relatie, met veel meer voldoening, ervaren met je kerk, je medegelovigen en je God.

---

1 Jonathan Haidt, *The Righteous Mind* (Londen, UK: Penguin Books, 2012), blz. 285.

HOOFDSTUK 8

Wat moet ik nu precies geloven?[1]

Het is nu meer dan veertig jaar geleden dat onze zoon op de christelijke basisschool zat in de plaats waar we destijds woonden. Mijn vrouw meldde zich als vrijwilliger bij de school als 'leesmoeder'. Haar aanbod werd op prijs gesteld maar er was een klein probleempje. De school had een calvinistische grondslag en alle docenten en vrijwilligers moesten ervoor tekenen dat zij instemden met de *Drie Formulieren van Enigheid*. Mijn vrouw had nooit eerder van deze documenten gehoord. Het lag voor de hand dat ze niet iets wilde ondertekenen dat zij niet kende en daarom bood zij toen haar vrijwillige diensten maar aan bij de openbare basisschool die naast de christelijke school stond.

Wat zijn deze *Drie Formulieren van Enigheid*? Het zijn documenten die door de Nederlandse calvinisten van de zestiende en zeventiende eeuw werden aanvaard als de basis van hun theologische positie. De bekenste van de drie is de *Heidelberger Catechismus*. Een van de andere documenten heeft te maken met de felle strijd die destijds woedde tussen de aanhangers van een zekere Arminius, die verdedigde dat de mens een vrije wil heeft, en de volgelingen van Gomarus, die geloofden in de goddelijke voorbeschikking (predestinatie). De schoolleiding zei tegen mijn vrouw dat haar handtekening een pure formaliteit was, maar toch vond zij het onprettig dat zij moest instemmen met deze oude documenten en met de standpunten die daarin waren vervat. Tot op de dag van vandaag behoren deze 'Drie Formulieren van Enigheid' tot de zogenaamde belijdenisgeschriften van de Protestantse Kerk in Nederland (PKN). Maar wil dat zeggen dat de meeste PKN-leden (en de leden van andere van oorsprong calvinistische kerkgenootschappen in Nederland en daarbuiten) weten wat de inhoud ervan is? Ik vrees dat de overgrote meerderheid van hen slechts een vaag idee heeft en dat vrijwel niemand ze ooit helemaal heeft gelezen. Maar bij discussies over bepaalde aspecten van deze documenten (met name betreffende de *Nederlandse Geloofsbelijdenis*) is gebleken dat het extreem moeilijk blijft ook maar een regel ervan te veranderen. Dat is nu eenmaal wat er gebeurt als een kerk belijdenisgeschriften heeft.

Dit was exact wat de leiders tijdens de vroege fase van de Adventkerk in gedachten hadden toen zij verklaarden dat ze fel gekant waren tegen het aannemen van een formele geloofsbelijdenis. Zij hadden gezien dat in de kerken waarmee zij bekend waren, dergelijke documenten bijna evenveel gezag hadden gekregen als de Bijbel en dat het vrijwel onmogelijk was geworden nog een open discussie te voeren over aspecten van zo'n 'credo'. Alles was voor eens en voor altijd dichtgetimmerd. Je moest blijven vasthouden aan wat wijze mannen in het verleden hadden besloten. De adventistische 'pioniers' lieten er daarom geen twijfel over bestaan: *'De Bijbel is onze enige geloofsbelijdenis!'*

Maar geleidelijk aan vervluchtigde deze aarzeling om een geloofsbelijdenis op te stellen. En zo hebben we tegenwoordig de achtentwintig *Fundamentele Geloofspunten van de Kerk der Zevendedags Adventisten*. Dit document is veel uitgebreider dan alleen maar een korte opsomming van de belangrijkste adventistische leerstellingen. De *Fundamentele Geloofspunten* zijn bovendien een test geworden van ieders rechtzinnigheid. *Dit moet je geloven als je bij de kerk wilt horen.*

Betekent dit dat alle zevendedags adventisten zo ongeveer weten waar het in de achtentwintig 'fundamentele' punten over gaat? Dat is bepaald niet het geval. Ik heb van tijd tot tijd wel eens een klein onderzoekje gedaan en ben tot de conclusie gekomen dat de meeste Nederlandse adventisten hoogstens zo'n tien tot twaalf punten kunnen opnoemen. En laten wij er geen doekjes om winden: de meeste nieuw-gedoopte leden hebben geen duidelijk idee van de draagwijdte van veel van deze achtentwintig geloofspunten. In verre landen is de situatie zeker niet beter. Onlangs werden na een grootscheepse evangelisatieactie in Zimbabwe zo'n 30.000 mensen gedoopt en in mei 2016 werden tijdens één campagne in Rwanda zelfs binnen een maand rond 100.000 personen gedoopt. Ik maak me sterk dat de meesten van deze nieuwe leden op het moment van hun doop maar een paar van de 'fundamentele geloofspunten' konden opnoemen. Verschillende leiders van de wereldkerk waren actief bij deze campagnes betrokken en prezen God vanwege deze 'rijke zielenoogst'. Maar deze zelfde leiders worden tegelijkertijd niet moe te onderstrepen dat je geen goede adventist kunt zijn als je het niet eens bent met alle achtentwintig *Fundamentele Geloofspunten*. Op de een of andere manier klopt dit niet helemaal.

Ongetwijfeld is de adventistische verklaring van de *Fundamentele Geloofspunten* een belangrijk document. Maar we moeten het ook weer niet belangrijker maken dan het is. De *Fundamentele Geloofspunten* moeten nooit de steriele status krijgen van een 'geloofsbelijdenis' die gebruikt kan worden als een lijst om iemands orthodoxie (of gebrek daaraan) te controleren. Dat is volledig in strijd met de adventistische traditie.

HEBBEN WE LEERSTELLINGEN NODIG?

Vaak hoor je de vraag: Hebben we eigenlijk wel leerstellingen nodig? En zo ja, welke geloofspunten zijn dan essentieel en welke zijn minder cruciaal? Velen zien leerstellingen of dogma's als de neerslag van een zuiver verstandelijke benadering van het geloof. Waarom, zo is de vaak gestelde vraag, is het niet genoeg een 'kinderlijk' geloof te hebben? Maar hoewel het soms lijkt dat geloof en leerstellingen op gespannen voet met elkaar staan, ze zijn niet elkaars tegengestelden maar vullen elkaar aan.

Leerstellingen – of theologische verklaringen – zijn niet alleen het resultaat van geloof, maar helpen ons geloof structuur te geven. Volgens de beroemde middeleeuwse theoloog Anselmus kan theologie worden gedefinieerd als 'geloof dat zichzelf probeert te begrijpen'. Deze poging tot 'begrijpen' is niet alleen een individuele zoektocht naar de waarheid maar vindt plaats in de context van een gemeenschap. Het spreekt vanzelf dat een geloofsgemeenschap wil doordenken wat zij gelooft en dat op een geordende manier wil omschrijven. Zij wil weten wat de implicaties zijn van haar geloof – in theorie en praktijk. De meeste christenen zullen zeggen dat de punten waarin zij geloven op de Bijbel zijn gebaseerd, maar dat zou een te grote versimpeling zijn. Want het lezen en bestuderen van de Bijbel vindt niet plaats in een vacuüm, maar altijd binnen een bepaalde gemeenschap, in een bepaalde historische context en binnen een specifieke cultuur.

Je kunt, denk ik, de rol van leerstellingen voor het geloof misschien het beste vergelijken met die van de grammatica van een taal. Grammatica is niet hetzelfde als taal, maar grammatica geeft structuur aan de manier waarop taal wordt gebruikt. Onze taal moet gestructureerd zijn als we begrepen willen worden. Hoe vaardiger we zijn in het gebruik van taal die goed gestructureerd is, des te beter zullen we kunnen communiceren wat we aan anderen willen overbrengen. Dit geldt tot op zekere hoogte ook voor de rol van leerstellingen voor ons geloof. We hebben op zijn minst een basiskennis van de 'grammatica' van onze geloofstaal nodig als we begrijpelijk willen maken wat ons geloof inhoudt.

Als we in God geloven – als we op hem vertrouwen en een band met hem willen onderhouden – willen we vanzelfsprekend meer over hem en over wat hij van ons verwacht te weten komen. De *wie*-dimensie (we stellen ons vertrouwen in *Iemand*) komt altijd op de eerste plaats, maar we moeten ook aandacht hebben voor het *wat* en *hoe* van onze godsdienst – voor de dimensies van kennis over God – en onze daden richten naar die kennis.

Leerstellingen zijn, zoals vaak wordt gezegd, een poging om Waarheid om te zetten in mensentaal. Ook als we er (terecht) van uitgaan dat de heilige Geest een belangrijke rol in dit proces moet spelen, brengt dat duidelijke beperkingen met zich mee. Want het is volstrekt onmogelijk om goddelijke begrippen adequaat te verwoorden in menselijke categorieën, begrippen, symbolen en taal. Dat belangrijke gegeven mogen we nooit uit het oog verliezen. Maar zolang we het menselijke van onze leerstellingen niet vergeten kunnen ze ons van dienst zijn bij het structuur geven aan de verwoording van ons geloof.

IS ALLES EVEN BELANGRIJK?

Niet alles in het leven is even belangrijk. We zeggen vaak: 'Als je maar gezond bent!' We vinden gezondheid gewoonlijk belangrijker dan maatschappelijke status. En gelukkig gaan voor de meeste mensen familie en vrienden boven allerlei materiële zaken. Ons leven zou er nogal miserabel uitzien als we geen verschil kunnen maken tussen wat echt belangrijk is en de dingen die een veel minder grote prioriteit hebben.

Dit geldt ook voor de sfeer van de kerk en van ons geestelijk leven. De 'hogere' kerkelijke organen (in de Adventkerk: de Generale Conferenties, divisies, unies en conferenties) hebben een niet te miskennen rol in het leven van de kerk, maar de plaatselijke gemeente is de plek waar het eigenlijke leven van een gelovige zich afspeelt. Zo is ook een goed begrip van theologische zaken van belang, maar een nauwe band met God en een geloof dat ons in ons dagelijks leven op de been houdt, gaat daar bovenuit. Daarom rijst als vanzelf de vraag of alle christelijke leerstellingen even belangrijk zijn en of alle *Fundamentele Geloofspunten* van onze kerk wel even 'fundamenteel' zijn.

Ik weet dat veel mensen zullen zeggen: Als iets een deel is van de *Waarheid*, kunnen we onmogelijk zeggen dat een bepaald facet betrekkelijk onbelangrijk is, of in elk geval minder belangrijk dan een ander facet. Waarheid is immers Waarheid! En wie zijn wij dat we kunnen uitmaken of een bepaalde waarheid minder belangrijk is dan een ander deel van de waarheid? Maar laten we eerlijk zijn: zo gaat het niet in de praktijk. De meeste (ik vermoed: vrijwel alle) adventisten voelen wel aan dat er punten zijn die bepalend zijn voor hun adventistische identiteit, terwijl andere punten niet in diezelfde categorie passen. Bijvoorbeeld: voor ons allemaal is (naar ik hoop) het vieren van de sabbat belangrijker dan het niet eten van varkensvlees.

Op 20 mei 2004 publiceerde Albert Mohler Jr, de rector van het Southern Baptist Theological Seminary in Louisville, in de Amerikaanse staat Kentucky, een artikel op zijn website met de titel: 'Een oproep tot theologische triage en geestelijke volwassenheid.'² Het woord *triage* komt uit het Frans en wordt vooral gebruikt in de medische sfeer. In tijden van oorlog, of bij een grote ramp, moet worden vastgesteld welke slachtoffers als eersten moeten worden behandeld. Niet alle verwondingen zijn levensbedreigend, maar sommige zijn dat vaak wel. Op soortgelijke manier, betoogde Mohler, moeten we een rangorde van belangrijkheid proberen aan te brengen in onze leerstellingen. Hij pleitte voor het ontwikkelen van 'een schaal van theologische urgentie'. Volgens Mohler zijn er 'theologische zaken van de eerste orde'. Daartoe behoren de leerstellingen die 'centraal en essentieel zijn voor het christelijk geloof'. Wie deze leerstellingen ontkent kan zichzelf niet langer een christen noemen. Daarnaast, zegt hij, zijn er leerstellingen van een tweede orde. Die zijn ook belangrijk, maar toch op een andere manier. Die kenmerken christenen als leden van een bepaald kerkgenootschap. Wie deze geloofspunten totaal ontkent komt binnen zijn geloofsgemeenschap in problemen, omdat deze geloofspunten bepalend zijn voor de identiteit van de kerk waarvan hij of zij lid is. En vervolgens zijn er theologische standpunten waarover leden van een gemeente of van een kerkgenootschap van mening kunnen verschillen zonder dat hun lidmaatschap gevaar loopt.

Mohler verdedigt dat een dergelijke 'triage' belangrijk is omdat het ons kan helpen niet over zaken van het derde plan te strijden alsof het kardinale geloofspunten van de eerste orde zijn. Bovendien geeft het een krachtig signaal af dat leerstellingen van het hoogste niveau niet moeten behandeld alsof zij bij het tweede of derde niveau horen. Dit alles heeft belangrijke implicaties voor de manier waarop een geloofsgemeenschap haar boodschap uitdraagt, vooral wat betreft de dingen die men daarbij wil benadrukken.

De vraag wat de meest 'essentiële' leerstellingen zijn heeft dus twee dimensies: (1) Wat is de *kern* van het christelijk geloof? (2) Wat zijn de *belangrijkste geloofspunten* van de kerk waartoe ik behoor? Wat dat laatste betreft: Als je mensen in verschillende kerkgenootschappen, of in verschillende gemeenten van een kerkgenootschap, vraagt wat zij zien als de belangrijke aspecten van de theologie van hun kerk, krijg je weliswaar verschillende antwoorden, maar is er toch meestal wel een mate van overeenkomst. Dat geldt ook voor de Adventkerk.

Als je adventisten vraagt wat de voornaamste adventistische geloofspunten zijn, geven de meesten je geen volledige lijst van alle achtentwintig 'fundamentele geloofspunten', maar zullen ze er een aantal opnoemen, en vaak ongeveer dezelfde. Dit betreft zowel 'gelovigen aan de zijlijn' als de adventisten die niet met dezelfde twijfels en onzekerheden kampen.

Een ander belangrijk element in deze discussie is het feit dat de leerstellingen van een godsdienstige traditie niet altijd gelijk blijven. Veranderingen in de geloofspunten of de 'ontwikkeling' ervan (een term waaraan velen de voorkeur geven) is een constant verschijnsel geweest in de christelijke kerk. Wie daaraan twijfelt moet maar eens een theologische bibliotheek bezoeken (of een uurtje op het internet surfen). Hij zal ontdekken dat er duizenden boeken geschreven zijn over de geschiedenis van de christelijke leer. Er zijn verschillende theorieën ten aanzien van de mechanismen die voor veranderingen zorgen. Sommige experts zeggen dat latere leerstellige ontwikkelingen voornamelijk een verheldering zijn van eerdere christelijke ideeën, maar anderen zien ook 'echte' veranderingen.

In de loop van hun geschiedenis hebben adventisten veel van hun eerdere ideeën laten varen of voor andere ingeruild. Na de hevige teleurstelling vanwege het feit dat Christus niet volgens hun verwachting in 1844 terugkeerde, waren veel Adventgelovigen ervan overtuigd dat de 'deur van genade' was gesloten. Christus had, zo concludeerde men, het hemelse heiligdom verlaten en zijn werk als Middelaar afgesloten, met als gevolg dat de eeuwige bestemming van alle mensen nu vastlag. Deze 'gesloten-deur' adventisten – onder wie Ellen G. White – zagen geen reden om mensen buiten hun groep te gaan vertellen van hun overtuiging, want dat kon nu toch niets meer aan hun eeuwig lot veranderen. Mensen waren nu gered of definitief verloren. Maar het duurde niet lang of men veranderde van idee. De eerdere opvatting maakte plaats voor een zendingsdrang die geleidelijk aan steeds sterker zou worden. Men besefte nu dat zoveel mogelijk mensen moesten worden gewaarschuwd dat Jezus 'spoedig' zou terugkomen.

Of, om enkele andere voorbeelden te noemen: In de vroegste periode van het adventisme kreeg gehoorzaamheid aan Gods geboden zoveel nadruk dat de waarheid van onze redding als Gods genadige geschenk verdween onder een dikke laag wetticisme. Op dat punt kwam een noodzakelijke correctie. Ik noemde al eerder de verandering van gedachten ten aanzien van de leerstelling van de Drie-eenheid. Ik zou er nog aan kunnen toevoegen dat na verloop van tijd heel wat voorspellingen moesten worden herzien die waren gedaan op grond van de traditionele adventistische uitleg van de profetie, zoals bijvoorbeeld de visie op Armageddon rond de Eerste Wereldoorlog en opnieuw na de Tweede Wereldoorlog. Enzovoort.[3]

Een zorgvuldige analyse van de veranderingen van geloofspunten in de loop van de geschiedenis van de Adventkerk zou laten zien dat het meestal ging om veranderingen van een bepaald type. Er waren aanvankelijk wel heel duidelijke veranderingen, maar naarmate het kerkgenootschap meer gevestigd raakte kwamen er niet zozeer nieuwe geloofspunten bij. Wel was er in sommige gevallen een verschuiving in de nadruk waarmee geloofspunten werden verwoord, om zo meer theologisch evenwicht te scheppen of onze christelijke identiteit duidelijker te onderstrepen. Maar ook een wijziging in nadruk is een verandering die in de loop van de tijd aanzienlijke gevolgen kan hebben.[4]

Niemand kan ontkennen dat er veranderingen zijn geweest in de adventistische theologie en in de manier waarop we die schriftelijk of anderszins hebben verwoord. Vaak ging het niet om een plotselinge, maar om een geleidelijke verandering. Maar er was al met al wel sprake van een constante transformatie. Het valt niet te ontkennen dat leerstellige veranderingen realiteit zijn en niet alleen maar voorkomen in onze verbeelding.

In dit verband is het goed om melding te maken van de nadruk die de 'pioniers' (waaronder ook Ellen G. White) legden op het dynamische karakter van de 'tegenwoordige waarheid', waarbij zij nadrukkelijk de mogelijkheid openhielden dat er sprake kon zijn van 'nieuw licht'. In 1892 schreef Ellen G. White:

Moeten we onze leerstellingen stuk voor stuk helemaal vastleggen en vervolgens de Schrift zo uitleggen dat dit onze vooringenomen mening bevestigt? ... Standpunten die we lange tijd hebben gekoesterd moeten niet als onfeilbaar worden gezien...

We hebben nog veel te leren, maar ook veel af te leren. Alleen God en de hemel zijn onfeilbaar. Wie denkt dat hij nooit een gezichtspunt waaraan hij gehecht is geraakt dient op te geven, of nooit van mening behoeft veranderen, zal teleurgesteld worden.[5]

Een jaar later drukte zij zich op soortgelijke wijze uit:

Niemand heeft het excuus te denken dat er geen verdere waarheid geopenbaard zal worden en dat al onze interpretaties van de Bijbel foutloos zijn. Het feit dat wij bepaalde leerstellingen jarenlang als waarheid hebben beschouwd bewijst niet dat onze ideeën onfeilbaar zijn. Het verstrijken van de tijd maakt iets wat fout is niet tot waarheid en de waarheid kan tegen een stootje. Geen enkel geloofspunt zal iets verliezen als gevolg van nauwgezet onderzoek.[6]

Ook nu nog heeft de Adventkerk (in elk geval in theorie) een procedure om serieus te kijken naar eventueel 'nieuw licht' dat zich aandient. Het bovenstaande moeten we in gedachten houden bij onze bespreking van de verschillen in belangrijkheid tussen de diverse geloofspunten. Als mensen vragen stellen over wat de 'kern' van het adventistische geloofsgoed is en voor veranderingen pleiten, helpt dit ons redelijk relaxed te kunnen zijn ten aanzien van de gevaren van relativisme en subjectivisme.

DE STEUNPILAREN VAN ONS GELOOF

Het valt niet te ontkennen dat adventisten vanaf het begin van hun beweging dachten dat bepaalde elementen van hun boodschap belangrijker waren dan andere. De opsomming van de geloofspunten uit 1872 laat de lezer weten dat het de bedoeling was om 'de *belangrijkste* aspecten van ons geloof' te belichten.[7] Ellen White sprak vaak over de 'zuilen van de waarheid' en de 'mijlpalen' van ons geloof. Hoewel haar gebruik van deze termen nogal varieerde, is het duidelijk dat zij niet alle leerstellingen als even belangrijk beschouwde.[8]

Het feit dat Ellen White en andere vroege adventistische leiders niet aan alle geloofspunten hetzelfde gewicht toekenden was niet gebaseerd op een zorgvuldige theologische analyse, maar werd gedreven door wat zij als de specifieke taak van hun beweging zagen. Zij waren ervan overtuigd dat zij de waarheden die lange tijd door de traditionele kerken waren verwaarloosd en nu door hen waren 'herontdekt' aan het publiek moesten doorgeven. Zij konden er veilig van uitgaan dat de meeste mensen met wie zij in contact kwamen al op de hoogte waren van de christelijke basisprincipes die de protestanten van die tijd algemeen onderschreven. Dat verklaart voor een groot deel waarom zij daar verder in hun boodschap nauwelijks aandacht aan besteedden.

Het besef dat de geloofspunten die deel waren van de algemene christelijke traditie niet moesten worden verwaarloosd ontwaakte slechts geleidelijk naarmate de kerk zich verder ontwikkelde. Dit blijkt ook heel duidelijk uit de boeken en artikelen die Ellen G. White schreef. Zij rijpte in haar denken en daardoor begon zij in veel opzichten andere accenten te leggen. Een citaat uit 1893 is daarvan een treffend voorbeeld: 'Christus en zijn karakter en werk vormen het centrum en de invulling van elke waarheid. Hij is de ketting waarop de edelstenen van de leerstellingen zijn vastgezet.'[9] Dat is niet het soort uitspraak die zij in de beginperiode van haar loopbaan zou hebben gedaan.

De suggestie dat misschien niet alle achtentwintig *Fundamentele Geloofspunten* evenveel gewicht hebben schijnt te worden bevestigd door het feit dat de belijdenisvragen maar uit dertien punten bestaan. En er is ook een 'alternatieve doopgelofte' die gebruikt mag worden. Deze verwijst naar 'de leerstellingen van de Bijbel, zoals die verwoord zijn in de *Fundamentele Geloofswaarheden van de Zevendedags Adventisten*'. Maar in de reguliere belijdenisvragen wordt zo'n verwijzing kennelijk niet nodig geacht, hoewel daar slechts een selectie uit de geloofspunten te vinden is.[10] Mogen we daaruit afleiden dat de dertien punten waarop de dopelingen bevestigend moeten antwoorden misschien toch meer 'fundamenteel' zijn dan de 'achtentwintig'?

Wat de kerkleden van de *Fundamentele Geloofspunten* denken varieert heel sterk. Sommigen hechten er bijzonder veel waarde aan en zien elke regel, of zelfs elk woord, als semi-geïnspireerd. Die houding maakt de achtentwintig geloofspunten haast tot een afgod. Aan de andere kant is er, denk ik, een wijdverbreid gevoel dat dit document met de *Fundamentele Geloofspunten* veel te uitgebreid is en een merkwaardige mengeling laat zien van regels voor leefwijze en leerstellige zaken.[11]

Als de veronderstelling dat sommige geloofspunten belangrijker zijn dan andere juist is, rijst natuurlijk de vraag hoe we onze persoonlijke voorkeur kunnen uitschakelen wanneer we onze 'triage' uitvoeren. Zijn er goede criteria om een rangorde in de belangrijkheid van de geloofspunten te kunnen maken?

Wat voor model we ook ontwikkelen, de basis is duidelijk door de Bijbel gegeven, namelijk in wat Jezus Christus zelf zei. In Johannes 14:6 lezen wij dat Christus verklaarde dat hij de Waarheid is. Elk geloofspunt dat de pretentie van 'waarheid' heeft moet dus verbonden zijn met de persoon en het werk van Jezus Christus. *Christus is het centrum en moet het fundament vormen van elk 'systeem' van 'fundamentele' waarheden dat 'christelijk' kan worden genoemd.* Dit is de kern van het evangelie – het goede nieuws. 'Het is Gods reddende kracht voor allen die geloven' (Romeinen 1:16). 'Door niemand anders kunnen wij worden gered' (Handelingen 4:12). Of je deze 'fundamentele' waarheid al dan niet aanvaardt bepaalt of je bij God hoort of niet. Een uitspraak van Christus zelf bevestigt dit: 'Wie in de Zoon gelooft heeft eeuwig leven, wie de Zoon niet wil gehoorzamen zal dat leven niet kennen; integendeel, Gods toorn blijft op hem rusten' (Johannes 3:36). 'De kennis van onze Heer Jezus Christus' is waar het voor christenen allemaal om draait en wie gelooft moet ervoor zorgen dat zijn geloof 'niet nutteloos maar vruchtbaar' is (2 Petrus 1:8). Johannes zegt het zelfs nog duidelijker: Als je ontkent dat Jezus de Christus is ben je in feite de 'antichrist' (1 Johannes 2:22). George Knight onderstreept het belang van dit uitgangspunt door te zeggen dat 'een relatie met Jezus en een goed begrip van het kruis van Christus en andere elementen van het verlossingsplan onze houding ten aanzien van alle geloofspunten moet bepalen.'[12] Maar hoe gaan we, op dit punt aangekomen, verder?

TWEE, DRIE OF VIER LAGEN?

Aan het begin van het boek *Seventh-day Adventists Answer Questions on Doctrine* komen we deze vraag tegen: 'Welke geloofspunten delen zevendedag adventisten met andere christenen, en in welke opzichten verschillen zij van hen?' In het antwoord op deze vraag worden de geloofspunten in drie categorieën verdeeld: (1) geloofspunten die adventisten 'gemeenschappelijk hebben met behoudende christenen en de historische protestantse geloofsbelijdenissen'; (2) een aantal geloofspunten die zij gemeen hebben met sommige maar niet met alle behoudende christenen; (3) een paar geloofspunten die specifiek zijn voor adventisten.[13] In totaal worden drieëndertig punten genoemd, verdeeld over deze drie categorieën. Dit doet ons denken aan Albert Mohler, die we eerder in dit hoofdstuk tegenkwamen en die ook drie verschillende leerstellige lagen onderscheidde. Andere schrijvers hebben soortgelijke indelingen van de geloofspunten in twee of drie groepen voorgesteld.[14]

Een dergelijke indeling is misschien nuttig om helder te krijgen wat al dan niet *uniek* is voor de geloofsgemeenschap waartoe je behoort, maar het geeft geen goed handvat om te bepalen welke adventistische geloofspunten *fundamenteler* zijn dan andere. De suggestie van Woodrow Whidden, een emeritus-professor aan Andrews University, kan ons misschien een stapje vooruit helpen.[15] Hij meent dat we onderscheid moeten maken tussen geloofspunten die tot de algemeen christelijke erfenis behoren en de punten die specifiek 'adventistisch' zijn. Daarnaast stelt Whidden dat sommige adventistische geloofspunten 'essentieel' zijn, terwijl andere punten 'niet-essentieel' zijn.[16] George Knight denkt, in tegenstelling tot Whidden, dat leefstijl-principes ook ergens in deze classificatie van geloofspunten moeten worden ingepast.[17]

Ik zou een model willen voorstellen waarin deze verschillende elementen worden gecombineerd. Ik zal niet beweren dat dit het laatste woord is ten aanzien van dit probleem, maar het heeft mij zelf wel geholpen beter grip te krijgen op de vraag wat meer en wat minder belangrijk is voor mijn geestelijke pelgrimage. Je kunt het grafisch uitbeelden door middel van een aantal concentrische cirkels.

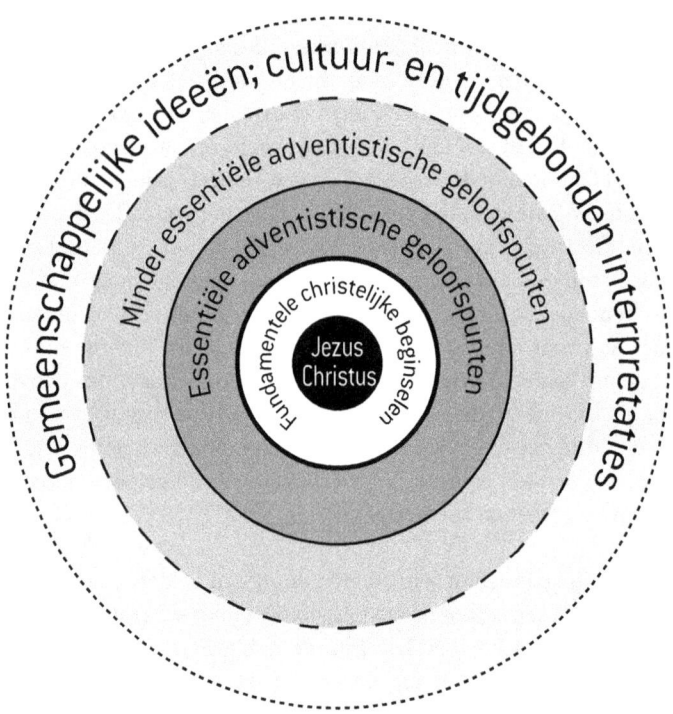

Ik zal een paar voorbeelden geven van geloofspunten die volgens mij in de verschillende categorieën thuishoren. In de categorie van fundamentele christelijke beginselen zou ik onderbrengen: God als Drie-eenheid; de drie-enige God als Schepper en Onderhouder van alles wat bestaat; verlossing, eeuwig leven en oordeel door Jezus Christus; de actieve aanwezigheid van de heilige Geest; de inspiratie van de Bijbel; een geopenbaarde morele gedragscode; en de opdracht om het evangelie te verkondigen. In de categorie (2) vinden een aantal 'essentiële' adventistische opvattingen hun plaats, zoals de sabbat op de zevende dag van de week; de 'spoedige' wederkomst van Christus; de doop door onderdompeling; de belangrijkheid van het avondmaal; de dienst van Christus in het hemelse heiligdom; de oproep aan de mens tot rentmeesterschap; de dood als een soort onbewuste slaap, en de blijvende belangrijkheid van de geestelijke gaven. Categorie (3) is dan, volgens mij, het domein voor dingen als de adventistische benadering van de profetische interpretatie; tienden geven; regels ten aanzien van voeding en gezondheid; het tijdsaspect van Christus' hogepriesterlijke werk' (1844), en wellicht de instelling van de voetwassing. In de buitenste concentrische cirkel (4) zou ik dan bepaalde specifieke profetische interpretaties plaatsen, en verder diverse kwesties rond het werk van Ellen White; de nooit eindigende discussie over wat je wel en niet op sabbat 'mag' doen; stijlen van eredienst, het dragen van sieraden, enzovoort.

Ik begrijp heel goed dat veel adventisten een dergelijk model zullen afwijzen. Sommigen zullen misschien zelfs heftig reageren. Ik besef vooral ook dat het geven van voorbeelden voor de verschillende categorieën een hachelijke onderneming is. Toch denk ik ook dat velen in de kerk een discussie over dit onderwerp verwelkomen en graag openhartig van gedachten willen wisselen over de vraag wat nu tot de kern van het adventistisch geloof behoort en wat niet op dezelfde manier 'essentieel' is.

IMPLICATIES

Bij een discussie over de rangorde van onze geloofspunten moeten we, lijkt mij, een paar dingen goed in gedachten houden. Ten eerste wil ik nogmaals benadrukken dat alles wat we over onze geloofspunten zeggen heel duidelijk gerelateerd moet zijn aan het Centrum: Jezus Christus. Leerstellige *waarheid* kan alleen als *Waarheid* functioneren als deze verbonden is met de persoon en het werk van onze Heer Jezus Christus.

Ten tweede is het niet altijd mogelijk om precies aan te geven waar de lijnen tussen de verschillende categorieën lopen. Daarom heb ik enkele lijnen als stippellijnen aangegeven. De cruciale vraag is: Kunnen we een aantal geloofspunten aanwijzen die zonder enige twijfel in een bepaalde categorie thuishoren? Gelovigen 'aan de zijlijn' hebben een bijzondere interesse in het antwoord op die vraag. Ik zou willen stellen: Als er een 'kern' van geloofspunten is, dan moet je die in de eerste twee categorieën terugvinden.

Ten derde: Ik heb heel bewust de fundamentele *christelijke* geloofspunten gescheiden van de adventistische 'essentiële geloofspunten', hoewel ze natuurlijk op allerlei manieren zijn verweven. Het heeft bijvoorbeeld weinig zin om het relatieve gewicht van de sabbat te vergelijken met het dogma van de Drie-eenheid en dan te vragen welke van die twee het belangrijkste is. Dat zou een kwestie zijn van het vergelijken van appels en peren. De adventistische identiteit is gebaseerd op het onderschrijven van beide leerstellige categorieën. Het feit dat we allereerst *christenen* zijn, en als christenen voor het *adventisme* hebben gekozen, maakt ons tot *adventistische christenen*.[18] Meer dan ooit is het in onze tijd nodig extra aandacht te besteden aan de fundamentele algemeen christelijke aspecten, omdat we er, zeker in de westelijke context, niet langer vanuit kunnen gaan dat mensen daarvan al goed op de hoogte zijn als ze de *adventistische* versie van de christelijke boodschap willen omarmen.

Ten vierde: het etiket 'minder essentieel' betekent precies wat het zegt. Het wil niet zeggen dat iets volkomen onbelangrijk is. Het valt niet te ontkennen dat elke poging om geloofspunten een bepaalde rangorde te geven iets subjectiefs heeft. Maar het is ook weer niet volkomen subjectief en het hoeft ook geen recept te zijn voor felle onderlinge strijd. Zowel het geïnspireerde Woord als de levende Geest wijzen daarbij de richting. Daarbij komt dat we altijd moeten beseffen dat, zolang wij onvolmaakte mensen zijn, elke theologische activiteit subjectief blijft en, in zekere zin, allerlei risico's met zich meebrengt. Maar het is niet iets dat we als te gevaarlijk moeten zien en als iets dat ons onvermijdelijke op een 'hellend vlak' doet belanden. In elk geval is het excuus van het 'hellende vlak' eerder een teken van zwakte dan van principevastheid en helder denken.

Ten vijfde: het duurde bijna een eeuw voordat adventisten uitkwamen bij de huidige formulering van de *Fundamentele Geloofspunten*. Leerstellige ontwikkelingen gebeuren niet plotseling. We moeten daarom niet verwachten dat we op heel kort termijn tot overeenstemming kunnen komen over wat de kern is van wat adventisten geloven. Het eist geduld... en onderlinge tolerantie.

Ten zesde: Ik ben ervan overtuigd dat men zou moeten proberen om bij een volgende revisie van de *Fundamentele Geloofspunten* het document niet nog langer en nog gedetailleerder te maken, maar eerder zou moeten inkorten. Ik zou graag een tekst willen zien die zich beperkt tot de geloofspunten die 'fundamenteel christelijk' zijn en die 'essentieel' zijn voor het adventisme. De volgende uitspraak van Robert Greer, een voormalige zendeling en theoloog in de Verenigde Staten, is de moeite van het overdenken meer dan waard:

> *... leerstellige verklaringen ... moeten niet te uitgebreid zijn. Zodra dat wel het geval is, bestaat (a) het risico dat er een gevaarlijk soort verleiding van uitgaat, omdat het voor sommige menen aantrekkelijk is en hun het gevoel geeft dat daarmee het christelijk geloof eens en voor altijd is gedefinieerd; (b) het elimineert de noodzaak om kritisch te blijven nadenken; (c) het legt de heilige Geest het zwijgen op, terwijl deze op een frisse manier tot een individu of een gemeenschap wil spreken; en (d) het leidt tot een triomfalisme dat een theologische discussie die de grenzen van de eigen kerk of traditie overschrijdt, eerder ontmoedigt dan stimuleert.*[19]

LIBERAAL OF CONSERVATIEF?

Haast onvermijdelijk duiken de etiketten 'liberaal' en 'conservatief' op in een discussie over het gewicht van bepaalde geloofspunten. Ook horen we daarbij vaak termen als 'links' en 'rechts'. Het zou fijn zijn als we die aanduidingen helemaal zouden kunnen vermijden, want ze zijn heel onnauwkeurig en worden ook meestal gekleurd door vooroordeel en veroordeling. De reputatie van 'liberaal' te zijn heeft de loopbaan van menig predikant en theologiedocent ernstig geschaad. Tegelijkertijd hebben zich soms ook bepaalde deuren (en kansels) gesloten voor personen die men te 'conservatief' vond. Sommigen protesteren als men hen te 'liberaal' vindt, terwijl anderen juist trots zijn op hun 'linkse' oriëntatie. Er zijn theologiestudenten die bewust een opleidingsinstituut kiezen waar zij les zullen krijgen van docenten die als behoudend bekend staan, terwijl dat voor anderen juist een sterk argument is een dergelijk instituut te mijden.

Wat de Bijbel over onze relatie tot anderen zegt heeft een directe implicatie voor de onplezierige polarisatie tussen 'liberalen' en 'conservatieven'. We moeten onze 'naasten' liefhebben als onszelf. Voor iemand die 'conservatief' is, zijn ook de liberale geloofsgenoten zijn naasten, en voor wie zich in de 'linkervleugel' van de kerk bevindt geldt dat ook voor mensen die zich 'rechts' van het midden opstellen. Helaas is het voor liberalen en conservatieven vaak heel moeilijk om op een aangename en constructieve manier met elkaar om te gaan en luisteren ze gewoonlijk nauwelijks naar elkaar.

Bovendien beseft men dikwijls niet dat het plaatje gecompliceerder is dan het op het eerste gezicht lijkt, omdat mensen meestal niet voor honderd procent in alle opzichten liberaal of conservatief zijn. Soms zijn zij op bepaalde punten liberaal maar blijken zij verbazingwekkend conservatief te zijn op andere punten. Soms ontmoeten we mensen die nogal liberaal zijn in hun theologie, maar conservatief zijn in hun manier van leven, en omgekeerd. Ik heb nogal eens met jonge mensen gepraat die op theologische gebied beslist tot de conservatieve adventisten behoren, maar me vervolgens vertelden dat zij samenwonen met hun vriendin of vriend!

Alden Thompson, een professor in de theologie aan de Walla Walla Universiteit (in de gelijknamige plaats in de Amerikaanse staat Washington), wijst naar drie 'smaken' die volgens hem kenmerkend zijn voor liberalen en conservatieven. Wat hij zegt verklaart niet alles, maar ik herken wel het een en ander. *Liberalen*, meent Thompson, *houden van vragen, terwijl conservatieven antwoorden willen*. Wat leefstijl betreft zou je kunnen zeggen dat conservatieven graag de stilte opzoeken, terwijl liberalen eerder stadsmensen zijn. Conservatieven ervaren God als een machtige tegenwoordigheid, terwijl voor de liberalen God eerder een verre almachtige is.[20]

Fritz Guy, een andere adventistische theoloog, vat zijn ideeën in deze woorden samen: *'Conservatieven willen niets liever dan de waarheden veilig stellen die zij al bezitten, in de volgorde waarmee ze vertrouwd zijn; liberalen daarentegen zijn op zoek naar nieuwe waarheden of nieuwe interpretaties van oude waarheden.'*[21] Als dat laatste inderdaad de definitie is van een liberaal, dan vind ik het een eer 'liberaal' te worden genoemd. Maar misschien is het etiket 'progressief' te verkiezen boven 'liberaal'. Volgens Fritz Guy zijn de meesten van ons 'liberaal' of 'conservatief', maar kunnen we 'progressief' worden als we van elkaar zouden leren, beter naar elkaar zouden luisteren en zouden proberen samen te groeien.[22]

FUNDAMENTALISME

Een woordpaar dat tenminste even belangrijk is bij een discussie over diversiteit in theologische opvattingen is *fundamentalisme* versus *relativisme*. Het christelijk geloof verliest zijn betekenis, als we alles als relatief zien, als niets zeker is en er geen waarden of idealen zijn die vragen om onze volledige toewijding. Zoals we eerder vaststelden hebben we geen harde 'bewijzen' voor het bestaan van de God die we in de Bijbel ontmoeten en die zichzelf heeft geopenbaard in Jezus Christus. Maar we hebben genoeg goede argumenten om de geloofssprong te wagen en de implicaties van dat geloof te aanvaarden. Wij hebben het ook al gehad over de negatieve aspecten van het fundamentalisme. Op dit punt aangekomen lijkt het me goed die nogmaals te benadrukken, omdat adventisten (op zijn minst gezegd) de neiging hebben om met het fundamentalisme te flirten.

'Fundamentalisme – of het nu religieus of seculair is – wordt eerder ingegeven door twijfel dan door zekerheid, meer door angst dan door een evenwichtig geloof en een vaste overtuiging.'[23] Volgens James Davison Hunter (1955-), een vooraanstaande Amerikaanse socioloog, is fundamentalisme vooral negatief. Het verwerpt wat het als gevaarlijk ziet en reageert in de eerste plaats op wat de zekerheid van de mens bedreigt.[24] 'Het fundamentalisme vindt het veel gemakkelijker haar pijlen te richten op vijanden buiten de eigen traditie dan om binnen die eigen sfeer naar antwoorden te zoeken... Het biedt geen constructieve pogingen tot het oplossen van de problemen waar de meeste mensen mee zitten en het komt niet met nuttige oplossingen voor de problemen die het gevolg zijn van pluralisme en verandering. In feite is het tegenovergestelde het geval.'[25]

Dit zijn woorden om in gedachten te houden bij de huidige discussie in de Adventkerk. De traditionalisten (of fundamentalisten, conservatieven, 'mensen in de rechtervleugel', of welke term we ook willen gebruiken) zijn meestal reactief; ze schieten meteen in de verdediging en waarschuwen voortdurend tegen de gevaren die ze zien of zich inbeelden. Ze hebben niet veel op met mensen die te veel vragen stellen, zeker niet als die vragen komen van 'gelovigen aan de zijlijn', maar beweren dat ze alle antwoorden al kennen.

WIE ZIJN 'ECHTE' ADVENTISTEN?

Het officiële antwoord op de vraag wie een 'echte' adventist is kan niet anders zijn dan: Wie alle achtentwintig *Fundamentele Geloofspunten* onderschrijft. Als dat antwoord correct is, zou dat de meeste, zo niet alle, adventisten 'aan de zijlijn' uitsluiten. En, inderdaad, als je het volledig eens moet zijn met alle details van deze geloofspunten – op de manier zoals ze nu zijn geformuleerd – moet ik vaststellen dat ik ook geen 'echte' adventist ben. Maar moet ik daar slapeloze nachten van hebben? Ik denk het niet.

Ik maak me niet al te veel zorgen over mijn lidmaatschap van de Adventkerk. Als de leiders van de Generale Conferentie zouden vinden dat ik te veel afwijkende ideeën heb om mezelf een 'echte' adventist te mogen noemen, of zelfs als de leiders van de kerk in Nederland zich ernstige zorgen zouden maken over dingen die ik soms zeg of schrijf, dan kunnen zij mij ervan proberen te overtuigen dat ik van gedachten moet veranderen. Of zij kunnen mij de toegang tot de kansel ontzeggen of wat ik schrijf officieel afkeuren. Ze zouden voor mij kunnen bidden en zelfs in wanhoop hun handen omhoog kunnen heffen. Dat alles en misschien nog veel meer kunnen zij doen, maar zij kunnen mij mijn lidmaatschap niet afpakken.

Enkel en alleen de plaatselijke gemeente waarvan ik lid ben kan besluiten mij mijn lidmaatschap te ontnemen. Ik heb niet de indruk dat het bestuur van mijn gemeente mijn lidmaatschap binnenkort tegen het licht wil houden, tenzij ik me plotseling heel immoreel ga gedragen of regelmatig de eredienst zou verstoren. 'Gelovigen aan de zijlijn' kunnen gerust zijn: zolang de plaatselijke gemeente waarvan zij lid zijn er geen problemen mee heeft dat hun naam op de ledenlijst staat, zijn en blijven zij *bona fide* leden van de kerk. Trouwens, de meeste gemeenten gaan er niet snel toe over om personen van hun ledenlijst af te voeren, zelfs als die zich 'aan de zijlijn' van de gemeente bevinden, zolang deze mensen niet zelf verzoeken om geroyeerd te worden.

Maar laten we er niet alleen vanuit een administratief perspectief naar kijken, alsof lid van de kerk zijn niets anders is dan dat je naam ergens in een register voorkomt. Niet iedereen heeft er recht op om op zo'n lijst te staan. Wie beweert dat hij een christen is moet een aantal fundamentele christelijke geloofspunten aanvaarden. Iemand verliest volgens mij het recht zich een christen te noemen als hij niet langer in God gelooft en Jezus Christus niet langer ziet als iemand die een vitale rol heeft in de relatie tussen God en de mens. En zo geloof ik ook dat ik een aantal essentiële geloofspunten met mijn adventistische geloofsgenoten moet delen om mijzelf een zevendedags adventist te mogen noemen. Daarom is het dus belangrijk om een duidelijk onderscheid te kunnen maken tussen 'essentiële' en 'minder-essentiële' geloofspunten.

In laatste instantie bepaal ik echter zelf of ik een 'echte' adventist ben. Ik moet zelf beslissen of ik de fundamentele christelijke waarheden onderschrijf en of ik mij zo verbonden voel met de adventistische versie van het christelijk geloof en met de adventistische geloofsgemeenschap dat ik mijzelf een 'echte' adventist durf te noemen. Op die basis heb ik geen enkele aarzeling om mijzelf als een 'echte' adventist te zien. En ik geloof dat dit geldt voor de meeste adventisten, met inbegrip van hen die zichzelf zien als 'gelovigen aan de zijlijn'.

Ik ben het hartgrondig eens met professor Guy – de theoloog die ik al enkele keren noemde – wat betreft zijn opsomming van enkele vitale aspecten van authentiek adventisme.[26] Hij begint zijn korte lijstje met de noodzaak 'om open te staan voor tegenwoordige waarheid.' Dat wil zeggen dat een 'echte' adventist nooit zal beweren dat hij 'de volle waarheid' in pacht heeft. Net zoals de leiders in de eerste fase van de Adventkerk deden, moet een 'echte' adventist bereid zijn om zo nodig van mening te veranderen, te blijven leren en te blijven groeien in zijn begrip van wat het betekent om in de huidige wereld een adventistische christen te zijn (en niet wat dat in de negentiende eeuw betekende).

We zijn echte adventisten, betoogt Guy, als we christenen zijn die 'Gods allesomvattende en universele liefde tot het centrum van ons persoonlijk bestaan hebben gemaakt.' Om de naam 'zevendedags adventist' waard te zijn moeten we 'de betekenis van de sabbat voor onze tijd, appreciëren' en 'de hoopvolle verwachting koesteren van de nieuwe openbaring van God in de persoon van Jezus, de Messias.' De twee andere elementen die Guy noemt zijn het idee 'van het multidimensionele menselijk welzijn' en 'de keuze voor de adventistische geloofsgemeenschap als ons geestelijk thuis, met daarbij het adventistisch verleden als deel van onze geestelijke identiteit.'

Veel 'gelovigen aan de zijlijn' zullen zich op hun gemak voelen bij Guy's beschrijving van een authentieke adventist. Ik ben zonder meer bereid om iedereen die overeenkomt met Guy's beschrijving als 'echte' adventisten te erkennen, ondanks alle twijfel waarmee zij wellicht worstelen. Ik wil mijzelf en allen die dit hoofdstuk hebben gelezen oproepen de durf op te brengen om deel van de adventistische geloofsgemeenschap te zijn en te blijven, maar daarbij altijd onafhankelijk te blijven denken en nooit onze persoonlijke integriteit op te offeren.

---

1 Dit hoofdstuk bevat materiaal dat eerder werd gepubliceerd in mijn blogs (www.reinderbruinsma.com) van 31 juli, 6 en 13 augustus, 2015, en in een hoofdstuk dat ik schreef voor het *Festschrift* voor Dr. Jon Dybdahl: 'Are all truths Truth? Some Thoughts on the Classification of Beliefs', in: Rudi Maier, red., *Encountering God in Life and Mission – A Festschrift Honoring Jon Dybdahl* (Berrien Springs, MI: Department of World Mission, Andrews University, 2010), blz. 173-188.
2 Albert Mohler, 'A Call for Theological Triage and Christian Maturity,' http://www.albertmohler.com/commentary_read.php?cdate=2004-05-20.

3   Fritz Guy, *Thinking Theologically: Adventist Christianity and the Interpretation of Faith* (Berrien Springs, MI: Andrews University Press, 1999), blz. 87.
4   Onder de schrijvers die zich tot het uiterste inspanden om een historische verankering te vinden voor de 'nieuwe' leerstellige inzichten van de Adventbeweging waren John N. Andrews en Uriah Smith, met hun research over de sabbat (Andrews) en voorwaardelijke onsterfelijkheid (Smith). Later liet Leroy E. Froom ons als zijn *magnum opus* zijn vierdelige *Prophetic Faith of our Fathers* na. Daarin wilde hij aantonen dat de 'nieuwe' profetische interpretaties van het adventisme grotendeels herontdekkingen waren van ideeën die al door de eeuwen heen door heel veel theologen werden gehuldigd. Dit was, zei hij, ook het geval met de adventistische 'herontdekking' van een aantal fundamentele christelijke dogma's, zoals de Drie-eenheid en de volledige goddelijkheid en eeuwigheid van Christus. De publicatie in 1953 van het nog steeds controversiële boek *Seventh-day Adventists Answer Questions on Doctrine* is verder bewijs dat er momenten waren waarop adventisten hun inzichten nader wilden preciseren om te laten zien dat zij de christelijke kernwaarheden onderschrijven. Maar nog steeds zijn er tal van kerkleden die denken dat dit boek veel verder ging en dat er sprake was van een aanzienlijke leerstellige heroriëntatie.
5   Ellen G. White, *Counsels to Writers and Editors* (Nashville, TN: Southern Publishing Association, 1946), blz. 36, 37.
6   Ellen G. White, *Advent Review and Sabbath Herald*, 20 december, 1892.
7   Gary Land, *Adventism in America* (Grand Rapids, MI: Wm. B. Eerdmans Publishing Company, 1986), blz. 231.
8   Zie Reinder Bruinsma, 'Are all truths Truth? Some Thoughts on the Classification of Beliefs', blz. 180, met verwijzing naar een aantal Ellen G. White bronnen: *Selected Messages*, dl. 2, blz. 104-107; *Counsels to Writers and Editors*, 1946, blz. 29-31, *The Great Controversy*, 1911, blz. 409; Zie ook Ellen G. White, *Manuscript 24*, november of december 1888, geciteerd in: George R. Knight, *From 1888 to Apostasy: The Case of A.T. Jones* (Hagerstown, MD: Review and Herald Publishing Association, 1987), blz. 40.
9   Eric Claude Webster, *Crosscurrents in Adventist Theology* (Berrien Springs, MI: Andrews University Press, 1984), p. 150.
10 Zie *Kerkelijk Handboek*, 2015, blz. 143-145.
11 Bryan W. Ball, 'Towards an Authentic Adventist Identity', in: B. Schantz and R. Bruinsma, red., *Exploring the Frontiers of Faith – Festschrift for Jan Paulsen* (Lüneburg, Germany: Saatkorn Verlag, 2009), blz. 67.
12 George R. Knight, 'Twenty-seven Fundamentals in Search of a Theology', *Ministry*, February 2001), blz. 5-7.
13 George R. Knight, red., *Seventh-day Adventists Answer Questions on Doctrine*, geannoteerde editie, blz. 21-24.
14 Zie bijvoorbeeld Robert C. Greer, *Mapping Postmodernism: A Survey of Christian Options* (Downers Grove. IL: InterVarsity Press, 2003), blz. 172 e.v.
15 Woodrow II Whidden, *Ellen White on the Humanity of Christ* (Hagerstown, MD: Review and Herald Publishing Association, 1997), blz. 77-88.
16 Ibid, blz. 80.
17 George R. Knight, 'Twenty-seven Fundamentals in Search of a Theology', blz. 5-7.
18 Bryan W. Ball, op. cit., blz. 58.
19 Robert C. Greer, op. cit., blz. 174.
20 Alden Thompson, *Beyond Common Ground: Why Liberals and Conservatives Need Each Other* (Nampa, ID: Pacific Press, 2009), blz. 121.

21 Fritz Guy, op. cit., blz. 27.
22 Ibid., blz. 29.
23 James Davison Hunter, 'Fundamentalism and Relativism Together`: Reflections on Genealogy', blz. 17-34, in: Peter L. Berger, red. *Between Relativism and Fundamentalism: Religious Resources for a Middle Position* (Grand Rapids, MI: Wm. B. Eerdmans Publishing Company, 2010).
24 Ibid., blz. 32.
25 Ibid., blz. 33.
26 Fritz Guy, op. cit., blz. 92.

HOOFDSTUK 9

Wat te doen met twijfel?

In dit laatste hoofdstuk wil ik proberen de dingen bij elkaar te brengen. In de eerste paar hoofdstukken hebben we gekeken naar de staat van de christelijke kerk in de westerse wereld. We kwamen tot de conclusie dat de kerk in een crisis is terechtgekomen en hebben er ook bij stilgestaan dat miljoenen mannen en vrouwen in het Westen een geloofscrisis doormaken. Velen zijn er niet meer zeker van dat er een almachtige en liefdevolle God bestaat. Voor een grote groep strekt die twijfel zich ook uit tot een reeks van andere dingen waarin zij voorheen geloofden. Ze hebben gemerkt dat sommige traditionele standpunten van hun kerk hen niet langer aanspreken. Daarna hebben we onze blik specifiek gericht op de Adventkerk. We hebben er nota van genomen dat grote aantallen adventisten hun kerk de rug hebben toegekeerd en dat veel anderen zich vlak bij de achterdeur van de kerk bevinden. Zij zien trends in hun kerk die hun tegen de borst stuiten en vragen zich af hoe sommige van de traditionele geloofspunten nog relevant kunnen zijn voor hun dagelijks leven. Ik heb deze grote groep mensen, die zich ongemakkelijk voelen ten aanzien van hun kerk en die veel twijfel hebben over de inhoud van hun geloof 'gelovigen aan de zijlijn' genoemd.

In de daarop volgende hoofdstukken heb ik geprobeerd degenen die 'aan de zijlijn' zijn te bewegen om een geloofssprong te nemen. Ik heb mijn overtuiging met de lezers gedeeld dat we weliswaar geen absoluut bewijs hebben dat God bestaat en zich ons lot aantrekt, maar dat we genoeg redenen hebben om het erop te wagen deze geloofssprong te maken. Ik heb allen die 'aan de zijlijn' zijn met klem aangeraden de kerk niet definitief op te geven, maar zich te richten op de plaatselijke gemeente en daarvan lid te blijven of ernaar terug te keren. In het vorige hoofdstuk heb ik een begin gemaakt met suggesties over hoe we met onze twijfels kunnen omgaan.

Ook heb ik als mijn mening verdedigd dat een 'echte' adventist niet slaafs 'ja en amen' behoeft te zeggen op alle *Fundamentele Geloofspunten* van onze kerk. Dat standpunt zal ongetwijfeld hevig bekritiseerd worden, maar ik ben ervan overtuigd dat het ruimte schept voor de vele 'gelovigen aan de zijlijn' die het gevoel hebben te worden verstikt door de starheid van sommige traditionele geloofspunten, die niet langer aansluiten bij ons dagelijks leven.

Hier pakken we in dit laatste hoofdstuk de draad op. We zullen niet alle geloofspunten apart en tot in detail behandelen, maar zullen een aantal dingen meer in het algemeen de revue laten passeren – dingen die van nut kunnen zijn voor hoe we met onze twijfel en onzekerheden omgaan. Ik ben niet zo naïef dat ik denk dat al onze twijfels plotseling zullen wegsmelten als we maar ijverig elke dag in de Bijbel lezen en meer bidden dan we tevoren deden. Dat wil overigens niet zeggen dat die twee dingen niet heel belangrijk zijn. Integendeel. Zij zijn juist van enorm belang bij onze pogingen om onze twijfel constructief tegemoet te treden.

EEN GEESTELIJKE BENADERING

Als we twijfelen welk merk auto, met welke kleur, we willen kopen, of over welke strategie we in ons bedrijf zullen volgen, spelen zeker ook niet-rationele of zelfs emotionele factoren een rol. Bij dat soort twijfel moet de oplossing echter grotendeels komen van rationele argumenten. Wat voor soort auto kan ik betalen? Welke kleur heeft mijn voorkeur, of die van mijn partner, en wat is het beste vanuit het perspectief van veiligheid? Is het verstandig een flink bedrag bij de bank te lenen om mijn bedrijf een impuls te geven of is dat te riskant, gezien het economische klimaat van dit moment en gezien de sterke concurrentie van anderen?

Bij onze twijfel in de geestelijke sfeer kunnen we niet simpelweg onze hersenen op non-actief zetten en alleen maar afgaan op onze emoties en gevoelens. Toch spelen onze intuïtie, ons gevoel en onze emoties een voorname rol. En we kunnen alleen hopen grip te krijgen op onze twijfel als we ons door de Geest willen laten aanraken.

De benadering van onze twijfel kan wellicht het beste worden samengevat in deze vijf aspecten: (1) lezen; (2) nadenken; (3) gebed; (4) gesprekken met anderen; en (5) geduld.

Bij onze pelgrimage langs dit pad moeten we beginnen met wat we onze 'geloofssprong' hebben genoemd. Het klinkt sommigen misschien als naïef in de oren, maar dat is onze enige optie. We moeten onszelf bewust toestaan dat we de sfeer van het geloof worden binnengetrokken. We moeten 'proberen om te geloven', zoals Nathan Brown ons voorhield in zijn boek met die titel (waarnaar ik in hoofdstuk één verwees). Als ik met een ernstig gezondheidsprobleem kamp en lang tevergeefs heb gezocht naar een geschikte therapie, zal ik misschien besluiten een 'geloofssprong' te maken en iemand om een 'second opinion' vragen of zelfs een experimentele behandeling te ondergaan. Als we met een probleemsituatie te maken hebben is het de moeite waard alles te proberen. Lees daarom je Bijbel, bid regelmatig en ga naar de kerk – zelfs als je eraan twijfelt of dit je de gewenste antwoorden oplevert en je het soort innerlijke rust en zekerheid zal geven waarnaar je zoekt.

LEES JE BIJBEL

Adventisten hebben het vaak over bijbel*studie*. Voordat mensen gedoopt worden en lid worden van de kerk krijgen zij vaak een reeks 'bijbelstudies' om beter bekend te raken met 'de waarheid'. Wij hebben onze wekelijkse bijbelstudies in de zogenaamde sabbatsschool. Al vroeg in hun geschiedenis leenden de adventisten het zondagsschoolmodel van andere kerken en pasten dat aan, zodat het aansloot bij hun specifieke situatie. Het instituut van de sabbatsschool heeft beslist geholpen de kennis van de Bijbel onder de kerkleden te vergroten. Maar steeds meer adventisten beginnen te beseffen dat dit soort 'studie' van de Bijbel vaak veel te wensen overlaat. De meeste themaboekjes richten zich een kwartaal lang op een bepaald onderwerp, dat vervolgens wordt onderverdeeld in dertien sub-thema's. De schrijver van de studiegids kiest een aantal teksten die, naar zijn mening, betrekking hebben op het onderwerp, voegt daar een korte uitleg of beknopt commentaar aan toe en laat die vergezeld gaan van enkele citaten (gewoonlijk van Ellen G. White). Dikwijls wordt bij de keuze van de bijbelteksten weinig rekening gehouden met het oorspronkelijke verband. In veel gemeenten laat de wekelijkse sabbatsschool zien dat de traditionele bewijstekstmethode nog springlevend is. En zelfs als er een kwartaal is waarin een compleet bijbelboek wordt bestudeerd wordt vaak maar weinig aandacht gegeven aan de achtergronden van dat bijbelboek en de specifieke theologische benadering die daarin te vinden is.

Ik ben tot de slotsom gekomen dat we misschien minder de nadruk moeten leggen op het *bestuderen* van de Bijbel en de Bijbel moeten gaan *lezen* – als een verhaal dat we van het begin tot het einde willen volgen. Bij het lezen van een roman willen we de plot niet verliezen. We pakken niet een alinea hier en een paar regels daar om die vervolgens naar ons eigen inzicht in een bepaalde volgorde te plaatsen. Als we een boek lezen willen we ontdekken hoe het verhaal zich ontwikkelt en hoe het afloopt. In zekere zin geldt dat ook voor de Bijbel. De Bijbel is Gods verhaal over hoe hij met ons en met de wereld omgaat. We doen er verstandig aan dat van begin tot eind te lezen. Het kan zijn dat we hier en daar een paar bladzijden overslaan (bijvoorbeeld als we lange geslachtsregisters of andere lijsten met namen tegenkomen), zoals we dat ook bij een gewoon boek misschien doen. Maar het gaat erom het hele verhaal te volgen. Dat geldt ook voor de aparte gedeeltes die we de 'bijbelboeken' noemen. We hebben alleen het volle profijt van ons lezen als we die bijbelboeken van begin tot einde lezen. Sommige ervan zijn zo kort dat je dat zonder probleem in één sessie kunt doen.

Wanneer we deze methode toepassen, ontdekken we soms dat overbekende teksten eigenlijk niet zeggen wat we altijd dachten. Als we deze teksten niet in hun verband lezen, en niet kijken naar wat eraan voorafgaat en naar wat erop volgt, kunnen we tot verkeerde conclusies komen. Zelfs als we dingen die we tegenkomen niet onmiddellijk begrijpen, kan toch de onderliggende boodschap van de Bijbel, of een deel ervan, duidelijk zijn. Het kan heel nuttig zijn om ook *over* de Bijbel te lezen (bijvoorbeeld een goed commentaar), maar dat kan het lezen van de Bijbel zelf niet vervangen. Helaas zijn er veel christenen die meer *over* de Bijbel dan *in* de Bijbel lezen.

DE AARDAPPELS TELLEN

We vinden in de Bijbel nogal wat merkwaardige verhalen, maar wellicht moeten we ons over allerlei 'vreemde' elementen niet teveel zorgen maken. Misschien moeten we dat zelfs wel verwachten als de verhalen 'van generatie op generatie opnieuw op een frisse manier' worden gelezen.[1] Al lezend 'gaan we de contouren zien van een groter verhaal achter de vele kleinere verhalen.'[2] Nathan Brown, uit wiens boek ik zojuist opnieuw citeerde, daagt de 'gelovigen aan de zijlijn' uit zich aanvankelijk niet teveel te bekommeren om de historische betrouwbaarheid van de bijbelse verhalen – de eeuwige vraag of alle gebeurtenissen die in de Bijbel beschreven worden exact zo gebeurd zijn zoals ze op schrift zijn gesteld en aan ons zijn doorgegeven. Hij raadt ons aan voorlopig ons 'ongeloof even te laten voor wat het is' en de bijbelse verhalen te gaan lezen zoals we een goede roman zouden lezen of naar een film zouden kijken. 'Kies ervoor om je niet te laten afleiden door argumenten of het verhaal al dan niet historisch is, of er daarvoor bewijzen kunnen worden gevonden en of we met de huidige stand van de wetenschap een dergelijk verhaal nog kunnen geloven. Begin gewoon te lezen en probeer het goede en het mooie in deze verhalen te ontdekken en de wijsheid en de waarheid die erin schuilt.'[3]

Als zevendedags adventisten krijgen we voortdurend te horen hoe belangrijk het is om de bijbelboeken Daniël en Openbaring te 'bestuderen'. Voor de meesten van ons betekent dit het lezen van korte stukjes – telkens een vers of een paar verzen – en het daarbij raadplegen van een of meer adventistische commentaren die geschreven zijn om ons te helpen de vaak vreemde symbolen te begrijpen en de inhoud van de profetieën van Daniël en Johannes toe te passen op historische gebeurtenissen in verleden, heden en toekomst. Ik ben er meer en meer van overtuigd geraakt dat dit niet de vruchtbaarste benadering is – en zeker niet voor degenen die deze bijbelboeken voor de eerste keer onder ogen krijgen.

Af en toe geef ik een serie presentaties over Openbaring en tegenwoordig begin ik die met het projecteren van een schilderij van Vincent van Gogh (1853-1890), de beroemde Nederlandse impressionistische kunstschilder. Ik vraag mijn gehoor om zorgvuldig naar het

De Aardappeleters, Vincent van Gogh (1853-1890).

schilderij 'De Aardappeleters' te kijken. Het is een tamelijk donker, somber tafereel, met vijf mensen rond een tafel. Een olielamp hangt aan het plafond en de vijf personen eten gezamenlijk uit een schaal met aardappelen. Na een minuut of twee, als de mensen de kans hebben gehad om goed naar het schilderij te kijken, schakel ik de projector uit en stel ik een paar vragen over details van het schilderij. Ik vraag ze bijvoorbeeld hoeveel koffiekopjes ze op de tafel hebben gezien en hoeveel aardappelen er in de schaal zaten. Ik krijg zelden of nooit de goede antwoorden, want dat is niet waar men vooral naar heeft gekeken. 'Wat hebben jullie dan wel gezien?' is mijn volgende vraag. Meestal is hun vooral de naargeestigheid, het deprimerende, opgevallen en de pure armoede die het schilderij uitstraalt. Inderdaad is dat de centrale boodschap van het schilderij en niet de informatie over het aantal koffiekopjes en de hoeveelheid aardappelen.

Op dat punt aangekomen dring ik er bij mijn gehoor op aan het boek Openbaring een paar keer in zijn geheel achter elkaar te lezen. Ik adviseer ze 'niet de aardappels te tellen', maar de onderliggende boodschap te ontdekken. In een volgend stadium raken ze dan misschien ook wel zo in het onderwerp geïnteresseerd dat ze graag willen weten hoeveel aardappelen er in de schaal zitten en hoeveel koffiekopjes er op tafel staan. Maar dat is van latere zorg.

Nadat de mensen alle tweeëntwintig hoofdstukken van Openbaring een paar keer hebben gelezen, zonder zich zorgen te maken over de betekenis van een 'zegel', een 'bazuin', 'het beest uit de zee' en het 'beest uit de aarde', enzovoort, en hebben geprobeerd de lijn van het verhaal en de betekenis ervan tot zich te laten doordringen, zijn zij vaak verbaasd over wat zij hebben geleerd. Zij hebben in dit unieke gedeelte van de Bijbel een dimensie ontdekt die die je als 'bovenaards' zou kunnen beschrijven – een dimensie achter ons leven en achter alles wat er op onze planeet gebeurt. Er is kennelijk veel meer gaande dan wij zo op het eerste gezicht waarnemen. De mensen die Gods kant hebben gekozen in de strijd tegen het kwaad hebben het vaak heel moeilijk, maar op de een of andere manier komen ze daar altijd weer doorheen. Gods vijanden zijn de constante verliezers! De verlosten moeten geduld oefenen, maar uiteindelijk zal iedereen die God trouw blijft behouden worden. Het boek Openbaring begint met een visioen van Christus die tussen zijn gemeenten wandelt, terwijl hij de leiders van die gemeenten in zijn hand heeft (1:12-20). En het eindigt met een nieuwe wereld van vrede en harmonie, waar God voor altijd bij zijn volk woont. Dat is de boodschap die op ons afkomt als we bet bijbelboek lezen en tot ons laten spreken. Als we dit doen ontdekken we dat via de menselijke woorden van de bijbelschrijvers het Woord van God tot ons komt.

Als we de Bijbel lezen om onszelf innerlijk te voeden – en niet in de eerste plaats om informatie te krijgen – ervaren we dat veel van de moeilijkheden die ons in de Bijbel deden twijfelen voor een aanzienlijk deel verdwijnen of minder bedreigend worden. Neem bijvoorbeeld het boek Jona. Lees de vier hoofdstukjes. Dat kost je nauwelijks een half uur. Vergeet 'de aardappelen' te tellen. Vergeet (althans voorlopig) dat Jona drie dagen in het ingewand van een grote vis doorbracht en hoe er in recordtijd een 'wonderboom' groeide die even snel weer verdorde. En maak je maar even geen zorgen over een aantal details van het verhaal van de bekering van de Ninevieten, waarbij zelfs de dieren betrokken waren. Lees gewoon het verhaal en vraag je af wat deze paar hoofdstukjes je te vertellen hebben. Dan zie je hoe Jona aan God probeert te ontsnappen, maar zonder succes. Het is een verhaal over zending en niet het relaas van een vis die mensen doorslikt. We zien hoe God Jona een specifieke opdracht geeft en hem blijft achtervolgen als Jona weigert om Gods boodschap aan Israëls aartsvijanden te gaan brengen. En het treft ons dat Jona zich veel drukker maakt om zijn eigen reputatie als profeet dan om de redding van de mensen in Ninevé. Er zijn allerlei aspecten in het verhaal die rechtstreeks van toepassing zijn op ons leven en onze relatie met God.

Het zou niet moeilijk zijn andere voorbeelden van bijbelse verhalen te noemen die vreemd aandoen, maar die een heldere boodschap hebben als je ze in hun geheel leest met de wens jezelf innerlijk te voeden. Bij ons lezen van de Bijbel als geheel, of van een bijbelboek, moeten we nooit vergeten dat we dat altijd doen met een reeks van vooronderstellingen. We lezen de Bijbel altijd door onze eigen bril. Ik kan, hoe ik het ook zou proberen, de Bijbel, nooit volkomen onbevooroordeeld lezen. Het gezin waarin ik opgroeide, mijn opleiding, mijn cultuur en mijn eigen geschiedenis 'kleuren' de manier waarop ik lees. Stadsmensen in de westerse wereld lezen hun Bijbel niet op dezelfde manier als mensen in een ontwikkelingsland die rijst verbouwen. Rijke en arme mensen lezen niet op dezelfde manier. Veel rijke mensen hebben de neiging vooral te letten op bijbelteksten die zeggen dat het prima is om rijk te zijn. Arme mensen daarentegen benadrukken teksten die om gerechtigheid en eerlijkheid vragen. Bijbellezers in de westerse wereld zien in de Bijbel allerlei dingen die hun manier van leven lijken te steunen, terwijl mensen die in een land leven waar mensen worden onderdrukt vooral worden geraakt door verhalen van vrijheid en bevrijding.

Ik heb menig adventist horen zeggen: 'Ik begrijp niet waarom mensen de zondag blijven vieren als rustdag, want als je de Bijbel leest is het toch klip en klaar dat we de sabbat moeten houden.' Maar bedenk: dat is voor ons zo overduidelijk, omdat wij de Bijbel lezen door onze adventistische lenzen. Andere mensen kijken niet door dezelfde bril en lezen heel gemakkelijk over de sabbatteksten heen. Ze weten niet beter of de dag van de opstanding heeft de oudtestamentische sabbat vervangen. Helaas lezen we allemaal de Bijbel op een dergelijke bevooroordeelde manier. Als adventisten concentreren wij ons onmiddellijk op teksten die onze leerstellingen ondersteunen en negeren wij gemakkelijk de teksten die op gespannen voet lijken te staan met onze geloofspunten. Maar we hoeven ons daarom niet schuldig te voelen, want het is een algemeen verschijnsel dat mensen wat zij lezen filteren door de zeef van hun eigen vooringenomen standpunten.

De eerste stap bij het lezen bij de Bijbel is daarom dat we beseffen dat we alles wat we lezen zien door een bepaalde lens – en dat iedereen dat doet. Een tijdje geleden ontdekte ik een boekje dat ik buitengewoon verhelderend vond. Het is getiteld *Reading the Bible from the Margins* en is geschreven door Miguel A. De La Torre, een Cubaans-Amerikaanse theoloog.[4] De La Torre laat zien dat de 'standaard' manier van bijbellezen niet altijd aanvaardbaar is voor mensen of groepen 'aan de zijlijn'. De armen en de slachtoffers van discriminatie, vanwege etnische afkomst of geslacht, hebben misschien heel andere inzichten bij het bijbellezen en begrijpen de tekst wellicht op een manier die van waarde is voor alle lezers.[5] Terwijl ik deze regels schrijf besef ik dat 'gelovigen aan de zijlijn' de Bijbel ook door hun eigen bril lezen. Zou het kunnen dat zij bij hun bijbellezen soms geraakt kunnen worden door diezelfde Geest die de Bijbel inspireerde, op een manier die hen dingen laat zien die hun broeders en zusters in het geloof meestal ontgaan?

DENKEN

Helder denken speelt een belangrijke rol bij ons omgaan met twijfel. Het gebruik van ons gezonde verstand is een belangrijk aspect bij het interpreteren van de Bijbel. Als we, nadat we de geloofssprong hebben gemaakt, in de Bijbel beginnen te lezen, moeten we er niet voor terugdeinzen onze hersenen aan het werk te zetten. Ons gezonde verstand moet daarbij richting geven. Geloof is niet zo maar een sprong in het duister, tegen alle redelijkheid en bewijs in. Volgens Anselmus 'probeert geloof zichzelf te begrijpen'. Os Guinness zegt het zo: 'Een christen is iemand die nadenkt, maar gelooft terwijl hij denkt.'[6] Het is van groot belang dat we geloven en nadenken niet van elkaar scheiden.

Fritz Guy meent dat we 'tripolair' moeten denken. Daarmee bedoelt hij dat we rekening moeten houden met drie aspecten, als we willen weten wat de Bijbel ons te zeggen heeft. De drie beginselen die ons moeten sturen zijn: het evangelie, de culturele context en het adventistische erfgoed.[7] Het goede nieuws over Jezus Christus moet altijd het middelpunt zijn van ons denken. Wat we in de Bijbel lezen moet altijd worden 'verteerd' in het licht van het christelijk evangelie. Niet alles wat we in de bijbelverhalen lezen weerspiegelt de waarden van het evangelie, zoals het geweld, de slavernij, de ongelijkheid tussen mannen en vrouwen en het sociale onrecht dat we tegenkomen. Die gedeeltes van de Bijbel vertellen ons over de geestelijke pelgrimage van Gods volk in het verleden, maar reflecteren niet altijd voldoende het karakter van God en komen dikwijls niet overeen met het voorbeeld dat Christus ons heeft gegeven. Daarom kunnen die gedeeltes van de Bijbel niet bepalend zijn voor ons denken, ons geloof en ons leven.

Op dat punt komt de tweede 'pool' aan de orde. De Bijbel werd geschreven binnen een concrete culturele context. De schrijvers waren ingebed in een oude cultuur. Een groot deel van de Bijbel weerspiegelt een patriarchale maatschappij met culturele normen en gewoonten die niet langer richtingbepalend voor ons kunnen zijn. Bij het lezen van de Bijbel moeten we dus steeds rekening houden met deze culturele invloeden en met de culturele verpakking van de principes die we daarin vinden. Dat is een voorwaarde om de onderliggende boodschap van de Bijbel te kunnen begrijpen. Voor veel adventisten is dat verre van gemakkelijk, zeker voor degenen die alles wat ze in de Bijbel lezen letterlijk willen nemen en elk argument afdoen met een simpel: 'de Bijbel zegt...'

De derde 'pool' in onze benadering van de Bijbel is onze adventistische erfenis. Zoals ik al zei: We lezen de Bijbel door onze adventistische bril. Het adventistische verleden komt met een rijke erfenis, met inzichten die we dankbaar moeten erkennen. We beginnen nooit als een *tabula rasa* (een schone lei), maar staan altijd op de schouders van wie ons voorgingen. Ik ben me ervan bewust dat mijn theologische manier van denken sterk beïnvloed is door een aantal adventistische denkers voor wie ik grote achting heb. Maar onze adventistische erfenis is maar één van de drie polen en mag de andere twee polen niet overheersen. We moeten ons adventistische erfgoed niet onderwaarderen of ontkennen, maar we dienen altijd te beseffen dat het ons denken beïnvloedt en dat het niet altijd de dingen verheldert, maar soms ook een vertekening met zich meebrengt die we moeten herkennen en corrigeren.

ELLEN G. WHITE

Ook onze visie op Ellen G. White is een factor van belang. Ik zou de laatste zijn om te beweren dat zij niet langer van betekenis is voor de Adventkerk. Aan de andere kant begrijp ik ook heel goed dat veel adventisten 'aan de zijlijn' problemen hebben met de manier waarop zij door velen op een voetstuk is geplaatst en met de manier waarom haar uitspraken vaak worden gebruikt als het laatste woord waarmee elke zaak kan worden opgelost. Het is hoog tijd dat de persoon en het werk van Ellen White verder worden ontdaan van allerlei mythes die zich rond haar hebben gevormd.

Toen zij in 1915 stierf had Ellen White niet dezelfde verheven status die zij momenteel bij velen in de kerk heeft. Gedurende een aantal jaren verzetten de kerkelijke leiders zich zelfs tegen pogingen van William White, de oudste zoon van Ellen, om materiaal uit te geven dat zij in manuscriptvorm had nagelaten.[8] Later, in de jaren 1920-1939, begon het getij te keren. Een meer fundamentalistisch getinte inspiratietheorie vond steeds meer gehoor in de kerk en dat had ook gevolgen voor de manier waarop men tegen de geschriften van Ellen White aankeek. De veranderende houding leidde er onder andere toe dat men een reeks 'compilaties' ging uitgeven, dat wil zeggen: verzamelingen van citaten uit alles wat zij ooit had geschreven over een bepaald onderwerp, dikwijls zonder goed rekening te houden met de oorspronkelijke context.[9]

Naarmate meer boeken van Ellen White verschenen, in allerlei talen werden vertaald en sterk werden gepromoot, kreeg de rol van 'de profeet' steeds duidelijker reliëf. Zelfs in Europese landen waar men deze trend lange tijd met argwaan had bezien – vooral door de invloed van leiders als Ludwig R. Conradi – veranderde de situatie. Wat Nederland betreft werden de predikanten na de Tweede Wereldoorlog niet langer in Duitsland opgeleid maar op Newbold College in Engeland, waar veel meer aandacht was voor Ellen G. White.

Deze ontwikkeling bleef echter niet weersproken. In 1976 liet de historicus Ronald Numbers een grote steen in de vijver van het adventisme vallen. De golven die daardoor ontstonden waren wereldwijd zichtbaar. Ondank de pogingen van de kerkelijke leiding om de invloed van zijn boek te neutraliseren had het grote invloed. Numbers plaatste de inzichten van Ellen White op het gebied van gezondheid in de context van de negentiende eeuw en liet op overtuigende manier zien dat de meeste van haar adviezen niet zo uniek waren als vaak was beweerd. Veel van wat zij schreef en bepleitte werd duidelijk geïnspireerd door andere 'gezondheidshervormers' van die tijd.[10] Een nieuwe schok, die nog meer onrust veroorzaakte dan Numbers' steen in de adventistische vijver en eerder vergeleken kan worden met een 'tsunami', werd veroorzaakt door het boek van Walter Rea, een voormalig predikant van de Adventkerk. Hij leverde het onbetwistbare bewijs dat Ellen White heel veel 'leende' van andere schrijvers en vaak lange stukken overschreef zonder enige bronvermelding.[11] Andere 'ontdekkingen' volgden op deze beschuldiging van plagiaat – hoewel het uitgebreid zonder bronvermelding citeren van andere schrijvers in de negentiende eeuw vaak niet als plagiaat werd gezien. Donald R. McAdams, bijvoorbeeld, richtte zich in een gedetailleerde studie op de historische onjuistheden in sommige van de boeken van Ellen White, zoals in *De Grote Strijd*.[12]

De Ellen G. White Estate – de organisatie die verantwoordelijk is voor het beheer van de literaire erfenis van Ellen White – deed al het mogelijke om deze schokkende openbaringen te ontzenuwen. Men kwam ook met (volgens mij niet altijd steekhoudende) antwoorden op moeilijke vragen die steeds vaker werden gesteld over een aantal merkwaardige uitspraken van Ellen White. Aan de andere kant waren er schrijvers die het gezag en het belang van Ellen White verdedigden, maar toch ook meer nadruk wilden leggen op de menselijke kant van de profeet dan tot dusverre vaak was gedaan.[13] Zelf vond ik twee recente boeken heel verhelderend om een realistischer beeld te krijgen van Ellen White. Gilbert Valentine onderzocht de dynamiek in de relatie tussen Ellen G. White en drie verschillende Generale Conferentievoorzitters. Hij laat duidelijk zien dat Ellen White soms heel uitgesproken gedachten had over hun geschiktheid voor hun ambt en hoe zij soms behoorlijk politiek, of zelfs manipulatief kon zijn haar contacten met hen.[14] Een ander boek, met bijdragen van achttien adventistische en niet-adventistische academici, gaat in op allerlei aspecten van het werk en de persoon van Ellen White. Daarin is informatie te vinden over tal van dingen die tot dusverre weinig (of bij velen zelfs helemaal niet) bekend waren.[15] Een onlangs verschenen boek dat door de White Estate werd gecoördineerd, laat zien dat de kerk kennelijk vond dat het onderzoek van de laatste tijd, dat een aantal zaken opnieuw had belicht, niet onbeantwoord mocht blijven.[16] Het is allemaal deel van een proces dat ongetwijfeld verder zal doorgaan.

Adventistische 'gelovigen aan de zijlijn' doen er goed aan tenminste enkele van de boeken van Ellen White te lezen die ik heb vermeld en waarvan de details in de eindnoten te vinden zijn. Dat kan ertoe bijdragen om een evenwichtiger beeld te krijgen van Ellen White en er meer rekening mee te houden dat zij leefde en schreef in de Amerikaanse wereld van de negentiende eeuw. Veel van de principes die zij benadrukte zijn ook voor ons vandaag nog van groot belang. Maar bij het lezen van haar boeken moeten we nooit vergeten dat zij schreef in het Victoriaanse tijdperk, met de wetenschappelijke kennis van die tijd als achtergrond. Bovendien was zij geen beroepshistoricus of -theoloog. Haar historische opmerkingen zijn niet altijd accuraat en bij haar gebruik van de Bijbel volgt zij meestal de bewijstekstmethode, zoals in haar tijd gebruikelijk was. Haar taalgebruik is voor veel mensen van vandaag nogal gedateerd en we kunnen moeilijk verwachten dat, met name, jongeren zich massaal op haar boeken zullen storten. Dat alles betekent niet dat haar werk niet langer van belang is voor adventisten van nu, maar wél dat we er niet meer van mogen verwachten dan redelijk is. We doen er als Adventgelovigen goed aan vooral haar oorspronkelijke boeken (en niet zozeer de compilaties van losse uitspraken) te blijven lezen als geestelijke lectuur die ons innerlijk kan verrijken.

In bijbelse tijden spraken veel profeten namens God. Sommigen worden in de Bijbel alleen maar en passant vermeld en zelfs van een aantal van de 'grote' profeten, zoals Elia en Elisa, vinden we in de Bijbel geen geschriften. Anderzijds hebben de profeten van wie we wel geschriften in de Bijbel tegenkomen misschien wel veel meer geschreven dan we in de bijbelse canon vinden. Na verloop van tijd werd een selectie gemaakt en werd de bijbelse canon vastgesteld. Dat kan ons ook met betrekking tot Ellen G. White in een bepaalde richting wijzen. De tijd zal zijn werk moeten doen en langzaam maar zeker kan zich een zekere consensus ontwikkelen over wat moet worden gezien als de kern van wat zij schreef. Het lijkt mij dat boeken als *De weg naar Christus, Jezus – de wens der eeuwen* en *Lessen uit het leven van alledag* die lijst zullen aanvoeren. 'Gelovigen aan de zijlijn' die een goed idee willen hebben van wat Ellen White schreef zouden misschien het beste met deze of soortgelijke boeken van haar kunnen beginnen.

GEBED

Ik hoop dat mijn opmerkingen over het lezen van de Bijbel en over de rol van ons denken, en mijn commentaar op de plaats van Ellen White in het adventisme, nuttig zijn geweest. Maar het is belangrijk ervoor te zorgen dat dit allemaal niet teveel op het verstandelijke niveau blijft hangen. Bij onze 'geloofssprong' hoort ook de verwachting dat God met ons wil communiceren. Christenen zeggen dat hij dat doet door middel van zijn Geest. Opnieuw zullen we hier nu niet verder ingaan op ingewikkelde theologische zaken, zoals de persoon en het werk van de heilige Geest. In het verband met wat we in dit hoofdstuk bespreken wil ik onderstrepen dat we alleen een volledig profijt van ons bijbellezen en van ons nadenken kunnen verwachten als we toestaan dat God ons op de een of andere manier vertelt waar we ons vooral op moeten richten en ons zegt hoe dat van belang is voor ons leven hier en nu. Gebed is het woord dat we gewoonlijk gebruiken voor deze poging ons voor Gods invloed open te stellen.

Voor veel gelovigen – en niet alleen voor mensen 'aan de zijlijn' – is gebed niet gemakkelijk. Vaak hebben we, als we hebben gebeden, misschien de ervaring, dat die gebeden lege formules zijn gebleven en eerder uit gewoonte dan uit overtuiging voortkwamen. Het is dikwijls niet gemakkelijk de goede woorden te vinden voor onze diepste gevoelens en motieven. Zelfs Jezus' leerlingen vroegen zich af hoe ze moesten bidden en vroegen: 'Heer, leer ons bidden' (Lucas 11:1). Als antwoord op hun verzoek gaf Jezus hun het modelgebed dat we kennen als het 'Onze Vader'. Als vervolg op onze 'geloofssprong' moeten we een 'vertrouwenssprong' maken en aannemen dat God ons hoort als we hem om hulp en leiding vragen.[17]

Als bidden geen gewoonte voor je is, of als je niet weet hoe je moet bidden, is het herhalen van de woorden van het 'Onze Vader' wellicht een goede start. Of misschien is het een goed idee om af en toe, nadat je een stukje in de Bijbel hebt gelezen, even te pauzeren en simpelweg te zeggen: 'God, help mij in deze teksten te zien wat u me daarin wilt zeggen en help me antwoorden te vinden op mijn vragen' en dan gewoon even stil te zijn. Met andere woorden: Geef God de gelegenheid om met je te communiceren en je te wijzen op dingen die belangrijk voor je zijn en die mogelijk sommige van je vragen kunnen beantwoorden.

Praat dus met God over je twijfel en vraag hem je richting te geven bij je zoektocht naar antwoorden op je vragen. En praat ook met andere mensen. Je doet er wel goed aan zorgvuldig de mensen te kiezen met wie je over je onzekerheden en twijfel wilt praten. Sommige mensen raken alleen maar van streek als je ze vertelt met welke problemen je worstelt en dat is niet goed voor die mensen en ook niet voor jezelf. Maar als je goed kijkt vind je altijd wel iemand met soortgelijke ervaringen als jijzelf en die het fijn vindt als je je gedachten en vragen met hem of haar wilt delen. Zo'n gesprek kan jou helpen, maar ook betekenisvol zijn voor de ander. Het kan een vriend, je predikant, of iemand in de kerk die je goed kent, zijn die je op nieuwe gedachten kan brengen of je op een gedeelte in de Bijbel kan wijzen dat 'mensen aan de zijlijn' zoals jij in je denken kan stimuleren. Misschien kom je ook iemand tegen die langs hetzelfde pad is gegaan als jij momenteel gaat en die op onbekende kruispunten de juiste koers wist te kiezen en die je kan helpen je geestelijke GPS zo nodig te resetten.

WAT VOOR VERSCHIL MAAKT HET DAT IK DIT GELOOF?

Vroeg of laat moeten adventistische 'gelovigen aan de zijlijn' zichzelf rekenschap geven van hun twijfel over bepaalde geloofspunten van hun kerk. In aansluiting op wat ik in het vorige hoofdstuk zei over verschillen in belangrijkheid van de leerstellingen en over de vraag hoeveel 'fundamentele' geloofspunten een 'echte' adventist minimaal moet onderschrijven, wil ik hier nog een punt benadrukken.

We moeten niet bang zijn kritische vragen te stellen over de manier waarop de adventistische traditie sommige van onze geloofspunten heeft gedefinieerd en geformuleerd. Roy Adams, een vroegere redacteur van het tijdschrift *Adventist Review*, probeerde de discussie over de details van de traditionele visie op het heiligdom open te breken. Hij was het grondig oneens met mensen die denken 'dat de mening die we over elk van de geloofspunten of over elke theologische kwestie hebben gehad, bewaard moet blijven in formaldehyde, en nooit meer mag worden onderzocht, veranderd of verfijnd.'[18] Deze zelfde auteur citeerde aan het begin van zijn proefschrift over het hemelse heiligdom de volgende intrigerende uitspraak: 'Belangrijke filosofische en theologische kwesties worden zelden opgelost op een manier die ook de volgende generatie nog bevredigt.'[19] Ik ben het daarmee roerend eens. Het geeft me de ademruimte die ik nodig heb en de permissie om op een open en kritische manier opnieuw naar de geloofspunten van mijn kerk te kijken.

Ik wil geen moment suggereren dat het omgaan met twijfel gemakkelijk is. Er zijn geen simpele antwoorden. Maar de dingen die ik heb genoemd kunnen je mogelijk helpen de innerlijke rust te vinden die je nodig hebt bij je twijfels en je zoektocht naar antwoorden. Een belangrijke ingrediënt in dit proces is tijd. We moeten als we bezig zijn met onze twijfels niet al te veel haast willen hebben. Vaak zijn onze twijfels over een lange reeks van jaren ontstaan en gegroeid, en misschien is er evenveel tijd nodig om ze te doen verdwijnen. Ik heb het zelf een goede strategie gevonden om bewust maar met één van de dingen die mij lange tijd dwars hebben gezeten tegelijk bezig te zijn. Ondertussen berg ik mijn andere problemen op in een kast met een sterk hangslot. Als ik na veel lezen, nadenken en gebed – en vaak goede gesprekken met anderen – antwoorden heb gevonden op (sommige van) mijn vragen over dit specifieke punt, sta ik mezelf toe een ander probleem uit mijn kast te halen. Ik heb ondervonden dat die methode mijn twijfels hanteerbaar maakt. Als ik met al mijn vragen tegelijkertijd bezig ben, geeft me dat alleen maar een hoop stress en bekruipt mij het gevoel dat alles op losse schroeven staat en niets nog zeker is.

Os Guinness gaf nuttig commentaar toen hij het leven van een gelovige vergeleek met dat van pelgrim op een 'spaghettikruispunt' – iemand die de goede weg moet kiezen uit een groot aantal mogelijkheden.[20] Hij waarschuwt ons dat antwoorden vinden voor onze twijfels ons niet bij een simpele tweesprong brengt maar eerder bij een 'spaghettikruising' waar een groot aantal wegen samenkomen.

Volgens Guinness zijn er vier stadia in onze reis die een evenwichtig leven als christen tot bestemming heeft. Eerst is er de fase van het vragen stellen. (Ik denk dat wij voor dat stadium in de eerste hoofdstukken van dit boek ruimschoots plaats hebben ingeruimd.) Dat wil zeggen dat we een 'zoeker' zijn, die zo nodig bereid is om eerdere ideeën op te geven en open te staan voor nieuwe benaderingen. In de tweede fase gaan we op zoek naar antwoorden. We overwegen alternatieven of passen gezichtspunten aan die we eerder hadden, maar waarvan we nu niet meer zo zeker zijn. Guinness noemt fase drie het stadium van bewijzen: we testen onze nieuwe inzichten en proberen na te gaan hoe deze passen in het grotere raamwerk van onze overtuigingen. Voor adventisten betekent dit dat we nagaan hoe deze nieuwe ideeën passen in het adventistische kader en hoe we 'echte' adventisten kunnen worden of blijven, ook als we op bepaalde punten afwijken van een aantal traditionele adventistische standpunten.

In het tweede deel van dit boek hebben we geprobeerd een bijdrage te leveren voor het doorlopen van de tweede en derde fase. Na deze drie stadia komt het moment van (een hernieuwde) toewijding. Het gaat er nu om dat onze nieuwe inzichten een concrete impact hebben op ons dagelijks leven. Want dat is wat uiteindelijk de doorslag geeft.

In 1998 gaf de Pacific Press Publishing Association een boekje uit dat ik had geschreven over de (toentertijd) zevenentwintig *Fundamentele Geloofspunten*.[21] Het was eenvoudig van opzet en bevatte geen ingewikkelde theologie. Ik besprak heel summier elk van de geloofspunten en bij elk ervan stelde ik mijzelf de vraag: Welk verschil maakt het eigenlijk of ik dit al dan niet geloof? Ik begon met de basisveronderstelling dat 'de waarheid' iets voor ons moet doen. Christus hield zijn toehoorders voor dat de waarheid hen zou 'bevrijden' (Johannes 8:32). De waarheid is geen droge theorie en geen filosofisch of theologisch systeem, *maar een kracht waardoor mensen veranderd worden*. Bij elk van de zevenentwintig punten die ik behandelde stelde ik mijzelf de vraag: Hoe maakt het feit dat ik dit punt geloof mij een beter, evenwichtiger, plezieriger en meer geestelijk ingesteld mens? Tot mijn verrassing bracht dit boekje mij meer positieve reacties dan alles wat ik eerder had geschreven. Het raakte kennelijk voor veel lezers een heel wezenlijk punt. Zij wilden ook, net als ik, in iets geloven dat een directe impact heeft op hun dagelijks leven. Ze zochten naar iets dat relevant is of dat, om een adventistische uitdrukking te bezigen, 'tegenwoordige waarheid' is. Ze zochten naar een vorm van geloven die iets voor hen 'doet'. Dit boek past ook in die poging om zo'n vorm van geloven te vinden.

MIJN PELGRIMAGE

Ik heb de profetische gave niet nodig om te voorspellen dat ik dichter bij het einde dan bij het begin van mijn leven ben. Als mensen eenmaal met pensioen zijn gegaan ontstaat vaak de neiging om terug te kijken. Daar betrap ik mijzelf nu ook soms op. Toen ik met mijn werk in de kerk begon was ik behoorlijk fundamentalistisch. Maar dat veranderde aanzienlijk. Ik heb altijd veel vragen gesteld. En ik heb in veel gevallen antwoorden gevonden die mij bevredigden. Ik heb op veel punten mijn mening gewijzigd en mijn theologische inzichten zijn gestaag opgeschoven. Sommigen zien mij nu als 'liberaal', terwijl anderen een 'progressieve adventist' in mij herkennen. (Aan dat laatste etiket geef ik de voorkeur.) Misschien kan ik mijn geestelijke pelgrimage het best omschrijven door te zeggen dat ik altijd heb geprobeerd een onafhankelijke denker te zijn, maar steeds trouw te blijven aan mijn Heer, mijn kerk en aan mijzelf.

Mijn persoonlijke lijst van *Fundamentele Geloofspunten* ziet er ongeveer zo uit als ik op dit moment een opsomming maak van waar ik in mijn geestelijke pelgrimage ben en wat belangrijk voor mij is:

IK GELOOF:

- in God – drie in één: Vader, Zoon en heilige Geest.
- dat God de Schepper is van alles; dat ik zelf dus een schepsel ben, wat een voorrecht is, maar ook grote verantwoordelijkheid inhoudt.
- dat Jezus Christus naar onze wereld kwam en door zijn dood en opstanding het zondeprobleem radicaal heeft opgelost, voor de wereld en ook voor mij.
- dat de heilige Geest mijn geweten stuurt en mij naar zijn inzicht met bepaalde gaven toerust.
- dat de Bijbel een geïnspireerd boek is dat het verhaal van Gods omgang met de mens vertelt en mij de basisprincipes geeft voor een leven naar Gods bedoeling.
- dat ik als mens aan de dood onderworpen ben, maar dat, wanneer ik sterf, mijn identiteit bij God bewaard blijft en hij mij eens een nieuwe start laat maken in een eeuwig bestaan.
- dat de wereld onderhevig is aan een duivels kwaad dat boven ons mensen uitgaat en dat daarom ook een ingrijpen van hogerhand nodig is om de problemen van de wereld voor altijd op te lossen; om dat te realiseren zal Christus opnieuw naar deze aarde komen en zorgen voor 'een nieuwe hemel en een nieuwe aarde'.
- dat ik als volgeling van Christus alleen echt leef als ik mij bewust richt naar de principes die hij heeft voorgeleefd.
- dat ik elke week op de zevende dag de sabbat mag beleven als uniek rustpunt en rust kan vinden vanuit de rust die God geeft.
- dat ik verantwoordelijk ben voor hoe ik omga met deze aarde; en met mijn tijd, mijn materiële middelen, mijn talenten en mijn lichaam.
- dat ik samen met alle oprechte christenen lid mag zijn van Gods kerk.
- dat de geloofsgemeenschap waartoe ik behoor een belangrijk aandeel heeft in de wereldwijde evangelieverkondiging en daarbij de verantwoordelijkheid heeft voor het leggen van een aantal belangrijke accenten.

- dat ik door de doop bij Gods kerk mag horen en regelmatig Christus' lijden en sterven tijdens het avondmaal mag gedenken.
- dat ik een geestelijke groei mag doormaken samen met anderen met wie ik mij verbonden voel.

Een dergelijke lijst van 'fundamentele' punten is uiteraard nooit definitief. En ik moet er direct aan toevoegen dat deze punten 'fundamenteel' zijn voor mij. Anderen moeten zich afvragen wat 'fundamenteel' is voor hen. Zij zullen waarschijnlijk andere woorden gebruiken, bepaalde elementen weglaten en andere toevoegen. Dit is de crux van de zaak: Het is belangrijk van tijd tot tijd goed na te denken over wat 'fundamenteel' is in je geloof. Dat helpt je onderscheid te maken tussen primaire en secondaire zaken en niet dingen in die laatste categorie te behandelen alsof ze de hoofdzaak zijn .

Nu we bij deze laatste alinea van dit boek zijn aangekomen kan ik naar waarheid zeggen dat het schrijven ervan goed is geweest voor mijn eigen ziel. Ik hoop dat het velen van de degenen die zich 'aan de zijlijn' bevinden en die dit lezen een handvat geeft om met hun vragen en twijfels op een creatieve en productieve manier om te gaan; dat het bij velen een nieuwe geloofservaring teweeg zal brengen en hen zal helpen 'de zijlijn' te verlaten en de zegen te beleven van het actief deel zijn van een gemeente.

Ik besef dat onze geloofsgemeenschap verre van volmaakt is. Maar God neemt dat voor lief – zouden wij dat dan ook niet moeten doen?

---

1 Nathan Brown, op. cit., blz. 38.
2 Ibid., blz. 41.
3 Ibid.
4 Uitgegeven door Maryknoll in New York, NY, 2002.
5 Ibid., achterzijde.
6 Os Guinness, 'Pilgrim at the Spaghetti Junction: An Evangelical Perspective on Relativism and Fundamentalism', in: Peter L. Berger, red., *Between Relativism and Fundamentalism* (Grand Rapids, MI: Wm. B. Eerdmans Publishing Company, 2010), blz. 171.
7 Fritz Guy, op. cit., blz. 225-252.

8   De controverse tussen William White en zijn familie en de leiders van de Generale Conferentie is gedetailleerd beschreven door Gilbert Valentine: *The Struggle for the Prophetic Heritage* (Muak Lek, Thailand: Institute Press, 2006).
9   Enkele voorbeelden van deze compilaties zijn: *Messages to Young People, Counsels on Diet and Food, Counsels on Sabbath School Work, Counsels to Writers and Editors.*
10 Ronald L. Numbers, *Prophetess of Health: A Study of Ellen G. White* (New York: Harper & Row Publishers, 1976).
11 Walter T. Rea, *The White Lie* (Turlock, CA: M & R Publications, 1982).
12 Zie: https://archive.org/stream/DonaldR.McadamsShiftingViewsOfInspirationEllenWhiteStudiesInThe/1980_mcadams_shiftingViewsOfInspiration_ellenWhiteStudiesInThe1970s_spectrum_v10_n4_27-41_djvu.txt
13 Bijvoorbeeld: George R. Knight in zijn populaire boeken: *Walking with Ellen White* (Hagerstown: Review and Herald Publishing Association, 2000); en *Reading Ellen White* (Hagerstown: Review and Herald Publishing Association, 2001). Deze twee boeken zijn in het Nederlands verkort en gecombineerd uitgegeven als: *Ellen G. White: Wie was zij? Hoe lees je haar boeken?* (Huis ter Heide: Kerkgenootschap der Zevendedags Adventisten, 2008); Graeme Bradford, *Prophets are Human* (Warburton, Australië: Signs Publishing House, 2004) en *People are Human (Look what they did to Ellen White),* (Warburton, Australië: Signs Publishing House, 2006).
14 Gilbert M. Valentine, *The Prophet and the Presidents* (Nampa, ID: Pacific Press Publishing Association, 2011).
15 Terry Dopp Aamodt et. al., red., *Ellen Harmon White: American Prophet* (New York, NY: Oxford University Press, 2014).
16 Merlin D. Burt, red., *Understanding Ellen White* (Nampa, ID: Pacific Press Publishing Association, 2015).
17 Philip Yancey, *Prayer. Does it Make any Difference?* (Grand Rapids, MI: Zondervan, 2006), blz. 209.
18 Roy Adams, 'Sanctuary' in: Gary Chartier, red.: *The Future of Adventism: Theology, Society. Experience* (Ann Arbor, MI: Griffin & Lash, Publishers, 2015), blz. 143.
19 Ibid., blz 154.
20 Os Guinness, 'Pilgrim at the Spaghetti Junction', blz. 164-179.
21 Reinder Bruinsma, *It's Time to Stop Rehearsing What We Believe and Start Looking at What Difference It Makes* (Nampa, ID: Pacific Press Publishing Association, 1996).

www.ingramcontent.com/pod-product-compliance
Lightning Source LLC
Chambersburg PA
CBHW050535300426
44113CB00012B/2117